国家级示范性高等院校精品规划教材

成本会计

主　编　刘芬芳
副主编　聂新田　兰　霞

天津大学出版社
TIANJIN UNIVERSITY PRESS

内容提要

《成本会计》共有十一章，分别为总论、成本核算概述、生产费用的归集与分配、辅助生产费用和制造费用的归集和分配、生产费用在完工产品与在产品之间的分配、产品成本计算的品种法、产品成本计算的分批法、产品成本计算的分步法、产品成本计算的辅助方法、标准成本法与作业成本法、成本报表与成本分析。

本书内容翔实、层次清晰，可作为高等院校会计学及相关专业的教材，也可作为广大实务工作者自学或进修成本会计学的参考用书。

图书在版编目(CIP)数据

成本会计/刘芬芳主编．—天津：天津大学出版社，2010.3（2016.8重印）

国家级示范性高等院校精品规划教材

ISBN 978-7-5618-3421-3

Ⅰ.①成… Ⅱ.①刘… Ⅲ.①成本会计—高等学校—教材 Ⅳ.①F234.2

中国版本图书馆CIP数据核字(2010)第033299号

出版发行 天津大学出版社
地　　址 天津市卫津路92号天津大学内（邮编：300072）
电　　话 发行部：022-27403647
网　　址 publish.tju.edu.cn
印　　刷 昌黎太阳红彩色印刷有限责任公司
经　　销 全国各地新华书店
开　　本 185mm×260mm
印　　张 14.5
字　　数 335千
版　　次 2010年3月第1版
印　　次 2016年8月第3次
定　　价 25.00元

总 序

长期以来，由于受传统文化思想的影响，“坐而论道”成为我国高等院校经管类专业教学的主要形态，重理论轻实践的倾向显在，从而对高校经管类的教材建设与实际教学产生了抑制作用。随着高等教育改革的不断深入，以“宽口径、厚基础、强能力、求创新”为取向，以“知识、能力、素质协调发展”为目标的高等教育改革大方向业已形成。转变教学思想观念，改革人才培养模式，着力加强学生实践能力和创新精神培养已成为新一轮高等教育教学改革的重点和难点。

知识来源于实践，实践出真知。注重理论与实践的有机结合，着力培养高素质应用型高级专门人才是我国高等教育的基本任务之一。因此本系列教材注重以理论为基础，以切合教学实际为导向，以实用性为目标，突出创新和实践能力。

为了更好地满足21世纪高等教育的目标规划，适应新时期分层次教学的要求，同时也为了打造区域化的精品课程教材，彰显地方教学特色，为普通高等教育“十二五”国家级规划教材的申报储备选题资源，培育优秀教材，本系列教材遵循以下编写总思路。

(1)理念创新。力求思路创新，突出实用，以体现教学改革最新理念。

(2)方法创新。针对现代高等院校分层次教学的培养模式，开发符合高等院校特点的对口教材，打造区域化的精品课程教材。对于部分教材，开发“课件”、“教学资源支持库”等立体化的教学资源，方便教师教学与学生学习。

(3)内容创新。力求反映知识更新和科技发展的最新动态，并将新知识、新技术、新内容、新工艺、新案例及时反映到教材中来，体现高等院校专业设置紧密联系生产、建设、服务、管理一线的实际要求。

本系列教材在编撰过程中，学习借鉴了国内外许多专家学者的有关研究成果，得到了天津大学出版社的大力支持，在此表示衷心的感谢！由于时间仓促以及水平有限，书中难免存有疏漏或不妥之处，敬请各位同人、专家和读者批评指正。

国家级示范性高等院校精品规划教材

经管类系列教材编委会

2009年12月

前　言

成本会计是会计学科的重要组成部分，同时也是会计专业的核心课程之一。

本教材根据最新会计准则与制度要求编写而成。在编写的过程中吸收了我国会计工作和会计教学的实践经验，以及同类教材的优点，主要阐述了企业成本核算与分析的理论和方法。

本教材的主要特色体现在以下几个方面。

(1) 实践性。本教材以工业企业为主，兼顾其他行业，对成本核算的理论和方法进行了较全面、系统的阐述，内容精练、简明易懂、突出重点、突出实务，具有实践性。

(2) 适应性。本教材适应会计改革进程，主要以财政部新颁布的会计准则体系为编写依据，并吸收了近年来成本会计理论研究和实践的新成果，做到了与时俱进，并具有前瞻性。

(3) 指导性。为了便于教和学，各章设有学习目标、本章小结和练习题。

本书由中南民族大学工商学院刘芬芳老师主编，中南民族大学工商学院聂新田老师、武汉商贸职业学院兰霞老师担任副主编。具体分工如下：第一、二、三、四、七、八章由刘芬芳编写，第九、十一章由聂新田编写，第五、六、十章由兰霞编写。

本书在编写过程中得到了中南民族大学工商学院、武汉商贸职业学院，以及天津大学出版社的大力支持和帮助，并参考和借鉴了诸多同类教材和著作，编写组在此一并表示感谢。

本书可作为高等院校会计学及相关专业学习教材，还可作为广大实务工作者自学或进修成本会计学的参考用书。

由于编者水平有限，书中难免有不足和错误之处，诚盼读者批评指正。

编　者

2009 年 12 月

目　录

第一章　总　论

学习目标(Learning Objective)

本章旨在对成本会计的基本概念和主要内容进行阐述。通过本章的学习，读者应理解企业成本的经济内涵及其所具有的两个基本特征，成本的形成以特定目标为对象，成本是为实现这种特定目标而发生的消耗。

在市场经济条件下，企业参与市场竞争的主要手段之一就是价格竞争。商品的市场价格取决于商品的社会必要劳动时间，而商品是否有竞争力，企业能否在市场竞争中立于不败之地，则与商品的生产成本高低相关。在同类、同质的商品中，成本越低，商品就越有竞争力，这是不争的事实。因此，如何加强成本管理，正确核算产品成本是现代企业管理的重要内容。现代成本会计正是应这种管理要求而产生和发展的。

第一节　成本的含义和作用

一、成本的含义

成本是商品经济的产物，是商品经济中的一个经济范畴，是商品价值的主要组成部分。

（一）理论表述

在西方经济学中往往把成本理解为为了实现一定的目的所付出的价值牺牲；马克思主义政治经济学则认为成本属于价值范畴。马克思在分析资本主义商品生产时指出：按照资本主义方式生产的每一个商品 W 的价值，用公式来表示是 $W=c+v+m$。从这个商品价值中减去剩余价值 m，剩下的部分 $c+v$ 为在生产要素上耗费的资本价值的等价物或补偿价值，对资本家来说，它就是商品的成本价格。马克思所说的“商品的成本价格”，指的就是产品成本，即成本的经济内容包括物化劳动 c 和生产者必要劳动 v 两部分。物化劳动 c 是指生产过程中所耗费的原材料等劳动对象和磨损的生产工具等的价值。生产者必要劳动 v 是指相当于一定生产力水平下劳动力再生产所需平均生活资料的价值。劳动者在进行生产时要耗费一部分必要劳动以保证劳动力再生产。对于生产者必要劳动 v，主要是以工资形式向职工支付。马克思还指出：不论生产和社会形式如何，劳动者和生产资料始终是生产的要素。这说明，不论是在资本主义市场经济条件下，还是在社会主义市场经济条件下，成本的经济内容都应该是一样的，都包括物化劳动 c 和生产者必要劳动 v 两部分。这一成本概念有两个主要特征：一是成本是需要补偿的价值，而不是可供分配的价值，只有为社会创造的价值 m 才是可供分配的价值；二是成本是经济价值的消耗，包括生产资料消耗 c 和劳动力消耗 v，而不是为社会创造的新价值。在我国，一般将马克思论述的成本称为“理论成本”。

（二）核算成本

成本是商品价值中的 $c+v$ 部分，对成本概念的这一表述只是一种高度的理论抽象和概括，不具操作性。实务中商品价值必须以货币形式来表现，同样理论成本也要以货币形式来表现。商品生产过程中已耗费的生产资料的转移价值的货币表现就是固定资产折旧费用、材料费用等；劳动者通过自己劳动所创造的价值的货币表现就是职工薪酬费用等。因此，又可将成本概念表述为：成本是企业为生产商品（产品）、提供劳务而发生的各种耗费。

在成本会计中，产品成本是核心概念，其开支范围由国家统一规定，主要包括：

（1）为制造产品而消耗的原材料、辅助材料、外购半成品和燃料动力费；

（2）企业支付给生产单位职工的薪酬，包括工资、奖金、津贴和补贴，职工福利费，医疗保险费、养老保险费、失业保险费、工伤保险费等社会保险费，住房公积金，工会经费和职工教育经费，非货币性福利；

（3）生产用固定资产折旧费、维修费；

（4）生产单位因生产原因发生的废品损失，季节性、修理期间的停工损失；

（5）企业生产单位为管理和组织生产而支付的办公费、水电费、劳动保护费、设计费和差旅费等。

为了严肃财经纪律，加强产品成本管理，财会制度还明确规定，下列开支不得列入产品成本：

（1）购置和建造固定资产、无形资产和其他长期资产的支出；

（2）对外投资的支出以及分配给投资者的利润支出；

（3）被没收的财物，支付的滞纳金、罚款、违约金、赔偿金。

二、成本的作用

成本的经济内涵决定了成本在经济管理工作中具有十分重要的作用，其作用主要体现在以下四个方面。

（一）成本是补偿生产耗费的尺度

为了保证企业再生产的不断进行，必须对生产耗费进行补偿。企业是自负盈亏的商品生产者和经营者，其生产耗费是用自身的生产经营成果，即营业收入来补偿，而成本是衡量这一补偿份额的尺度。企业在取得营业收入以后，必须把相当于成本的数额划分出来，用以补偿生产经营中的资金耗费，这样才能维持原有的资金周转。如果企业不能按照成本来补偿生产耗费，企业资金就会短缺，再生产就不能按原来的规模进行。由此可见，作为补偿生产耗费的尺度，成本对企业的生产经营有着重要的影响。

（二）成本是综合反映企业工作质量的重要指标

成本是一项综合性的经济指标，企业经营管理中各方面工作的业绩，都可以直接或间接地通过成本部分地反映出来。例如，新产品设计的好坏、原材料消耗的节约或浪费、劳动生产率的高低、固定资产的利用情况等，都可以通过成本管理降低成本，从而提高经济效益。

（三）成本是制定产品价格时应考虑的一项重要因素

在商品经济中，产品价格是产品价值的货币表现，因此企业在制定产品价格时应遵循价值规律的基本要求。但在实际操作中，我们不能直接计算产品的价值，只能计算产品成本，从而通过成本间接地掌握产品的价值。因此，成本是企业在制定产品价格时应考虑的一项重要因素。

（四）成本是企业进行生产经营决策的重要依据

企业能否提高经济效益，能否在激烈的市场竞争中立于不败之地，在很大程度上取决于企业的决策者能否作出正确的生产经营决策。在决策过程中，需要考虑的因素很多，其中成本是一项重要的因素，因为在其他条件相同的前提下，成本的高低直接影响着企业的赢利和竞争能力。

第二节 成本会计的含义和内容

一、成本会计的含义

（一）成本会计的概念

成本会计是运用会计的基本原理和一般原则，采用一定的技术方法，对企业生产经营过程中的各项耗费和产品（劳务）成本进行连续、系统、全面、综合的核算和监督的一种管理活动。

（二）成本会计的职能

成本会计的职能，是指成本会计在经济管理中的功能。成本会计作为会计的一个重要分支，其基本职能同会计一样，具有反映和监督两大基本职能，但随着社会经济发展和管理水平的提高，其具体内容也在不断扩充。

1. 反映职能

反映职能是成本会计的首要职能，是指从价值补偿的角度出发，反映生产经营过程中各种费用的支出，以及生产经营业务成本和期间费用等的形成情况，为经营管理提供各种成本信息的功能。就其最基本的方面来说，是以已经发生的各种费用为依据，为经营管理提供真实的、可以验证的成本信息，从而使成本分析、考核等工作建立在有客观依据的基础上。

随着社会生产的不断发展，经营规模的不断扩大，经济活动的日益复杂，要加强成本管理的计划性和预见性。因此，成本会计除了要提供反映成本现状的资料外，还要提供有关预测未来经济活动的成本信息资料，以便正确地作出决策和采取措施，达到预期的目的。由此可见，成本会计的反映职能，是事后反映以及对未来的分析和预测。

2. 监督职能

成本会计的监督职能，是指按照一定的目的和要求，通过控制、调节、指导和考核等，监督各项生产经营耗费的合理性、合法性和有效性，以达到预期的成本管理目标的功能。

成本会计的监督，包括事前、事中和事后监督。首先，成本会计应从降低成本、提高经济效益的要求出发，对企业未来经济活动的计划或方案进行审查，并提出合理化建议，从而发挥其对经济活动的指导作用；在反映各种生产耗费的同时，进行事前的监督，即以国家的有关政策、制度和企业的计划、预算等为依据，对有关经济活动的合理性、合法性和有效性进行监督，限制或制止违反政策、制度和计划、预算等的经济活动，支持和促进增收节支的经济活动。其次，成本会计要通过成本信息的反馈，进行事中和事后的监督，也就是通过对所提供的成本信息资料的检查分析，控制和考核有关的经济活动，及时从中总结经验，发现问题，提出建议，促使有关方面采取相应措施，调整经济活动，使其按照原先规定的要求和预期的目标进行。

成本会计的反映和监督两大职能是辩证统一、相辅相成的。没有正确、及时的反映，监督就失去了存在的基础，只有进行有效的监督，才能使成本会计为管理提供真实可靠的信息，使反映的职能得以充分地发挥。所以，只有把反映和监督两大职能有机结合起来，才能更有效地发挥成本会计在管理中的作用。

（三）成本会计的对象

成本会计的对象就是成本会计反映和核算的内容。因企业的生产经营过程既是产品的生产过程，又是费用的发生过程，而成本、费用两者紧密联系，因此成本、费用都是成本会计的对象，即成本会计的对象是企业日常经营活动中发生的各种费用和生产产品、提供劳务等的成本。从这一意义上来说，成本会计实际上是成本、费用会计。

二、成本会计的内容

传统成本会计是运用会计核算的一般原理和方法，全面系统地记录企业产品生产过程中所发生的各项生产费用，然后通过归集、分配和汇总，确定各种产品和劳务的总成本和单位成本，以供企业、部门制定生产经营决策时参考。也就是说，成本会计的内容仅局限于成本核算。在现代成本会计中，成本核算仍然是一项重要的内容，但仅进行事后的记录和核算，已不能满足现代成本管理的要求。因此，现代成本会计的内容更为广泛，它包括成本预测、成本决策、成本计划、成本控制、成本核算、成本分析与考核等。

（一）成本预测

成本预测是指依据成本与各种技术经济因素的依存关系，结合发展前景及采取的各项措施，并利用一定的科学方法，对未来期间成本水平及其变化趋势作出科学的推测和估计。成本预测的主要内容如下：

(1) 在编制成本计划时，应预测企业计划期的目标成本，以及在产品产量、品种、质量、价格等因素发生变化时总成本水平和成本变化的趋势；

(2) 在生产过程中，根据生产预测和计划，对期中的成本进行预测，从而揭示成本计划的执行情况；

(3) 根据日常的核算资料和经营管理的状况，预测单位产品成本水平的变化趋势；

(4) 运用各项成本指标和有关资料预测企业各项技术经济工作的经济效果。

（二）成本决策

成本决策是指按照决策理论，根据成本预测及其他有关的成本资料，运用定性和定量的方法，选择最佳成本方案的过程。成本决策贯穿于企业的整个生产经营过程，涉及面广，其内容主要包括：合理生产批量产品的成本决策、零部件自制或外购的成本决策、接受紧急订货的成本决策、亏损产品是否应停产的成本决策、产品转产的成本决策、自制半成品出售或进一步加工的成本决策等。作出最科学的成本决策，是企业制订成本计划的前提，也是实现成本目标和提高经济效益的重要途径。

（三）成本计划

成本计划是指在成本预测和决策的基础上，根据计划期的生产任务、降低成本的要求及其相关资料，通过一定的程序，运用一定的方法，以货币形式表现计划期产品生产耗费和产品成本水平，并将其作为成本控制与考核的重要依据。企业的成本计划一般包括以下两部分内容：

(1) 按照生产要素确定的生产耗费编制生产费用预算；

(2) 按照生产费用的经济用途，即按产品成本项目编制单位产品成本计划和全部产品成本计划。

（四）成本控制

成本控制是指在产品成本形成过程中，通过对产品成本形成的监督，及时发现偏差，纠正错误，使生产经营过程中发生的各种费用被限制在成本计划和费用预算标准的范围内，以保证达到降低成本的目标。成本控制的基本内容如下：

(1) 对各种费用开支进行控制；

(2) 对各项生产经营活动所消耗的物质资料进行控制；

(3) 对各项生产经营活动进行控制。

通过成本控制，使企业的产品成本按照事先计划的水平进行，可避免生产过程中的损失和浪费现象，同时使企业的资源得到有效合理的利用，达到降低产品成本、提高经济效益的目的。

（五）成本核算

成本核算是成本会计最基础的工作，传统意义上的成本会计是相对于成本核算而言的。成本核算是根据产品成本计算对象，采用相应的成本计算方法，按规定的成本项目，通过一系列的生产费用汇集与分配，正确划分各种费用界限，从而计算出各种产品的实际成本和单位成本。成本核算既是对产品的实际生产耗费进行如实反映的过程，也是对各种生产费用实际支出的监督和控制。

（六）成本分析和考核

成本分析是指利用成本核算资料和有关资料，将本期实际成本与目标成本、上期实际成本、国内外同类产品的成本进行比较，以便了解成本变动情况及变动的原因，并分清责任，提出建议，以便采取有效措施，达到降低成本的目的。

成本考核是指定期对成本计划及有关指标实际完成情况进行考察和评价。成本考核一般是以部门、单位或个人作为责任对象，以其可控成本作为条件，以责任的归属来考察其成本指标的完成情况，评价其工作业绩并决定如何对其进行奖惩。

以上几方面的内容是相互联系、相互依存的，构成了企业成本会计工作的有机整体。成本核算是最基本的内容，是其他内容的基础，离开了成本核算提供的翔实资料，成本预测、决策、计划、控制、分析和考核将是无本之木、无源之水。成本会计的其他内容正是在成本核算的基础上，随着企业经营管理要求的提高和管理科学的发展，在成本会计和管理科学结合的进程中不断发展形成的。

第三节 成本会计工作的组织

为了充分发挥成本会计核算及管理的作用，圆满完成成本会计的任务，必须科学地组织成本会计工作。为此，必须在企业中设置成本会计机构，配置成本会计人员，并且按照与成本会计有关的各项法规和制度进行工作。企业在组织成本会计工作时，应考虑自身规模的大小、企业机构的设置和生产经营业务的特点等具体条件，在保证成本会计工作质量的前提下，尽量节约成本会计工作的时间和费用。

一、成本会计机构

成本会计机构是企业中处理成本会计工作的职能单位。根据企业规模和成本管理的要求，可在专设的会计机构中单独设置成本会计科、组或室，或是只配备成本核算人员来专门处理成本会计工作。以工业企业为例，厂部的成本会计机构一般设在厂部会计部门中，是厂部会计处的一个科，或者厂部会计科的一个组。厂部供产销等职能部门和下属生产车间等，可以设置成本会计组或者配备专、兼职的成本会计或成本核算人员，这些单位的成本会计机构或人员，在业务上都应接受厂部成本会计的指导和监督。

成本会计机构内部的组织分工，可以按成本会计的职能分工，例如，将厂部成本会计科分为成本核算和成本分析等小组；也可以按成本会计的对象分工，例如，分为产品成本和经营管理费用等小组。为了科学地组织成本会计工作，还应按照分工建立成本会计岗位责任制，使每一项成本会计工作都有人负责，每一个成本会计人员都明确自己的责任。

企业内部成本会计机构之间的组织分工，有集中式和非集中式两种方式。

1. 集中式

集中式，是指各项成本会计工作主要由总部成本会计机构集中完成。分厂、车间等生产单位一般不设置专门的成本会计机构，只配备专职或兼职的成本核算人员，负责有关原始凭证的填写、审核、整理和汇总，为总部成本会计工作提供资料。采用这种方式，可以减少核算层次和工作人员，从而可及时提供成本信息，但不利于车间掌握和控制成本费用。因此，这种组织形式一般适用于成本会计工作比较简单的小型企业。

2. 非集中式

非集中式，也称分散式，是指各项成本会计工作由总部和内部生产单位（分厂、车间）的成本会计机构共同完成。总部成本会计机构一般负责处理那些不便或不能分散到分厂、车间去进行的成本工作，如管理总部职能科室发生的有关管理费用或共同费用，以及负责处理成本数据的汇总与考核工作；而成本计划的制订、成本计算、成本控制和成本分析等，一般由分厂、车间成本核算人员负责处理。采用这种方式有利于分厂、车间及时了解、分析本单位的成本水平及其变化，以便于控制成本，降低成本水平，但会相应增加成本会计工作的层次和人员。非集中式组织形式一般适用于成本会计工作较为复杂、各部门独立性较强的大中型企业。

二、配备成本会计人员

成本会计人员是指在会计机构或专设成本会计机构中所配备的成本工作人员。成本会计工作实施的好坏关键在于其执行人员，即成本会计人员的配备及其素质。

首先，应根据企业规模的大小、业务的繁简和企业管理的要求，配备专、兼职的人员从事成本会计工作。

其次，成本会计人员的素质应当满足以下要求：在思想上，要求成本会计人员具备正直的风格、踏实的作风、敬业的精神和严守秘密的品德；在业务素质上，要求成本会计人员不仅具备较为全面的会计知识，而且要掌握一定的生产技术和经营管理方面的知识，同时还要具备学习精神，不断充实和更新专业知识，提高自身素质，以满足新形势下不断提高的成本管理要求。

最后，为了保证成本会计工作的顺利开展和成本会计工作任务的圆满完成，必须科学合理地设置成本会计人员的职责和相互协作的职责两个方面。然后，根据成本会计人员的职责，赋予他们相应的权限，以保证其工作的顺利开展。

三、成本会计的法规和制度

成本会计的法规和制度是企业组织和开展成本会计工作必须遵守的规范，是会计法规和制度的重要组成部分。成本会计法规和制度按适用范围和制定权限划分，分为全国性成本会计法规制度和特定会计主体的成本会计制度。执行和制定成本会计法规制度可以使企业成本会计工作合法、有序，并保证成本会计资料真实、规范、及时和有效。

全国性成本会计法规制度是由政府相关部门统一制定的，主要包括《中华人民共和国会计法》、《企业财务通则》、《企业会计准则》以及国家统一的《企业会计制度》。

这四类财会法规制度，是企业进行财务会计工作的基本要求，其中与成本会计工作有关的部分，也是规范成本会计工作的重要依据，企业在进行成本会计工作中必须严格执行。

另处，企业作为会计个体，生产特点和管理要求各不相同，因此，各企业为了具体规范本企业的成本会计工作，完成成本会计工作任务，还应根据国家的各种成本会计法规和制度，结合本企业的管理需要和生产经营特点，具体制定本企业会计制度、规程或办法，作为企业进行成本会计工作具体的、直接的依据。企业内部成本会计制度一般包括如下几个方面的内容：

(1) 成本会计工作的组织分工及职责权限；

(2) 成本定额、成本计划和费用预算的编制方法；

(3) 成本核算的具体规定，包括成本计算对象、成本计算方法的确定，成本项目的设置，生产费用归集和分配方法、在产品计价方法的确定，以及成本核算的一些基础工作要求等；

(4) 成本预测、成本控制和成本分析制度；

(5) 成本报表制度，包括成本报表的种类、格式、指标体系、编制方法、报送对象与日期等。

本章小结(Summary)

会计学上的成本，是指为达到某一特定目的而发生的或应该发生的资源消耗，它可用货币单位加以衡量。

成本会计具有成本核算、成本预测、成本决策、成本计划、成本控制、成本分析、成本考核等多项职能。成本会计的作用是一个动态的概念，它取决于经济管理的要求，并受成本会计的对象和内容的制约，是成本会计职能的具体化。

完善的成本会计组织包括三个内容：建立专门的成本会计机构；配备成本会计人员；健全成本会计制度。

关键术语(Glossary)

成本(cost)

费用(expense)

成本会计(cost accounting)

思考题(Questions)

1. 成本的含义是什么？
2. 成本会计机构的设立方式有哪些？
3. 成本会计的制度主要包括哪些内容？

练习题(Exercises)

一、判断题

1. 实际工作中核算的产品成本，就是理论成本。(　　)

2. 工业企业的生产费用是指企业在生产经营管理过程中发生的费用总额。(　　)

3. 在实际工作中，某些不形成产品价值的损失，也可作为生产费用计入产品成本。(　　)

4. 产品成本是指企业在一定时期内发生的，用货币表现的生产耗费。(　　)

二、单项选择题

1. 工业企业在一定时期内发生的，用货币额表示的生产耗费，称为企业的(　　)。
   A. 产品成本　　B. 生产费用
   C. 经营管理费用　　D. 制造费用
2. 下列项目中不应计入生产经营管理费用的是(　　)。
   A. 短期借款利息　　B. 厂部管理人员的工资
   C. 购买固定资产的支出　　D. 车间管理人员的工资
3. 工业企业在一定时期内发生的，用货币表现的各种生产耗费，称为(　　)。
   A. 成本会计对象　　B. 生产费用
   C. 产品成本　　D. 经营管理费用
4. 下列各项费用中，不能直接借记“基本生产成本”科目的是(　　)。
   A. 车间生产工人福利费　　B. 车间生产工人工资
   C. 车间管理人员工资　　D. 构成产品实体的原料费用
5. 在企业已设置了“基本生产成本”总账科目的情况下，不能再设置的总账科目是(　　)。
   A. 辅助生产成本　　B. 生产费用
   C. 制造费用　　D. 废品损失
6. 成本核算和分析等方面工作由车间成本会计机构或人员分别进行，并在业务上受厂部成本会计机构指导的工作方式，是(　　)。
   A. 按成本会计的对象分工　　B. 按成本会计的职能分工
   C. 集中工作方式　　D. 分散工作方式

三、多项选择题

1. 成本会计的环节包括(　　)。
   A. 成本预测　　B. 成本决策　　C. 成本控制
   D. 成本分析　　E. 成本考核
2. 在分散工作方式下，由厂部成本会计机构进行的成本会计工作有(　　)。
   A. 成本核算　　B. 成本预测、决策
   C. 成本考核　　D. 成本分析

第二章 成本核算概述

学习目标(Learning Objective)

通过本章的学习，读者首先要理解产品成本核算六个方面的基本要求，能正确区分各种费用之间的界限，进一步熟悉企业生产费用要素和产品成本项目的内容，理解两者之间的关系。最后，读者要熟悉企业成本核算的账户设置和运用以及成本核算的一般程序。

成本核算是成本会计最基本的职能，离开了成本核算提供的可靠、翔实的资料，成本会计的其他职能便不能顺利执行。

第一节 产品成本核算的要求

由于企业的性质、生产的产品等方面各不相同，因此，其成本核算有各自的特点。但是在成本核算时，都应遵循以下基本原则。

一、正确划分各种费用界限

为了正确地核算费用、计算产品成本和企业损益，必须正确划分以下五个方面的费用界限。

（一）正确划分各种支出的界限

正确划分各种支出的界限也可称作正确划分生产经营费用和非生产经营费用的界限。企业在其生产经营活动中会发生多种性质的支出，如资本性支出、收益性支出、福利性支出、所得税支出、营业外支出和利润分配性支出等，各种支出的用途也是不同的，有的是用于生产经营活动，有的则是用于生产经营活动以外的其他方面。因而，在成本核算时，不能把企业所有的支出都计入生产经营费用（即产品成本和期间费用），而必须按其用途进行合理的划分，以保证成本费用的真实性、客观性。划分的原则是：用于产品生产和销售、用于组织和管理生产经营活动以及用于筹集生产经营资金的各种费用，即收益性支出，应计入生产经营费用；而资本性支出或不是由于企业日常生产经营活动而发生的费用支出，如企业购建固定资产、无形资产和其他资产的支出，对外投资的支出，固定资产盈亏和清理损失，非正常原因的停工损失和自然灾害损失，被没收的财物损失，支付的滞纳金、违约金、罚款以及企业的捐赠、赞助支出等，都不应计入生产经营费用。企业应按照国家有关规定，严格遵守费用成本的开支范围，既不应多计成本、费用，将不属于生产经营管理的费用列入成本、费用，也不得将应计入成本、费用的生产经营管理费用不计或少计入成本、费用。多计成本、费用,会减少企业利润,进而减少国家财政收入;少计成本、费用,则会虚增企业利润,造成超额分配,使企业的生产经营管理耗费得不到补偿,进而影响企业生产顺利进行。

(二)正确划分各期费用成本的界限

对于可以计入生产经营费用的支出,企业应当根据权责发生制原则,正确划分各期成本、费用的界限。划分的基本要求是:应由本月成本、费用负担的费用都应在本月入账,计入本月的产品成本和期间费用;不应由本月成本、费用负担的费用,一律不得列入本月的产品成本和期间费用。根据这项要求,在成本核算过程中,凡本月发生的费用,都要在本月入账,既不允许将其延至下月记账,也不得提前入账。另外,对应由本月和以后月份成本、费用负担的长期待摊费用,要根据其受益期限,分别摊提到本月和以后月份,以便正确反映各月份的成本、费用水平。正确划分这方面的费用界限是准确计算各月份产品成本和期间费用的基础。应该防止利用费用待摊办法人为调节各个月份的成本、费用,人为调节各月损益的错误做法。

(三)正确划分生产费用与期间费用的界限

对应计入本期的生产经营费用,要正确划分生产费用与期间费用的界限。生产费用主要是指用于产品生产的原材料费用、生产工人的薪酬费用和制造费用等,生产费用应直接或间接计入产品成本;期间费用是指用于产品销售、组织和管理生产经营活动以及为筹集生产经营资金而发生的费用,期间费用不计入产品成本,而是直接计入当期损益。正确划分生产费用和期间费用的界限,是保证正确计算产品成本和核算各期损益的基础。因此,在成本核算过程中,要防止将应计入产品成本的费用列入期间费用,或将期间费用列入产品成本,借以调节各会计期间成本、费用的错误做法。

(四)正确划分各种产品的费用界限

由于企业往往不只生产一种产品,因此,对于生产两种及两种以上产品的生产企业,还要对应计入产品成本的生产费用在各有关产品之间进行划分,以便分析和考核各种产品成本计划或成本定额的执行情况。这种划分的基本要求是:属于某种产品单独发生、能够单独计入该种产品的生产费用,应该直接计入该种产品的成本;属于几种产品共同发生、不能直接计入某种产品成本的生产费用,则要采取适当的分配方法,分别计入这几种产品的成本。在成本核算过程中,要如实反映各种产品的耗费,不能人为地在不同产品之间,特别是亏损产品与盈利产品、可比产品与不可比产品之间任意转移生产费用。要防止以盈补亏、掩盖亏损产品亏损额,或虚报产品成本、掩盖利润的错误做法。

(五)正确划分本期完工产品与期末在产品的费用界限

通过以上费用界限的划分,可确定各种产品本月应负担的生产费用,但为了分期确定损益,及时提供有关成本资料,企业一般需要分期计算产品成本。期末计算产品成本时,除本期已完工产品外,还可能存在未完工的产品,即期末在产品。这样,为了正确计算完工产品总成本和单位成本,就需要在月末正确划分本期完工产品与期末在产品的费用界限,也即应采用适当的方法对生产该种产品的累计生产费用在本期完工产品与期末在产品之间进行分配。当然,如果某种产品都已完工,该产品的累计生产费用就全部是本期完工产品成本；如果某种产品都未完工，该产品的累计生产费用就全部是期末在产品成本。这两种情况都不存在累计生产费用在本期完工产品与期末在产品中分配的问题。在划分本期完工产品与期末在产品的费用界限时，要选用合理的分配标准，采用合适的分配方法，防止任意提高或降低期末在产品成本、人为调节完工产品成本的错误做法。

在成本核算过程中能否正确地划分上述五个费用界限，反映了是否遵守有关成本、费用开支范围的规定，是否贯彻执行了权责发生制原则以及费用受益的分配原则。因而，正确划分上述费用界限是保证成本、费用正确核算的关键，也是检查和评价成本、费用核算工作是否正确、合理的重要标准。

下面以某工厂某月费用为例，划分五种费用界限，如图 2-1 所示。

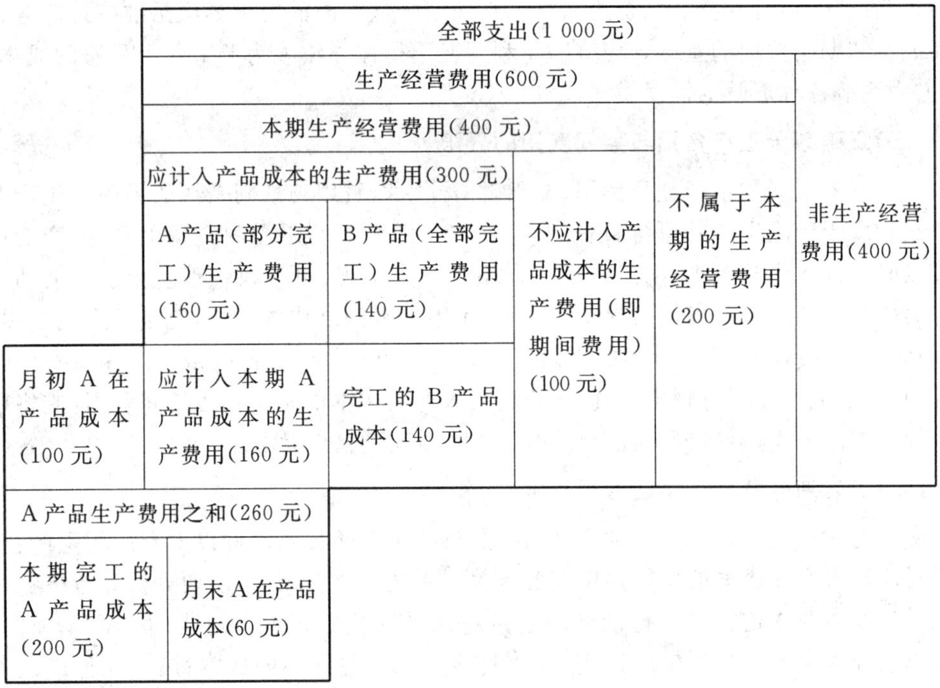

图 2-1　五种费用划分举例

二、正确确定财产物资的计价和价值结转的方法

作为工业企业生产资料的财产物资，随着生产经营过程的进行而被耗用，其价值也就成了产品成本和期间费用的构成内容。但作为成本、费用的财产物资价值，其数额大小，并不是一个简单的乘积，而是受财产物资的计价方法和价值结转方法的影响。如其中的固定资产价值耗费部分，就要受到固定资产原值计算方法、折旧方法以及折旧率等的影响；流动资产费用部分，就要受到材料成本的组成内容，发出材料的单位成本、计算方法以及周转材料的摊销方法等的影响。因此，为了正确计算产品成本的期间费用，要合理确定企业财产物资的计价和价值结转方法。其基本要求是：凡国家有统一规定的，

应采用统一规定的方法；国家没有统一规定的，企业要根据财产物资的特点，结合管理要求合理选用，而且一经确定不得随意改变。要防止通过任意改变财产物资计价和价值结转方法来调节成本、费用的错误做法。

三、选用适当的成本计算方法

产品生产组织和生产工艺特点以及管理要求的不同是影响产品成本计算方法选择的重要因素。而成本计算方法选择得合理与否，将直接影响产品成本计算的准确性。因此，企业必须根据自身产品生产的特点和管理要求来选用计算产品成本的具体方法。在同一个企业里，可以采用一种成本计算方法，也可以采用多种成本计算方法，即多种成本计算方法同时使用或多种成本计算方法结合使用。成本计算方法一经选定，一般不应经常变动。

四、做好成本核算的基础工作

健全的成本核算基础工作，是保证成本会计工作质量的前提，其内容一般包括：原始记录制度、定额管理制度、计量验收制度、内部结算制度等。

（一）原始记录制度

成本会计工作的原始记录是成本、费用业务发生的证明，是成本核算和管理的原始依据。原始记录的范围一般包括：生产记录、考勤记录、设备利用记录和材料物资收发记录等。但不同企业的原始记录并不完全一样，其范围、内容以及凭据的格式决定于各企业的生产特点和成本管理要求。原始记录设置总的原则是：既要满足成本、核算和管理的需要，又要简便易行。

（二）定额管理制度

定额是企业在正常的生产条件下，对人力、物力、财力的配备以及利用和消耗等所应遵守的标准或应达到的水平，它是成本计划、成本控制、成本分析和考核的主要依据。定额管理是成本管理的基础，也是加强企业全面管理的基础。

定额按其反映的内容不同，主要分为工时定额、产量定额、材料消耗定额、费用定额等；按其制定的标准不同，主要分为计划定额、现行定额等。定额的制定既要先进又要切实可行。另外，随着企业内外条件的改变，定额也要随之修订，这样才能起到定额的作用。

（三）计量验收制度

计量验收是对企业各项财产物资收、发、领、退的数量进行准确确认的手段，也是一种管理制度。如果生产过程中的财产物资收、发、领、退数字反映失真，就会导致成本会计工作的成果，即提供的有关成本费用等数据资料虚假，进而会影响到企业整个财务状况和财务成果信息的真实性。因此，企业应根据实际情况，配备各种必要的度量工具和有关的仪器、仪表等计量工具，并定期进行检修、校正。

（四）内部结算制度

为了明确企业内部各有关单位的经济责任，对财产物资的内部流转以及相互提供劳务等，可以采用内部结算的办法进行核算和管理。内部结算要以合理的内部价格为依据。内部结算一般是用企业制定的计划单位成本，也可以在计划单位成本的基础上加适当的利润作为内部结算价格。内部结算价格是内部结算制度的主要方面，另外还包括内部结算方式、内部结算货币等。

第二节　产品成本核算的基本程序

产品成本是对象化的费用集合，因此，为了正确计算产品成本，科学地进行成本管理，必须对企业的费用进行合理的分类。对工业企业的费用可按经济内容分类，也可按经济用途分类。

一、生产经营管理费用的分类

（一）按费用的经济内容分类

费用的经济内容是指费用本身的性质，故费用按经济内容分类也即按经济性质分类。工业企业发生的各种费用按其经济内容（或性质）划分，主要有劳动对象方面费用、劳动手段方面费用和活劳动方面费用。这三大类费用为构成工业企业费用的三大要素。为了具体地反映工业企业各种费用的构成和水平，还要在此基础上将其进一步划分为以下 9 个费用要素。

（1）外购材料，指企业耗用的一切从外部购进的原料及主要材料、半成品、辅助材料、包装物、修理用备件和低值易耗品等。

（2）外购燃料，指企业耗用的一切从外部购进的各种燃料，包括固体、液体、气体燃料。从理论上说，外购燃料应该包括在外购材料中，但由于燃料是重要能源，需要单独考核，因而单独列为一个要素进行核算。

（3）外购动力，指企业耗用的从外部购进的各种动力。

（4）职工薪酬，指企业为获得职工提供的服务而给予的各种形式的报酬以及其他相关支出，它包括职工工资、奖金、津贴和补贴，职工福利费，医疗保险费、养老保险费、失业保险费、工伤保险费和生育保险费等社会保险费，住房公积金，工会经费和职工教育经费，非货币性福利等。

（5）折旧费，指企业按照规定计算的固定资金折旧费用。

（6）修理费用，指企业为修理固定资产而发生的支出。

（7）利息费用，指企业的借款利息费用减去利息收入后的净额。

（8）税金，指应计入企业管理费用的各种税金，包括房产税、车船使用税、印花税和土地使用税等。

（9）其他费用，指不属于以上各要素的费用，例如邮电费、差旅费、租赁费、保险费和外部加工费等。

按照上述费用要素反映的费用，称为要素费用。按照要素费用分类核算工业企业费用的作用在于：可以反映工业企业在一定时期内共发生了哪些费用，数额各是多少，据以分析各个时期各种费用的结构和水平；可以反映外购材料和燃料费用以及职工薪酬的实际支出，因而可以为编制企业的材料采购资金计划和劳动工资计划提供资料；可以为企业核定储备资金定额和考核储备资金周转提供资料；可以划分物质消耗和非物质消耗，为计算工业净产值和国民收入提供资料。

这种分类核算的不足之处是：不能反映各种费用的经济用途，因而不便于分析这些费用的支出是否节约、合理。因此，对于工业企业的这些费用还必须按其经济用途进行分类。

（二）按费用的经济用途分类

费用的经济用途指费用在生产产品和提供劳务等活动中的实际用途。工业企业发生的各种费用按其经济用途，首先可分为计入产品成本的生产费用和不计入产品成本的期间费用。下面分别阐述这两类费用按经济用途的分类。

1. 生产费用按经济用途的分类

计入产品成本的生产费用按其用途不同，可分为若干个项目，这些项目作为产品成本的构成内容，在会计上被称为成本项目。根据生产特点和管理要求，工业企业一般设立如下三个成本项目。

（1）直接材料，指直接用于产品生产，构成产品实体的原材料、主要材料、燃料及有助于产品形成的辅助材料等。

（2）直接人工，指直接从事产品生产的工人的薪酬费用。

（3）制造费用，指间接用于产品生产的各项费用，以及虽直接用于产品生产，但不便于直接计入产品成本，因而没有专设成本项目的生产费用（如机器设备的折旧费用）。制造费用是企业内部各生产单位（分厂、车间）为组织和管理生产所发生的，主要包括：生产管理人员及其他非生产人员的薪酬，固定资产的折旧费用、修理费、租赁费和物料消耗，低值易耗品摊销，取暖费用，水电费，办公费，差旅费，运输费，保险费，设计图纸费，试验检验费，劳动保护费，季节性和修理期间的停工损失等。

为了使成本项目更好地适应管理要求，企业也可以对上述成本项目进行适当调整。例如，燃料和动力费用比重较大的企业，可将“直接材料”项目分成“原材料”和“燃料与动力”两个成本项目；经常有废品损失和停工损失的企业，则可以增设“废品损失”和“停工损失”项目。但在确定或调整成本项目时，应注意考虑以下几个问题：

（1）费用在管理上有无单列的必要；

（2）费用在产品成本中所占比重的大小；

（3）为某种费用专设成本项目所增加的核算工作量大小；

（4）企业成本项目一经确定，不得随意变更。

2. 期间费用按经济用途的分类

不计入产品成本的期间费用按经济用途分类，可分为销售费用、管理费用和财务费用。

费用按经济用途分类，可以促使企业按经济用途考核各项费用定额或计划的执行情况，分析费用支出是否合理节约，同时，也是企业按照费用发生的对象进行成本计量的基础。

（三）生产费用要素与产品成本项目的关系

1. 生产费用要素与产品成本项目的联系

两者反映的经济内容一致，都是在企业生产过程中发生的各种费用。生产费用的发生过程，同时也是产品成本的形成过程。所以，按经济内容反映的各项费用的发生额，是构成按经济用途分类的成本项目的基础。

2. 生产费用要素与产品成本项目的区别

(1) 两者包括的范围不同。

生产费用要素反映的是企业在一定时期内所发生的全部费用，既包括计入产品生产的费用，又包括不计入产品生产的费用。如“外购材料”费用要素，既包括用于产品生产的原材料，又包括不用于产品生产的原材料，而产品成本项目只包括计入产品生产的费用，如“直接材料”只包括用于某种产品生产的原材料。

(2) 计入产品成本的费用不一定全部计入当期产品成本。

生产费用要素反映的费用是与特定期间相联系的，即某一期间内实际发生的费用。而产品成本项目反映的费用是与特定成本计算对象相联系的，指某一期间、某种产品所应负担的费用。例如某一期间实际发生的产品生产费用，有时并不全部计入当期产品成本，而有些费用，本期虽未发生，但应计入本期产品成本。另外对于跨期完工的产品，其成本可能包括几个期间的生产费用，所以生产费用只与其发生的特定期间相联系，与其用在哪里无关；而产品成本只与特定种类和数量的产品相联系，与其发生在哪一期间无关。

(四) 生产费用的其他分类方法

1. 按与生产工艺的关系分类

(1) 直接生产费用，是指由生产工艺本身引起的、直接用于产品生产的费用，如原材料费用、生产工人薪酬等。

(2) 间接生产费用，是指与生产工艺没有直接关系的、间接用于产品生产的费用，如机物料消耗、辅助工人薪酬、生产用房的折旧费用等。

2. 按计入产品成本的方法分类

(1) 直接计入费用，一般简称为直接费用，是指能分清是哪种产品耗用的、能直接计入该种产品成本的费用。该类费用可以根据原始凭证直接计入该种产品成本。如生产甲产品领用 30 万元 A 材料，这时 30 万元的 A 材料费用即为直接计入费用。

(2) 间接计入费用，一般简称为间接费用，是指不能分清是由哪种产品耗用的、不能直接计入某种产品成本而必须按照一定标准分配计入某些产品成本的费用。如生产甲、乙产品共同领用 30 万元 A 材料，这时 30 万元的 A 材料费用即为间接计入费用。

一般来说，直接生产费用大多是直接计入费用，间接生产费用大多是间接计入费用，但也不都是如此。如在生产一种产品的生产单位中，直接生产费用和间接生产费用都可以直接计入该种产品成本，因而都是直接计入费用；而在用同一种材料同时生产几种产品的联产品生产单位中，直接生产费用和间接生产费用都不能直接计入某种产品成本，因而都是间接计入费用。

二、成本核算的基本程序

成本核算的基本程序实际上是对生产经营过程中发生的费用，按照成本计算对象，区别成本费用项目进行归集和分配的过程。其基本程序可概括为五步。

（一）设立成本计算单

成本计算单，即生产成本明细账，一般根据产品成本计算对象设立。确定成本计算对象是计算产品成本的前提。由于企业的生产特点、管理要求等不同，企业的成本计算对象也不相同。成本计算单要按成本项目设立专栏（或专行）登记其发生的生产费用金额。

（二）审核、控制、归集和分配要素费用

对企业的各项要素费用进行审核和控制，确定费用应不应该开支；应开支的费用，应不应该计入生产经营管理费用；应该计入的费用，应计入生产费用还是计入经营管理费用，也就是将生产经营管理费用分配、归集为成本和费用。这里包括成本、费用的审核和控制工作，也包括前述费用界限的划分工作。

（三）按成本对象设置明细账，按项目分配、登记各项成本费用

将计入本月成本的生产费用在各种产品之间进行分配和归集，并按成本项目分别反映，计算出按成本项目反映的各种产品的成本。

（四）计算完工产品成本和月末在产品成本

对于既有完工产品又有在产品的产品，将月初在产品生产费用与本月生产费用之和，在本月完工产品与月末在产品之间进行分配和归集，计算出完工产品和月末在产品的成本。

（五）结转完工产品成本

成本核算程序既是生产费用发生的过程，同时也是产品成本形成的过程，也是正确划分前述四个方面费用界限的过程。最后，在成本计算单上计算出完工产品总成本和单位成本，并将已完工入库的产成品成本从“基本生产成本”账户及其明细账转至“库存商品”账户及其明细账。

总体而言，产品成本核算程序与前述正确划分费用界限的过程是一致的，如图 2-2 所示。

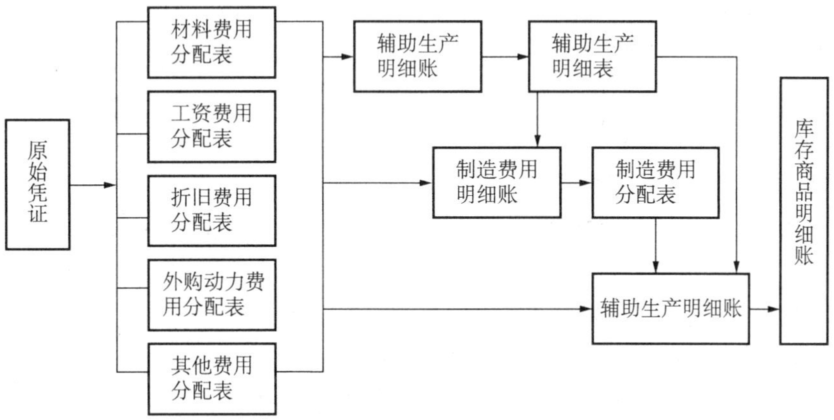

图 2-2　产品成本核算程序

第三节 产品成本计算方法的选择

一、影响成本计算方法的因素

产品成本是在生产过程中形成的，计算什么的成本和采用什么方法计算成本，在很大程度上取决于生产的特点（包括工艺过程特点和生产组织特点）。而成本计算主要是为成本管理提供资料，因此采用什么方法，提供哪些方法，又要考虑成本管理的要求。同时，成本管理的要求也脱离不开生产的特点。以上关系说明，影响成本计算方法的主要因素是企业的生产特点和成本管理要求，而生产特点是首要因素。

二、工业企业生产的主要类型

不同部门、行业的生产千差万别，对工业企业，可以根据工艺过程特点和生产组织特点划分为不同类型。

1. 按照生产工艺过程的特点划分

工业企业的生产类型，按照生产工艺过程的特点划分，可分为单步骤生产和多步骤生产两种类型。

（1）单步骤生产也称简单生产，是指产品生产工艺技术不可间断或者在工作地点上不能分散进行的生产。这类生产的周期较短，一般只能由一个企业整体进行，而不由几个企业协作完成，如发电、采掘、化肥、玻璃等生产，都属于这种类型。

（2）多步骤生产也称复杂生产，是指产品生产工艺技术过程可以间断为若干个步骤，可以分别在不同时间、不同地点进行的生产。这种生产可以由一个企业独立完成，也可以由几个企业协作进行。在一个企业内，这种生产可以由一个车间来完成，也可以由几个车间协作进行。

多步骤生产按其产品加工方式的不同，又可分为连续式多步骤生产和装配式多步骤生产两类。连续式多步骤生产是指产品的各个生产步骤有先后顺序，需依次连续加工才能成为产成品的多步骤生产，如纺织、服装、造纸、五金制品等生产。装配式多步骤生产是指产品的各个生产步骤无先后顺序，可分别同时加工，然后再装配成产成品的多步骤生产，如机器制造、仪表制造等生产。

2. 按照生产组织的特点划分

工业企业的生产类型，按照生产组织特点划分，可分为大量生产、成批生产和单件生产三种类型。

（1）大量生产，是指不断重复生产品种相同的产品的生产。这种生产的特点是品种较少，产量较大，生产稳定，如电、自来水、酿酒、面粉等生产。

（2）成批生产，是指按预先规定的批别和数量进行的生产。这种生产的特点是品种较多，各种产品的生产往往成批轮番进行，如家用电器、服装、鞋帽等生产。

根据批量的大小，成批生产又可分为大批生产和小批生产。大批生产的性质接近于大量生产，小批生产的性质接近于单件生产。

(3) 单件生产，是指根据购货单位订单的要求制造个别的、性质特殊的产品的生产。这种生产的特点是产品种类较多，但极少重复，如飞机、船舶、重型机械、专用设备制造等生产。

工业企业生产的类型如图 2-3 所示。

- 生产类型
  - 按生产工艺过程的特点分
    - 单步骤生产
    - 多步骤生产
      - 连续式多步骤生产
      - 装配式多步骤生产
  - 按生产组织的特点分
    - 大量生产
    - 成批生产
      - 大批生产
      - 小批生产
    - 单件生产

图 2-3　工业企业生产的类型

三、生产特点和成本管理的要求对产品成本计算方法的影响

生产特点和成本管理的要求对产品成本计算方法的影响，主要表现在对成本计算对象、成本计算期，以及生产费用在完工产品和在产品之间分配三个方面的影响。

(一) 对成本计算对象的影响

成本计算对象是指企业为了计算产品成本而确定的归集和分配生产费用的各个对象，即成本费用的承担者，也称成本核算对象。一种产品、一批产品、一类产品以及生产过程中各步骤的半成品，都可作为成本计算对象。

1. 从生产工艺过程的特点看

单步骤生产，由于生产工艺不可间断，通常以产品品种或批别作为成本计算对象。管理上不要求分步骤计算成本的多步骤生产，通常也以产品品种或批别作为成本计算对象。

连续式多步骤生产，应以生产步骤为成本计算对象，既按步骤又按品种计算各步骤半成品和产成品成本。

装配式多步骤生产，因零部件无独立的核算意义，无须按步骤计算半成品成本，而以产品品种为成本计算对象。

2. 从生产组织的特点看

大量生产，由于连续不断地生产相同产品，只能以产品品种作为成本计算对象。

大批生产，可视具体情况，按产品品种或产品批别计算产品成本。

单件、小批生产，由于一批产品一般可同时完工，可按产品批别计算产品成本。

(二) 对成本计算期的影响

成本计算期是指计算产品成本时，对生产费用计入产品成本的起讫日期，也就是每次计算产品成本的期间。它主要取决于生产组织的特点。

单件、小批生产，由于产品成本的计算有可能在某件产品或某批产品完工以后进行，因而成本计算可以不定期，与生产周期一致，与会计报告期一致。

大量、大批生产，由于生产活动连续不断地进行着，产品成本的计算很难在某件产品或某批产品完工以后进行，因而通常定期于月末进行，与生产周期不一致，与会计报告期一致。

（三）对生产费用在完工产品和在产品之间分配的影响

生产费用在完工产品和在产品之间的分配主要取决于生产组织的特点。

单步骤生产，由于生产过程不能间断，生产周期短，一般没有期末在产品或在产品数量很少，因此在计算产品成本时，一般不计算期末在产品成本，也就不存在生产费用在完工产品和在产品之间分配的问题。

多步骤大量、大批生产，由于生产连续不断进行，经常存在期末在产品，因此在计算产品成本时，需要将生产费用在完工产品与在产品之间进行分配。

多步骤单件、小批生产，由于成本计算期通常与生产周期一致，不存在期末在产品，因此在计算产品成本时，不存在生产费用在完工产品和在产品之间分配的问题。

四、产品成本计算方法的选择

上述生产特点和管理要求对产品成本计算三方面的影响，构成了以成本计算对象不同为主要标志的不同成本计算方法。成本计算对象的基本方法主要有以下三种：

（1）以产品品种为成本计算对象的品种法；

（2）以产品及其所经各生产步骤为成本计算对象的分步法；

（3）以产品批别或订单为成本计算对象的分批法。

除上述三种基本方法外，为满足企业管理的需要和成本计算的要求，还可采用一些其他成本计算方法，如分类法、定额法、标准成本法和变动成本法等。

第四节　产品成本核算的账户设置

一、产品成本核算的账户特点

为了归集生产费用，核算产品成本，应设置一定的总账账户及必要的明细账户。总账账户一般设置"生产成本"账户，用以核算企业进行产品生产(包括产成品、自制半成品生产和提供劳务等)、自制材料、自制设备等所发生的各项生产费用。为了分别核算基本成本和辅助生产成本，还应在该总账账户下设立"基本生产成本"和"辅助生产成本"两个二级账户，在二级账户下再按一定要求设置明细账户。为了简化会计核算手续，也可以将两个二级账户提升为一级账户，不再设置"生产成本"总账账户。

（一）"生产成本——基本生产成本"总账账户及其明细账的设立

基本生产是指为完成企业主要生产目的而进行的产品生产，"生产成本——基本生产成本"账户是为了归集基本生产过程中所发生的各种生产费用和计算基本生产产品成本而设立的。基本生产所发生的各项费用，记入该账户的借方；完工入库的产品成本，记入该账户的贷方。该账户的余额，就是基本生产在产品的成本，也就是基本生产在产品占用的资金。该账户应按产品品种等成本计算的对象分设基本生产成本明细账，该项账也被称为产品成本明细账或产品成本计算单。账中应按成本项目分设专栏或专行，登记该产品的各成本项目的月初在产品成本、本月发生的成本、本月完工产品成本和月末在产品成本。其格式及举例如表 2-1 所示。

表 2-1 基本生产成本明细账

车间名称：第一车间 2009 年 7 月

产品名称：甲产品

月	日	摘 要	产量（件）	成本项目			合计（元）
				直接材料（元）	直接人工（元）	制造费用（元）	
7	1	月初在产品成本		15 000	6 000	9 000	30 000
7	30	本月生产费用		75 000	29 000	44 000	148 000
7	30	生产费用合计		90 000	35 000	53 000	178 000
7	30	本月完工产品成本	2 000	72 000	27 300	41 340	140 640
7	30	完工产品单位成本		36	13.65	20.67	70.32
7	30	月末在产品成本		18 000	7 700	11 660	37 360

基本生产成本明细账中虽然没有标明借方、贷方和余额，但其基本结构不外乎这三个部分。表 2-1 中的“月初在产品成本”为月初借方余额，系上月所记；“本月生产费用”为本月借方发生额，根据本月各种费用分配表登记；“本月完工产品成本”为贷方发生额；“月末在产品成本”为月末借方余额。后两项费用根据完工产品与月末在产品成本的分配方法分配登记。

（二）“生产成本——辅助生产成本”账户和其他有关账户的设立

辅助生产是指为服务基本生产而进行的产品生产和劳务供应，例如工具、模具、修理用备件等产品的生产和修理、运输等劳务的供应等。辅助生产提供的产品和劳务，有时也对外销售，但这不是它的主要目的。辅助生产所发生的各项费用，记入“生产成本——辅助生产成本”账户的借方；完工入库产品的成本或分配转出的劳务费用，记入该账户的贷方；该账户的余额，就是辅助生产在产品的成本，也就是辅助生产在产品占用的资金。该账户应按辅助生产车间和生产的产品、劳务分设辅助生产成本明细账，账中按辅助生产的成本项目或费用项目分设专栏进行登记。

企业发生的各项生产费用，应按成本核算对象和成本项目分别归集。直接材料、直接人工等直接费用，应计入基本生产成本和辅助生产成本；企业辅助生产车间为生产产品提供动力等的直接费用，应在辅助生产成本账户核算后，再转入基本生产成本账户；其他间接费用先在制造费用账户汇集，月末再按一定的分配标准分别计入有关的产品成本。

（三）制造费用账户

为了归集和分配制造费用，应该设立“制造费用”总账账户，该账户主要核算为企业生产产品和提供劳务而发生的各项间接费用。该账户借方登记实际发生的制造费用；贷方登记分配转出的制造费用；除季节性生产企业，或采用年度计划分配率和累计分配法分配制造费用的企业外，该账户一般无余额。该账户应按生产车间、部门设置明细账。账中按费用项目设立专栏分别进行登记。通常的做法是，单品种辅助生产车间一般不单设“制造费用”账户，所发生的制造费用直接计入“辅助生产成本”账户内。也可以通过“制造费用”账户先归集间接费用，然后再于期末转入“辅助生产成本”账户的借方。

在中小型企业成本计算实务中，如果业务比较简单，也可以将“生产成本”和“制造费用”两个账户合并为“生产费用”账户。

为了归集和结转产品销售费用、管理费用和财务费用，应该分别设立“销售费用”、“管理费用”和“财务费用”总账账户。为了归集和分配长期待摊费用，还应设立“长期待摊费用”总账账户。企业如果单独核算废品损失和停工损失，还可以增设“废品损失”和“停工损失”总账账户。

二、产品成本核算的账务处理程序

产品成本核算账户处理程序，实际上表现为整个产品成本形成过程的会计核算步骤，内容非常广泛，因而，需要具体阐述。在讲述成本核算之前，需对其一般程序有一个总括的了解，这里将其账务处理的基本程序用程序图列示，如图 2-4 所示。

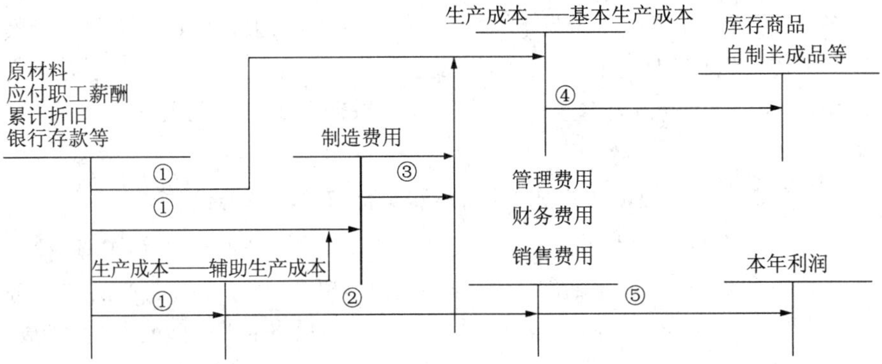

图 2-4　产品成本核算账务处理的基本程序

说明：①分配各项要素费用；
②分配辅助生产成本；
③分配制造费用；
④结转完工产成品及自制半成品成本；
⑤结转期间费用。

本章小结(Summary)

为了充分发挥成本会计的作用,在成本核算中,应认真贯彻以下各项要求:正确划分各种费用的界限;做好成本核算的各项基础工作;正确确定财产物资的计价和价值的结转方法;选择适当的成本计算方法。

为了正确进行成本核算,满足企业成本管理的要求,应对种类繁多的生产经营管理费用,按照一定的标准进行分类。

产品成本计算需要设置“基本生产成本”,“辅助生产成本”和“制造费用”等账户,对生产过程中发生的各项费用要素应遵循一定的程序归类计入产品成本。成本核算要遵循的一般程序从设立成本计算单开始,包括审核生产费用支出,按照成本计算对象归集和分配直接费用,按照车间或部门归集和分配间接费用,在完工产品和在产品之间分配费用,最后结转完工产品成本到库存商品账户。

关键术语(Glossary)

生产费用(production expense)
产品成本(product cost)
费用要素(expense element)
成本项目(cost item)
成本计算单 (cost sheet)
成本流程 (cost flow)
基本生产成本(prime production cost)
辅助生产成本(service production cost)
制造费用(manufacturing overhead)

知识拓展(Knowledge Expansion)

注册会计师对某公司 2007 年度的产品生产成本进行分析性复核时发现,该年度的可比生产成本比上年明显增加,对照相关调查数据发现,该公司本年度产品生产数量与上年基本持平。于是,注册会计师抽查了当年任意两个月份的相关会计凭证,发现其原始凭证中记录有车间进行生产设备的改造支出,共计 200 万元,追踪记账凭证发现,这笔支出列支在了设备改造结束月份的制造费用中,后转入产品生产成本。注册会计师经后续查证,业务真实。

问题:这样的会计处理对吗?如需调账,如何处理?这样处理会对企业哪些财务指标产生影响?

思考题(Questions)

1. 成本核算的原则有哪些?
2. 成本核算有哪些要求?
3. 成本核算的基本程序是什么?
4. 成本核算需要设置哪些生产费用账户?

练习题(Exercises)

一、判断题

1. 间接生产费用是指需要分配计入产品成本的生产费用。(　　)

2. 生产费用要素反映企业在生产中发生了哪些费用,而成本项目反映生产中发生的这些费用到底用在了哪里。(　　)

3. 生产费用是产品成本形成的基础,产品成本则是生产费用的对象化。(　　)

4. 在实际工作中,某些不形成产品价值的损失,也可作为生产费用计入产品成本。(　　)

5. 直接生产费用都能直接计入产品成本。(　　)

6. 在只生产一种产品的工业企业或车间中,直接生产费用和间接生产费用都是直接计入费用。(　　)

7. 如果将生产经营管理费用误记为非生产经营管理费用,企业将虚增本期的利润,而以后相关期间的利润被虚减。(　　)

8. 在成本核算中,应该正确划分完工产品与在产品的费用界限,以避免任意提高或降低月末在产品费用,人为调节完工产品的成本的错误做法。(　　)

9. 划分产品成本计算基本方法的标志是成本计算对象。(　　)

二、单项选择题

1. 下列各项中属于间接生产费用的是(　　)。
   A. 生产工人工资　　B. 机器设备耗用电费
   C. 机器设备折旧费用　　D. 车间厂房折旧费用

2. 下列各项中,属于工业企业生产经营管理费用的是(　　)。
   A. 对外投资发生的支出　　B. 固定资产盘亏损失
   C. 季节性停工损失　　D. 固定资产报废清理损失

3. 为正确计算产品的生产成本,对于本期生产经营管理费用,应划清(　　)之间的界限。
   A. 生产费用和制造费用　　B. 财务费用和管理费用
   C. 生产费用和期间费用　　D. 待摊费用和预提费用

4. 间接生产费用都(　　)。
   A. 是间接计入费用　　B. 是直接计入费用

C. 专设成本项目　　　　D. 不专设成本项目

5. 由于生产车间的管理费用和制造费用很难严格区分,为了简化核算工作,可将其纳入(　　)。

A. 管理费用　　　　B. 期间费用

C. 制造费用　　　　D. 当期损益

6. 下列各项中属于直接生产费用的是(　　)。

A. 生产车间厂房的折旧费

B. 产品生产用设备的折旧费

C. 企业行政管理部门固定资产的折旧费

D. 生产车间的办公费用

7. 下列各项中,属于直接计入费用的有(　　)。

A. 几种产品负担的制造费用　　　　B. 两种产品共同耗用的原材料费用

C. 只生产一种产品的生产工人工资　　　　D. 车间照明用电费

8. 为了正确计算产品成本,应正确划分的费用界限是(　　)。

A. 合格品和废品　　　　B. 完工产品和月末在产品

C. 可比和不可比产品　　　　D. 盈利和亏损产品

9. 下列各项中,属于直接计入费用的是(　　)。

A. 几种产品负担的制造费用　　　　B. 两种产品共同耗用的原材料费用

C. 只生产一种产品的生产工人工资　　　　D. 车间照明用电费

10. 下列费用中,属于应计入工资及福利费成本项目的是(　　)。

A. 全部职工工资及福利费

B. 车间管理人员工资及福利费

C. 行政管理人员工资及福利费

D. 直接从事产品生产的工人工资及福利费

11. 下列各项中,属于直接生产费用的是(　　)。

A. 机物料消耗　　　　B. 辅助工人工资

C. 车间厂房折旧费用　　　　D. 机器设备的费用

12. 下列各项中,属于工业企业生产经营管理费用的是(　　)。

A. 对外投资发生的支出　　　　B. 固定资产盘亏损失

C. 季节性停工损失　　　　D. 固定资产报废清理损失

13. 在大量大批多步骤生产情况下,如果管理上不要求分步计算产品成本,其所采用的成本计算方法应是(　　)。

A. 品种法　　　　B. 分批法

C. 分步法　　　　D. 分类法

14. 下列各种方法中,属于产品成本计算辅助方法的是(　　)。

A. 品种法　　　　B. 分批法

C. 定额法　　　　D. 分步法

三、多项选择题

1. 成本会计的基础工作有(　　)。

A. 原始记录制度　B. 计量验收制度

C. 定额管理制度　D. 企业内部价格制度

2. 属于工业企业费用要素的有(　　)。

A. 原材料　B. 外购材料

C. 生产工人工资　D. 折旧费用

3. 下列哪些项目是将费用按经济用途划分的(　　)。

A. 制造费用　B. 固定费用　C. 直接材料

D. 间接费用　E. 管理费用

4. 下列各项中应计入产品成本的费用有(　　)。

A. 专设销售机构人员的工资　B. 车间管理人员的工资

C. 车间生产工人的工资　D. 企业管理部门人员的工资

5. 为正确计算产品成本,企业应做好的基础工作包括(　　)。

A. 定额的制定和修订

B. 材料物资的计量、收发、领退和盘点

C. 原始记录的登记、传递、审核和保管

D. 厂内计划价格的制定和修订

6. 下列哪些项目不是将费用按经济用途划分的(　　)。

A. 制造费用　B. 固定费用　C. 直接材料

D. 间接费用　E. 管理费用

7. 下列方法中,属于产品成本计算的辅助方法有(　　)。

A. 分步法　B. 分类法

C. 定额成本法　D. 分批法

8. 产品成本计算在(　　)情况下,可结合应用几种成本计算方法。

A. 基本生产车间和辅助生产车间的生产类型不同

B. 一个生产车间中的各种产品生产类型不同

C. 一个生产车间中有的产品已经定型,有的产品尚未定型

D. 一种产品不同生产步骤的生产特点和管理要求不同

E. 为了解决成本计算或成本管理工作中某一个方面的问题

9. 企业在确定成本计算方法时,必须从企业的具体情况出发,同时考虑以下因素(　　)。

A. 企业生产规模的大小　B. 企业的生产特点

C. 进行成本管理的要求　D. 月末有没有在产品

四、综合题

某企业6月发生下列支出,请按照是否能够计入生产费用为标准对它们进行选择。

(1) 支付本月所得税,税金额为15 000元;

(2) 提取的厂办公用楼房的折旧费100 000元;

(3) 支付电视台的产品广告费 4 000 元；
(4) 支付厂办公用设备的租赁费 7 000 元；
(5) 支付车间产品生产工人工资 10 000 元；
(6) 支付借款利息 8 000 元；
(8) 支付产品生产用燃料动力费 2 000 元；
(9) 支付厂办人员工资及福利费 4 000 元；
(10) 支付车间管理人员的工资及福利费 6 000 元；
(11) 支付职工教育经费 500 元；
(12) 支付基本生产车间机器设备的修理费 700 元；
(13) 支付辅助生产车间设备的修理费 4 000 元；
(14) 支付专设销售机构人员的工资 7 000 元；
(15) 企业赈灾捐赠支出 8 000 元；
(16) 支付股东红利 40 000 元。

第三章 生产费用的归集与分配

学习目标(Learning Objective)

企业在生产经营过程中会发生各种各样的耗费,这些耗费有的将最终构成产品成本,有的作为期间费用直接计入当期损益。

本章旨在对构成产品成本或期间费用的材料费用、动力费用、工资费用、折旧费用的归集与分配进行阐述。

通过本章的学习,读者应掌握材料费用、外购动力费用、人工费用、折旧费用、低值易耗品归集与分配的方法。

第一节 材料费用的归集与分配

一、材料费用核算概述

(一) 材料的分类

根据在生产经营过程中的作用,材料可分为以下几类。

(1) 原料及主要材料,指经过加工后构成产品实体或主要成分的各种原料和材料。其中,原料一般指直接取自自然界的天然状态的农产品、矿产品等劳动对象,如原棉、矿石、原油等;材料一般指来自加工企业的已被劳动加工的劳动对象,如棉纱、钢材等。

(2) 辅助材料,指直接用于生产,有助于产品形成或便于生产进行,但不构成产品主要实体的各种材料。其中有的同原料及主要材料相结合,有助于产品的形成,如催化剂、染料、油漆等;有的用于创造正常的劳动条件,如灯泡、清洁用具等。

(3) 外购半成品,指企业从外部购入的需进一步加工或装配于本企业产品的主要实体的半成品及零配件,如纺织企业的外购坯布、酿酒企业的外购粮食酒等。

(4) 修理用备件,指本企业机器设备和运输设备所专用的各种零件和备件,如轴承、齿轮、阀门、轮胎等。

(5) 燃料,指在生产过程中用来燃烧、发热,或为创造正常劳动条件耗用的各种燃料,包括固体燃料、气体燃料和液体燃料,如煤炭、各种油料、煤气等。

(6) 包装物,指为包装本企业产品、商品,并准备随同产品、商品一起出售的,或者在销售过程中租赁给购货单位使用的各种包装用的物品,如桶、箱、坛、袋、瓶等。

(7) 低值易耗品,指单位价值较低、使用年限较短(一般在一年以内)且容易耗损的各种工具、管理用具、玻璃器皿以及劳保用品等。

（二）材料费用的计算

材料费用的计算，就是要正确计算产品生产过程中消耗材料的数量和价格。

1. 消耗材料数量的计算

消耗材料数量的计算方法主要有两种：一是永续盘存制，二是实地盘存制。

（1）永续盘存制，也叫账面盘存制或连续记录法，它是指每次收入、发出材料时，都根据有关收发材料的原始凭证将材料收入和发出的数量逐笔记入材料明细账，材料消耗的数量就是根据材料发出的原始记录确定的，在材料明细账中能随时计算材料消耗数量和结存数量。

采取永续盘存制能正确计算出生产过程中材料的消耗数量，因此企业应建立健全的原始记录和计量验收制度，严格检查材料收入和发出凭证手续，保证材料消耗数量的真实性。

企业记录生产过程中材料消耗的原始记录主要有领料单、限额领料单和领料登记表等发料凭证。会计部门应对发料凭证所列材料的种类、数量和用途等进行审核，只有经过审核、签章的发料凭证才能据以发料，并作为发料核算的原始凭证。

若有生产所剩的余料，应该填制退料单。对于车间已领未用、下月需要继续耗用的材料，为了避免材料实物本月末交库、下月初又要领用的手续，可以采用“假退料”办法，即材料实物不动，只是填制一份本月的退料单，表示该项余料已经退库，同时填制一份下月的领料单，表示该项余料又作为下月份的领料出库。

每期末，企业应当根据全部领退料凭证汇总编制发出（耗用）材料汇总表，确定材料消耗量。发出（耗用）材料汇总表应按照领料用途和材料类别分别汇总。凡能分清某一成本计算对象的材料消耗，应当单独列示，以便直接计入该成本计算对象；凡属于几个成本计算对象共同耗用的材料，应当选择适当的分配方法，分别计入有关成本计算对象的材料费用项目。

（2）实地盘存制，也叫定期盘存制或盘存计算法，它是指每次发出材料时不作记录，材料发出（消耗）数量是根据期末实地盘点结存数量倒推出来的。其材料消耗量的计算公式为：

本期消耗材料数量＝期初结存材料数量＋本期收入材料数量－期末结存材料数量。

采用这种方法计算材料消耗量是不准确的，因为它将材料的被盗、损坏和丢失数量都计算在材料正常的消耗数量中了，这是不利于加强管理、节约成本的。因此，企业一般不采用这种办法计算材料消耗量。

2. 消耗材料价格的计算

在实际工作中，消耗材料价格（成本）的计算一般有两种做法：一是按实际成本组织材料的核算，二是按计划成本组织材料的核算。但无论采用何种核算方式，企业生产过程中消耗的材料，都应当是材料的实际价格（成本）。关于消耗（发出）材料的计价问题，在此只作简介。

（1）按实际成本计价。企业按实际成本进行材料核算时，材料明细账中收入材料的金额，应根据实际成本计价的收料凭证登记。这样，同一品种、规格的材料由于购入时间和地点不同，各批材料购进的实际价格也可能不一致，因此会产生消耗材料按什么价格来计算的问题。在实际工作中，可采取先进先出法、全月一次加权平均法、移动加权平均法、个别认定法等方式。

(2) 按计划成本计价。企业按计划成本进行材料核算时，消耗材料仍应当是其实际成本。材料实际成本等于消耗材料的计划成本加上应分摊的材料成本差异。当分摊的材料成本差异为超支差异时(实际成本大于计划成本)，与计划成本相加；当分摊的材料成本差异为节约差异时(实际成本小于计划成本)，与计划成本抵减(即加上一个负数)。企业应当正确计算消耗材料应分摊的材料成本差异，将消耗材料的计划成本调整为实际成本。

二、原材料费用分配的核算

对于本期发生的材料费用，不论耗用的是外购材料还是自制材料，都应根据审核后的领退料凭证，按照材料的具体用途进行分配，其中用于产品生产的材料费用，若能够分清是何种产品所耗用，可直接记入该种产品明细账有关的成本项目，若不能分清是何种产品所耗用，则需要选择合理的分配方法在各种产品之间进行分配，分配后再记计入各有关产品明细账有关的成本项目；用于修复废品的材料费用，应分别按不同产品直接记入各废品明细账有关的成本项目；用于产品销售以及组织和管理生产经营活动的材料费用，应记入期间费用相应的明细账中；用于建造固定资产的材料费用，记入在建工程支出。

(一) 材料费用的分配方法

企业的材料费用在产品成本中一般都占有较大的比重，其费用归集与分配的正确与否，直接关系到产品成本计算的正确性。因此对材料费用的归集与分配，必须力求准确。在领用构成产品实体的原材料时，应尽可能在领料单上注明用途，以便根据领料凭证分清各成本计算对象的原材料消耗情况，并将其费用直接记入该成本计算单的“直接材料”成本项目内。对于不能分清各成本计算对象的，则需要采用适当的分配方法进行分配。

原材料费用在几种产品(成本计算对象)之间进行分配的分配标准可以选用成果类和定额类，即可以按重量(体积、产量、面积)比例分配，也可以按定额消耗量(定额费用或成本)比例分配。

1. 重量(体积、产量、面积)比例分配法

重量(体积、产量、面积)比例分配法是以各种产品的重量(体积、产量、面积)为标准来分配原材料费用的方法。计算公式为：

$$\text{原材料费用分配率}=\frac{\text{待分配的原材料费用总额}}{\text{各种产品的总重量之和}};$$

某产品应分配的原材料费用＝该产品总重量×原材料费用分配率。

【例 3-1】 某工厂生产甲、乙、丙三种产品，根据发出材料汇总表，2008 年 9 月甲、乙、丙三种产品共同耗用 A 材料 30 000 元；根据产量记录，本月三种产品的投产量分别为 200 件、100 件、500 件，单件产品净重分别为 20 千克、50 千克、12 千克。对所耗 A 材料费用按重量比例分配法分配计算。

(1) 分别计算各种产品的总重量。

甲产品总重量=200×20=4 000(千克);

乙产品总重量=100×50=5 000(千克);

丙产品总重量=500×12=6 000(千克)。

(2) 计算原材料费用分配率。

$$A材料费用分配率=\frac{30\ 000}{4\ 000+5\ 000+6\ 000}=2(元/千克)。$$

(3) 在各种产品之间分配原材料费用。

甲产品应分配 A 材料费用=4 000×2=8 000(元);

乙产品应分配 A 材料费用=5 000×2=10 000(元);

丙产品应分配 A 材料费用=6 000×2=12 000(元)。

在实务中,一般通过编制原材料费用分配表进行分配。本例中的 A 材料费用分配表如表 3-1 所示。

表 3-1　原材料费用分配表

材料名称:A 材料　　　　2008 年 9 月

产品名称	产品重量(千克)	分配率(元/千克)	分配金额(元)
甲产品	200×20=4 000	30 000/15 000=2	8 000
乙产品	100×50=5 000		10 000
丙产品	500×12=6 000		12 000
合计	15 000		30 000

2. 定额消耗量(定额费用或成本)比例分配法

定额消耗量(定额费用或成本)比例分配法是以各种产品的定额消耗量(定额费用或成本)为标准来分配原材料费用的方法。

【例 3-2】 某企业基本生产车间生产 A、B、C 三种产品,2008 年 3 月从车间一次性领用甲材料 3 600 千克,材料单价 20 元/千克,共计 72 000 元。三种产品当月的产量分别为 A 产品 120 件,B 产品 180 件,C 产品 240 件;三种产品甲材料的消耗定额分别为 A 产品 2.4 千克,B 产品 4.8 千克,C 产品 7.2 千克。采用定额消耗量比例分配法在三种产品之间分配甲材料。

对所耗甲材料费用按定额消耗量比例分配如表 3-2 所示。

表 3-2　原材料费用分配表

材料名称:B 材料　　　　2008 年 3 月

产品名称	材料消耗量总定额(千克)	分配率(元/千克)	分配金额(元)
A 产品	120×2.4=288	72 000/2 880=25	7 200
B 产品	180×4.8=864		21 600
C 产品	240×7.2=1 728		43 200
合　计	2 880		72 000

【例 3-3】 某企业基本生产车间生产甲、乙两种产品，2008 年 3 月共同耗用 A 材料费用为 27 560 元。当月两种产品的实际产量分别为 300 件和 200 件，单位产量的 A 材料消耗定额分别为 2 千克和 3.5 千克，A 材料的单价为 20 元/千克。采用定额费用比例分配 A 材料费用。

对所耗 A 材料费用按定额费用比例分配如表 3-3 所示。

表 3-3 原材料费用分配表

材料名称：A 材料　　2008 年 3 月

产品名称	材料消耗成本总定额(元)	分配率	分配金额(元)
甲产品	300×2×20=12 000	27 560/26 000=1.06	12 720
乙产品	200×3.5×20=14 000		14 840
合计	26 000		27 560

(二) 分配结转原材料费用的账务处理

分配结转原材料费用的账务处理的依据是原材料耗用汇总表汇集的全部原材料费用和原材料费用分配表的分配结果。

【例 3-4】 某工厂 2008 年 3 月原材料耗用汇总表如表 3-4 所示。

表 3-4 原材料耗用汇总表

2008 年 3 月　　单位：元

领用部门及用途	A 材料	B 材料	C 材料	D 材料	合计
1. 基本生产车间					
(1)产品生产小计	30 000	18 000	25 000		73 000
其中：甲产品			10 000		
乙产品	30 000	18 000	7 000		
丙产品			8 000		
(2)车间一般耗用				2 030.5	2 030.5
2. 企业管理部门				1 500	1 500
3. 专设销售机构				2 500	2 500
4. 固定资产建造工程		2 000		4 000	6 000
合计	30 000	20 000	25 000	10 030.5	85 030.5

据表 3-4 编制本月结转原材料费用的会计分录如下。

借：生产成本——甲产品　　26 000
　　　　　　——乙产品　　27 000
　　　　　　——丙产品　　20 000
　　制造费用——基本生产车间　　2 030.5
　　管理费用　　1 500

销售费用　　2 500
在建工程　　6 000
贷:原材料——A 材料　　30 000
——B 材料　　20 000
——C 材料　　25 000
——D 材料　　10 030.5

三、燃料费用分配的核算

(一) 燃料费用的分配方法

燃料费用实际上也属于原材料费用范畴,但如果燃料费用在产品成本中所占比重较大,可以与动力费用一起专设“燃料与动力”成本项目,并对燃料单独进行核算,设置“燃料”账户。

不单独设置“燃料”账户核算燃料费用时,应将燃料费用直接记入“直接材料”成本项目,燃料作为“直接材料”账户的二级账户进行核算。

单独设置“燃料”账户核算燃料费用时,其分配的程序和方法与原材料费用分配的程序和方法相同。燃料费用的分配标准可以是产品的重量、体积,可以是所耗原材料的数量或费用,也可以是燃料的定额消耗量或定额费用。

【例 3-5】 某工厂生产甲、乙、丙三种产品,2008 年 9 月三种产品共同耗用 E 燃料费用为 8 000 元。根据产量记录,当月三种产品的实际产量分别为 200 件、100 件、500 件,单件产品的燃料消耗定额分别为 20 千克、15 千克、5 千克。对所耗燃料费用按定额消耗量比例分配如表3-5 所示。

表 3-5 燃料费用分配表

燃料名称:E 材料　　2008 年 9 月

产品名称	燃料消耗量总定额(千克)	分配率(元/千克)	分配金额(元)
甲产品	200×20=4 000	8 000/8 000=1	4 000
乙产品	100×15=1 500		1 500
丙产品	500×5=2 500		2 500
合计	8 000		8 000

(二) 分配结转燃料费用的账务处理

分配结转燃料费用的账务处理的依据是燃料耗用汇总表汇集的全部燃料费用和燃料费用分配表的分配结果。

【例 3-6】 某工厂 2008 年 9 月燃料耗用汇总表如表 3-6 所示,当月共同耗用的 8 000 元燃料费用分配情况如表 3-6 所示。

表 3-6　燃料耗用汇总表

2008 年 9 月　　　　单位:元

领用部门及用途	E 燃料	F 燃料	合计
1. 基本生产车间			
(1)产品生产小计	8 000	1 500	9 500
其中:甲产品		300	
乙产品	8 000	500	
丙产品		700	
(2)车间一般耗用		1 000	1 000
2. 企业管理部门		800	800
合计	8 000	3 300	11 300

据表 3-6 编制结转 2008 年 9 月燃料费用的会计分录如下。

借:生产成本——甲产品　　4 300
　　　　　——乙产品　　2 000
　　　　　——丙产品　　3 200
　制造费用——基本生产车间　　1 000
　管理费用　　800
　贷:燃料 ——E 燃料　　8 000
　　　　 ——F 燃料　　3 300

四、周转材料的核算

周转材料,是指企业能够多次使用、逐渐转移其价值但其仍保持原有形态、不确认为固定资产的材料,包括包装物和低值易耗品,以及企业(建筑承包商)的钢模板、木模板、脚手架等。

包装物和低值易耗品都属于材料,但它们的用途和性质与原材料并不相同,因此,有必要设置“周转材料”总账科目进行核算,并按周转材料的种类,分在库、在用和摊销进行明细核算。

如果企业包装物和低值易耗品数量较多,也可以单独设置“包装物”和“低值易耗品”总账科目进行核算,并按包装物和低值易耗品的类别等进行明细核算。如果企业包装物数量不多,也不经常出租、出借,为了简化手续,可以将包装物并入辅助材料一类,作为“原材料”总账科目的二级科目。

需要说明的是,各种包装材料,如纸、绳、铁丝、铁皮等,应在“原材料”科目中核算。

周转材料在领用后,其价值应摊销计入成本、费用中。由于周转材料在产品成本中所占比重较小,没有专设成本项目,车间领用的用于生产和管理的周转材料都记入“制造费用”账户。

周转材料摊销,按其数量的多少和金额的大小,可采用一次转销法和五五转销法。

1. 一次转销法

一次转销法又称一次摊销法或一次计入法，是指在领用周转材料时，将其价值一次全部计入有关的成本、费用的摊销方法。在该法下，领用周转材料时，按其账面价值，借记“制造费用”、“管理费用”等科目，贷记“周转材料”科目；报废时，应将周转材料的残料价值作为当月周转材料摊销价值的减少，冲减有关的费用、成本，即借记“原材料”等科目，贷记“制造费用”、“管理费用”等科目。

2. 五五转销法

五五转销法又称五五摊销法或五成摊销法，是指周转材料在领用时摊销其一半价值，在报废时摊销其另一半价值的摊销方法。采用该法时，应在“周转材料”总账科目下，按周转材料的种类，分在库、在用和摊销进行明细核算。

领用周转材料时，按其全部价值，借记“周转材料——在用周转材料”科目，贷记“周转材料——在库周转材料”科目；同时摊销其一半价值，借记“制造费用”、“管理费用”等科目，贷记“周转材料——周转材料摊销”科目。

周转材料报废时，按回收残料价值借记“原材料”等科目，按周转材料的一半价值减去残料价值后的差额，借记“制造费用”、“管理费用”等科目，贷记“周转材料——周转材料摊销”科目；同时应注销报废周转材料的价值及其累计摊销额，借记“周转材料——周转材料摊销”科目，贷记“周转材料——在用周转材料”科目。

【例 3-7】 某工业企业的包装物按计划成本计价进行核算。某月发出包装物的计划成本共计 15 000 元，其中：用于生产过程包装甲产品的包装物 6 000 元；随同产品出售不单独计价的包装物 4 200 元；随同产品出售需要单独计价的包装物 4 800 元；该月包装物的成本差异率为超支 2%。

根据包装物费用分配汇总表，编制发出包装物的会计分录如下。

借：生产成本——基本生产成本——甲产品	6 000	
销售费用	4 200	
其他业务成本	4 800	
贷：周转材料——包装物		15 000

同时结转发出包装物的材料成本差异，编制会计分录如下。

借：生产成本——基本生产成本——甲产品	120	
销售费用	84	
其他业务成本	96	
贷：材料成本差异		300

【例 3-8】 2009 年 8 月光明工厂基本生产车间领用专用工具一批，价值 1 000 元，采用一次摊销法；基本生产车间上月领用模具一批，价值 3 000 元，分三个月进行摊销，本期摊销 1 000 元；管理部门领用管理用具 800 元，采用五五摊销法。

根据上述业务编制会计分录如下。

(1)基本生产车间领用专用工具。

借：制造费用——基本生产车间　　1 000

贷:周转材料——低值易耗品　　　　　　　　　　　　1 000

(2)基本生产车间摊销上月领用模具成本。

借:制造费用——基本生产车间　　　　　　　　1 000

贷:待摊费用　　　　　　　　　　　　　　　　1 000

(3)管理部门领用管理工具。

借:周转材料——低值易耗品——在用低值易耗品　　　800

贷:周转材料——低值易耗品——在库低值易耗品　　　800

借:管理费用　　　　　　　　　　　　　　　　400

贷:周转材料——低值易耗品——低值易耗品摊销　　　400

第二节　动力费用的归集与分配

一、动力费用的归集

动力费用是指企业向外单位购买电力、蒸汽、煤气等动力所支付的费用。外购的动力在付款时,理论上应按动力的用途,直接借记有关的成本、费用账户,贷记“银行存款”账户。但在实际工作中一般通过“应付账款”账户核算,即在付款时先作为暂付款处理,借记“应付账款”账户,贷记“银行存款”账户。月末按照外购动力的用途和数量分配费用时,再借记各成本、费用账户,贷记“应付账款”账户,冲销原来记入“应付账款”账户借方的暂付款。这样核算的原因是:外购动力费用一般不是在每月月末支付,而是在每月下旬的某日支付。如果支付时就直接借记各成本、费用账户,贷记“银行存款”账户,那么该日计入的动力费用并不完全是当月动力费用,而是上月付款日到本月付款日这一期间的动力费用。为了正确地计算当月动力费用,不仅要计算、扣除上月付款日到上月末的已付动力费用,而且还要分配、补记当月付款日到当月末的应付未付动力费用,核算工作量太大。如果通过“应付账款”账户核算,每个月只需在月末分配登记一次动力费用,就大大简化了核算工作。按照上述核算,“应付账款”账户借方所记本月所付动力费用与贷方所记本月应付动力费用,往往不相等,从而出现月末余额。如果是借方余额,本月付款大于应付款的多付动力费用,可以冲抵下月应付费用;如果是贷方余额,本月应付款大于支付款的应付未付动力费用,可以在下月支付。若每月支付外购动力费用的日期基本固定,且每月付款日至月末应付动力费用相差不多,也可不通过“应付账款”账户核算,可于付款时直接借记有关的成本、费用账户,贷记“银行存款”账户。

企业产品生产耗用的外购动力费用和自制动力费用,既属于直接费用又属于间接费用。在成本项目的设置上,有以下三种处理办法:

(1) 当动力费用在产品生产中所占比重较大时,为体现重要性原则,一般将其与燃料费用一起单独设置“燃料和动力”成本项目;

(2) 当动力费用在产品生产中所占比重不大时,从动力费用属于直接费用且燃料属于原材料的角度考虑,可以将其并入“直接材料”成本项目;

(3) 从动力费用属于间接费用考虑,为简化手续,也可以将其并入"制造费用"成本项目。

企业自制动力费用的核算在辅助生产费用的核算中讲述,本节主要讲述外购动力费用的核算。

企业外购动力应按照权责发生制原则计量和确认,也就是说,计入产品成本和有关费用中的外购动力费用,应当是按照当月有关电力、煤气和蒸汽的计量装置确认的实际耗用量乘上相应单价的金额,而不管这些款项是否已经支付。

二、外购动力费用分配的核算

(一)外购动力费用的分配方法

外购动力费的分配,在有独立仪表的情况下,应根据仪表所示耗用数量及单价计算;在无仪表的情况下,应按照一定的标准在各种产品(成本核算对象)之间进行分配。分配的方法主要有生产工时比例分配法、定额消耗量比例分配法和机器功率时数比例分配法。

【例 3-9】 某工厂生产甲、乙、丙三种产品,2008 年 9 月三种产品共同耗用外购电力 18 000 元。根据工时记录,当月三种产品的生产总工时分别为 20 000 小时、30 000 小时和40 000小时。对所耗外购电力费用按生产工时比例分配法分配如表 3-7 所示。

表 3-7 外购动力费用分配表

动力名称:电力　　　　2008 年 9 月

产品名称	生产总工时(小时)	分配率(元/小时)	分配金额(元)
甲产品	20 000	18 000/90 000=0.2	4 000
乙产品	30 000		6 000
丙产品	40 000		8 000
合计	90 000		18 000

(二) 分配结转外购动力费用的账务处理

分配结转外购动力费用的账务处理的依据是有关付款凭证(或应付账款凭证)和动力费用分配表。

【例 3-10】 某工厂 2008 年 9 月用电量为 40 000 度,电费单价为 0.6 元/度,应付电费为24 000元。根据独立电表计量,基本生产车间产品生产用电 30 000 度,车间一般照明用电 4 000 度,管理部门用电 6 000 度。该厂当月生产用电在各产品之间的分配情况如表 3-7 所示,据此编制会计分录如下。

借:生产成本——甲产品　　4 000
　　　　　　——乙产品　　6 000
　　　　　　——丙产品　　8 000
　　制造费用——基本生产车间　　2 400
　　管理费用　　3 600

贷:应付账款——市供电局　　24 000

第三节 职工薪酬的归集与分配

一、职工薪酬费用概述

职工薪酬,是指企业为获得职工提供的服务而给予的各种形式的报酬以及其他相关支出,它包括企业为职工在职期间和离职后提供的全部货币性薪酬和非货币性福利,也包括企业提供给职工配偶、子女或其他被赡养人的福利等。职工薪酬具体包括:

(1) 职工工资、奖金、津贴和补贴;

(2) 职工福利费;

(3) 医疗保险费、养老保险费、失业保险费、工伤保险费和生育保险费等社会保险费;

(4) 住房公积金;

(5) 工会经费和职工教育经费;

(6) 非货币性福利;

(7) 因解除与职工的劳动关系给予的补偿(通常称为辞退福利);

(8) 其他与获得职工提供的服务相关的支出。

其中第(1)项可统称为工资,根据有关规定,工资总额由下列六个部分组成:计时工资、计件工资、奖金、津贴和补贴、加班加点工资、特殊情况下支付的工资。

为了如实反映职工薪酬的提取、分配和发放情况,企业应设置"应付职工薪酬"总账科目进行核算,并按应付职工薪酬设置"工资"、"职工福利"、"社会保险费"、"住房公积金"、"工会经费"、"职工教育经费"、"非货币性福利"、"辞退福利"、"股份支付"等明细科目进行明细分类核算。

二、职工薪酬费用的原始记录

企业要进行职工薪酬费用的核算,必须要有正确、完整的原始记录作为依据。

不同的工资制度所依据的原始记录不同。计算计时工资费用,应以考勤记录中的工作时间为依据;计算计件工资费用,应以产量记录中的产品数量和质量记录为依据,因此,考勤记录和产量记录是计算工资费用的主要原始记录,也是归集和分配工资费用的基础。

考勤记录是反映职工出勤情况的原始记录,其记录形式主要有考勤簿、考勤表、考勤卡等;产量记录是登记工人或生产小组在出勤时间内完成产品的数量、质量和生产产品所用工时的原始记录,其记录形式主要有工作通知单、工序进程单和产量记录等。

三、职工薪酬费用的计算

(一) 工资费用的计算

1. 计时工资的计算

计时工资是按照每个职工的计时工资标准和实际工作时间计算的工资,计算公式为：

应付计时工资＝计时工资标准×实际工作时间。

职工的计时工资标准按其计算的时间单位，分为按月计算的月工资（即月薪制）和按日计算或按小时计算的日工资、小时工资（即日薪制或小时工资制）。在月薪制下，不论各月日历天数多少，也不论各月双休日和节假日多少，只要职工全勤，其每月的标准工资相同。在日薪制下，则根据职工的日（小时）工资标准和实际出勤天数（小时）来计算工资。

（1）月薪制。在月薪制下，虽然职工各月的工资标准相同，但由于各月的出勤情况不同，各月应付给职工的计时工资并不完全相同，其计算公式为：

应付计时工资＝月标准工资－事假天数×日工资－病假天数×日工资×病假扣款率。

上式中，日工资的计算有两种方法。一种方法是每月按30天计算，日工资＝月标准工资/30。这种方法下，双休日和节假日计发工资，但事假、病假等缺勤期间的双休日和节假日按缺勤处理，扣发工资。另一种方法是每月按20.83天（用年日历天数365天减去104个双休日和11个法定节假日，再除以12个月）计算，日工资＝月标准工资/20.83。这种方法下，双休日和节假日不付工资，缺勤期间的双休日和节假日不扣工资。

（2）日薪制。在日薪制下，计算应付给职工的计时工资按职工实际出勤天数计算，其计算公式为：

应付计时工资＝出勤天数×日工资＋病假天数×日工资×（1－病假扣款率）。

【例3-11】 某企业一职工的月工资标准为1 200元。2009年10月份该职工的出勤情况如下：病假2天，事假1天，双休休假8天，另有3天法定节假日，实际出勤17天。按照该职工的工龄，病假期间支付其90%的工资，且该职工缺勤期间没有节假日和双休日。计算该职工2009年10月份的应付工资。

按照应付计时工资的两种计算方法，分别计算如下。

（1）按一个月30天计算，日工资率为40元/天。

日薪制：应付出勤工资＝40×（17＋8＋3）＝1 120（元）；
应付病假工资＝40×2×90%＝72（元）；
应付工资＝1 120＋72＝1 192（元）。

月薪制：应扣事假工资＝40×1＝40（元）；
应扣病假工资＝40×2×（1－90%）＝8（元）；
应付工资＝1 200－40－8＝1 152（元）。

（2）按一个月21天计算，日工资率为57.14元/天。

日薪制：应付出勤工资＝57.14×17＝971.38（元）；
应付病假工资＝57.14×2×90%＝102.85（元）；
应付工资＝971.38＋102.85＝1 074.23（元）。

月薪制：应扣事假工资＝57.14×1＝57.14（元）；
应扣病假工资＝57.14×2×（1－90%）＝11.43（元）；
应付工资＝1 200－57.14－11.43＝1 131.43（元）。

从以上结果可以看出，每种方法计算结果都不一样，各有利弊。企业具体采取哪种计算方法，由企业自行确定，但确定以后，不得随意变动。

2. 计件工资的计算

计件工资是根据职工完成的工作量和规定的计件单价计算的工资。计算计件工资的产品产量,包括合格品和料废品(由于材料选用不合格造成的废品)数量,但不包括工废品(由于工人加工过失造成的废品)数量。计件工资分为个人计件工资和集体计件工资两种。

(1) 个人计件工资。个人计件工资是以个人为计算单位的计件工资形式,适用于个人能单独操作而且能够直接计算个人完成产品数量的工种,其计算公式为:

应付个人计件工资=∑[(合格品数量+料废品数量)×计件单价]。

【例 3-12】 某工厂小张某月加工甲产品 160 件,计件单价 4 元;加工乙产品 200 件,计件单价 3.5 元。完工验收时,发现其中甲产品料废品 10 件,工废品 5 件,乙产品料废品 8 件,其余都为合格品。则该月应付小张的计件工资为:

应付计件工资=(160−5)×4+200×3.5=1 320(元)。

(2) 集体计件工资。集体计件工资是以集体为计算单位的计件工资形式,适用于工艺过程要求集体完成,不能直接计算个人完成产品数量的工种。计算时,应先计算应付给该集体的计件工资总额,其计算方法与个人计件工资的计算相同;再将应付给该集体的计件工资总额在该集体(如小组)成员中进行分配,计算出应付给每个人的计件工资。

【例 3-13】 某工厂建造固定资产的部分自制材料由 4 人小组完成,2008 年 9 月该小组的计件工资总额为 5 520 元。小组成员每人的日工资、出勤天数以及按日工资和出勤天数分配的个人计件工资如表 3-8 所示。

表 3-8 集体计件工资分配表

集体单位:固定资产自制材料小组　　　　2008 年 9 月

姓名	日工资(元)	出勤天数(天)	按日工资和出勤天数计算的工资(元)	分配率	应付计件工资(元)
李娟	50	22	1 100	5 520/3 680=1.5	1 650
李军	45	20	900		1 350
王勇	40	21	840		1 260
周峰	40	21	840		1 260
合计			3 680		5 520

3. 奖金、津贴等的计算

奖金是支付给职工的超额劳动报酬和增收节支等的劳动报酬;津贴和补贴是支付给职工额外劳动或特殊劳动等的劳动报酬;加班加点工资是支付给职工因在节假日或规定劳动时间以外劳动的劳动报酬;特殊情况下支付的工资,是依据国家有关劳动法规和企业规定,在职工因病、工伤、产假、计划生育假、婚丧假、事假、探亲假、定期休假、停工学习等非工作时间支付的工资。

奖金、津贴和补贴、加班加点工资、特殊情况下支付的工资等计入工资总额,由企业按有关规定计算。

4. 工资费用的汇总

企业应先计算出每个职工的当月应付工资，再根据有关部门转来的各项扣款通知单，减去各种代扣款项，余额就是每个职工当月的实发工资，其计算公式为：

月应付工资＝应付计时工资（或计件工资）＋应付奖金＋应付津贴和补贴
＋加班加点工资＋特殊情况下的工资，

月实发工资＝月应付工资－各种代扣款项。

为了如实反映企业工资总额的构成，便于进行工资费用的核算，会计部门应根据计算出的职工工资，按照车间部门分别编制工资结算单和工资汇总表，工资结算单中应填列应付每一职工的各种工资、代扣款项、应发金额、实发金额等，以作为给职工进行工资结算的依据。同时，应根据工资结算单中的应付工资按人员类别（工资用途）编制工资结算汇总表，汇集工资费用。工资结算汇总表是进行工资分配的主要依据。

【例 3-14】 某工厂基本生产车间生产工人 2008 年 9 月工资结算单如表 3-9 所示，根据各车间、部门的工资结算单编制的当月工资结算汇总表如表 3-10 所示。

表 3-9　工资结算单

部门：基本生产车间（生产工人）　　2008 年 9 月　　单位：元

编号	姓名	标准工资	奖金	津贴	应发工资	水电费	公积金	药费	扣款合计	实发工资
1	张力	2 000	1 000	500	3 000	100	300	200	600	2 400
2										
合计										

表 3-10　工资结算汇总表

2008 年 9 月　　单位：元

车间或部门（人员类别）	应付工资					合计
	计时工资	计件工资	奖金	津贴和补贴	加班加点工资	
基本生产车间	86 000		5 000	4 000	1 500	96 500
其中：产品生产工人	80 000		4 500	4 000	1 500	90 000
车间管理人员	6 000		500			6 500
辅助生产车间	26 000		1 200	800		28 000
其中：生产工人	23 000		1 000	800		24 800
车间管理人员	3 000		200			3 200
企业管理部门	10 000					10 000
专设销售机构	3 500					3 500

续表

车间或部门（人员类别）	应付工资					合计
	计时工资	计件工资	奖金	津贴和补贴	加班加点工资	
固定资产建造人员	12 000	8 500				20 500
合计	137 500	8 500	6 200	4 800	1 500	158 500

（二）职工福利费的计算

职工福利是指企业在工资和社会保险之外，为职工提供的福利补助，如困难职工生活补助费、医疗费、丧葬补助费、独生子女保健费等。

新会计准则规定福利费通常据实列支，但企业也可以先提后用。职工福利费是通过编制职工福利费计提表来计算的。

【例 3-15】 某工厂确定的职工福利费提取比例为工资总额的 10%。2008 年 9 月根据工资结算汇总表（表 3-10）的工资总额计算编制的职工福利费计提表如表 3-11 所示。

表 3-11　职工福利费计提表

2008 年 9 月　　单位：元

车间或部门（人员类别）	工资总额	计提比例	应计职工福利费
基本生产车间	96 500	10%	9 650
其中：产品生产工人	90 000		9 000
车间管理人员	6 500		650
辅助生产车间	28 000		2 800
其中：生产工人	24 800		2 480
车间管理人员	3 200		320
企业管理部门	10 000		1 000
专设销售机构	3 500		350
固定资产建造人员	20 500		2 050
合计	158 500		15 850

四、职工薪酬费用分配的核算

（一）职工薪酬费用的分配方法

职工薪酬费用在产品成本中一般占较大比重，为体现重要性原则，对直接从事产品生产、劳务提供等人员的薪酬规定有单独的成本项目“直接人工”。但辞退福利直接计入当期损益，不包括在直接人工项目中。

采用计件工资形式支付的生产工人薪酬费用，一般可以直接计入所生产产品的成本，无须在各种产品（成本核算对象）之间进行分配。采用计时工资形式支付的职工薪酬费用，如果是为生产一种产品（成本核算对象）而发生的，也可直接计入该种产品成本，无须分配；如果是为生产多种产品而发生的，则需要在各种产品（成本核算对象）之间进行分配。分配标准主要是产品的生产工时（实际工时或定额工时）和直接材料成本。

【例 3-16】 某企业基本生产车间生产甲、乙、丙三种产品，2008 年 9 月发生的生产工人的计时工资共计 58 000 元。甲产品完工 1 000 件，乙产品完工 400 件，丙产品完工 450 件。单件产品工时定额：甲产品 1 小时，乙产品 2.5 小时，丙产品 2 小时。

按生产工时比例分配法分配甲乙丙三种产品各自应负担的工资费用：

甲产品定额总工时＝1 000×1＝1 000（小时），

乙产品定额总工时＝400×2.5＝1 000（小时），

丙产品定额总工时＝450×2＝900（小时）。

$$\text{生产工人工资分配率}=\frac{5\ 8000}{2\ 900}=20(\text{元/小时})。$$

甲产品应负担工资费＝20×1 000＝20 000（元），

乙产品应负担工资费＝20×1 000＝20 000（元），

丙产品应负担工资费＝20×900＝18 000（元）。

对工资费用按生产工时比例分配法分配如表 3-12 所示。

表 3-12　直接人工费用分配表

2008 年 9 月

产品名称	定额生产总工时（小时）	分配率（元/小时）	分配金额（元）
甲产品	1 000	20	20 000
乙产品	1 000		20 000
丙产品	900		18 000
合计	2 900		58 000

（二）分配结转工资费用的账务处理

分配结转工资费用账务处理的依据是工资结算汇总表、职工福利费计提表、社会保险费计提表、住房公积金、工会经费和职工教育经费计提表以及直接人工费用分配表。

由于职工薪酬包括的内容较多，计提表较多，对那些无须分配，能直接计入有关成本、费用科目的职工薪酬也需要汇总后再进行账务处理。

据此编制分配职工薪酬的会计分录如下。

借：生产成本——基本生产成本——甲产品

　　　　　　　　　　　　　　——乙产品

　　　　　　　　　　　　　　——丙产品

生产成本——辅助生产成本
制造费用——基本生产车间
　　　　——辅助生产车间
管理费用
销售费用
在建工程
贷:应付职工薪酬

第四节　其他费用的归集与分配

要素费用中还有折旧费、修理费、利息、税金、差旅费、邮电通信费、广告费、业务招待费等。这些费用有的是产品成本的组成部分,有的则不是。其中属于产品成本部分的各种费用,也没有专门设立成本项目。因此,发生这些费用时,应该按照发生的车间、部门和用途进行归类,分别借记"制造费用"、"生产成本——辅助生产成本"、"管理费用"、"销售费用"等科目,贷记"银行存款"等科目。

一、固定资产折旧费用的核算

固定资产折旧费用是指企业固定资产在使用过程中发生的耗费,一般来说,除已提足折旧继续使用的固定资产和过去作为固定资产单独入账的土地外,企业对所有的固定资产都应计提折旧。

基本生产车间的机器设备的折旧费用虽然是直接用于产品生产的费用,属于直接生产费用,但由于一种机器设备可能生产多种产品,一种产品的生产往往又需要使用多种机器设备,分配的工作往往比较复杂。为了简化产品成本的计算工作,生产车间的机器设备、房屋的折旧费用都计入"制造费用"科目。

固定资产折旧费用一般是通过按月编制的固定资产折旧费用计算表来确定的。

【例 3-17】 某工厂采用分类折旧率计提固定资产折旧,2008 年 9 月固定资产折旧费用计算表如表 3-13 所示。

表 3-13　固定资产折旧费用分配表

2008 年 9 月

车间、部门	固定资产类别	月初应提折旧固定资产原值(元)	月分类折旧率(‰)	月应提折旧额(元)
基本生产车间	房屋	1 000 000	2.8	2 800
	设备	800 000	8.3	6 640
		1 800 000		9 440

续表

车间、部门	固定资产类别	月初应提折旧固定资产原值(元)	月分类折旧率(‰)	月应提折旧额(元)
机修车间	房屋	500 000	2.8	1 400
	设备	300 000	8.3	2 490
		800 000		3 890
企业管理部门	房屋	2 000 000	2.8	5 600
	设备	600 000	16.6	9 960
		2 600 000		15 560
专设销售机构	房屋	600 000	2.8	1 680
	设备	100 000	16.6	1 660
		700 000		3 340
合　计		5 900 000		32 230

据此编制固定资产折旧的会计分录如下。

(1)辅助生产车间单独核算制造费用。

借:制造费用——基本生产车间　　9 440
　　　　　——机修车间　　3 890
　管理费用　　15 560
　销售费用　　3 340
　贷:累计折旧　　　　32 230

(2)辅助生产车间不单独核算制造费用。

借:制造费用——基本生产车间　　9 440
　生产成本——辅助生产成本　　3 890
　管理费用　　15 560
　销售费用　　3 340
　贷:累计折旧　　　　32 230

二、固定资产修理费用的核算

固定资产修理费用是为了使固定资产经常处于良好状态,对其进行维护和修理而发生的各项支出。固定资产修理费用发生时,直接计入有关成本费用,不通过预提或待摊的方式进行核算。

【例 3-17】 某工厂某月发生修理费用 8 000 元,其中基本生产车间 4 500 元,辅助生产车间 1 000 元,行政管理部门 2 500 元,均以银行存款支付。据此编制会计分录如下。

借:管理费用——基本生产车间　　4 500
　　　　　——辅助生产车间　　1 000

——行政管理部门　　　　2 500

贷:银行存款　　　　8 000

三、利息费用的核算

要素费用中的利息费用,不是产品成本的组成部分,而属于期间费用中的财务费用。短期借款的利息一般是按月预提、按季支付,或发生支付时直接计入当期财务费用。长期借款利息费用一般是每年计算一次应付利息,到期一次还本付息。长期借款利息符合资本化条件的计入资本化支出,不符合资本化条件的计入当期损益。

四、税金的核算

要素费用中的税金,如房产税、车船使用税、土地使用税和印花税等不是产品成本的组成部分,而属于期间费用中的管理费用。对印花税,在缴纳时直接计入管理费用,即借记"管理费用——印花税"科目,贷记"银行存款"等科目;对房产税、车船使用税、土地使用税的核算需通过"应交税费"科目进行核算。需要预先计算应交金额,然后缴纳,即计算应交税金时,借记"管理费用"科目及所属明细科目,贷记"应交税费" 及所属明细科目;缴纳时,借记"应交税费" 及所属明细科目,贷记"银行存款"等科目。

五、其他费用支出的核算

其他费用支出,是指除上述各项支出以外的费用支出。在发生这些费用支出时,应该按照发生的车间、部门和用途进行归类,分别借记"制造费用"、"生产成本——辅助生产成本"、"管理费用"、"销售费用"等科目,贷记"银行存款"等科目。

本章小结(Summary)

本章介绍了要素费用的汇集与分配的内容,是正确核算产品成本的基础。

在日常核算中,发出材料成本的核算可以采用实际成本计价,也可以采用计划成本计价。凡属于某种产品或劳务耗用的直接材料费用,应直接计入该产品的直接材料成本项目;凡属于共同耗用的材料费用,要按照一定标准在各种产品之间进行分配,然后根据分配环节和对象进行汇集。常见的直接材料费用分配方法有定额耗用量比例法、定额成本比例法、产品产量比例法、产品重量比例法。

为了正确计算和分配人工费用,需要做好工资费用中各项费用的原始记录工作,包括考勤记录、产量记录和工时记录等。直接人工费用由于企业采用的工资形式不同,其计入产品成本的方式也不相同。计件工资可以按不同的成本计算对象直接计入产品成本。而对于计时工资,如果生产车间只生产一种产品,则可直接计入该种产品成本;如果生产车间生产多种产品,则需要在各种产品之间进行分配。

关键术语(Glossary)

原材料 (raw material)

计划成本（material cost）
共同成本（common cost）
低值易耗品（low value consumable）
人工成本（labor cost）
劳动报酬（labor remuneration）
工资（wage）
考勤薄（attendance record）
工时记录（time sheet）
工资总额（gross wage）
计时工资（timework wage）
计件工资（piecework wage）
集体计件工资（group piecework wage）
直接人工（direct labor cost）
间接人工（indirect labor cost）
应付职工薪酬（wage payable）
折旧（depreciation）
累计折旧（accumulated depreciation）

思考题(Questions)

1. 分配原材料费用的方法有哪几种？
2. 分配动力费用的方法有哪几种？
3. 如何计算日工资率和应付计时工资？
4. 如何计算应付计件工资？
5. 如何分配工资和应付福利费？
6. 如何分配折旧费和修理费？

练习题(Exercises)

一、单项选择题

1. 某工人某月加工完成的甲产品数量为 100 件，其中合格品为 95 件，料废品为 2 件，由本人过失造成的工废品为 3 件，计件单价为 10 元/件。据此计算的该工人该月计件工资为(　　)元。
   A. 950　　　　B. 970
   C. 980　　　　D. 1 000
2. 某生产车间采用五五摊销法进行低值易耗品摊销的核算。该生产车间 4 月份领用低值易耗品的实际成本为 10 000 元；报废低值易耗品的实际成本为 4 000 元，残料计价 100 元。则 4 月份应计入制造费用的低值易耗品摊销价值为(　　)元。

A. 1 900　　B. 3 900

C. 4 900　　D. 6 900

3. 下列科目中，不属于与“待摊费用”科目贷方对应的是（　　）。

A.“制造费用”科目　　B.“辅助生产成本”科目

C.“管理费用”科目　　D.“废品损失”科目

4. 甲、乙两种产品共同耗费的燃料费用为 6 000 元，按燃料定额消耗量比例分配。甲、乙产品的定额消耗量分别为 200 千克和 300 千克。据此计算的燃料费用分配率为（　　）元/千克。

A. 12　　B. 20

C. 30　　D. 60

5. 下列各项费用中，不能直接借记“基本生产成本”科目的是（　　）。

A. 车间生产工人福利费　　B. 车间生产工人工资

C. 车间管理人员工资　　D. 构成产品实体的原料费用

6. 企业采用预提修理费用的方法，实际支付修理费用时，应记入（　　）。

A.“制造费用” 账户借方　　B.“辅助生产成本” 账户借方

C.“预提费用” 账户借方　　D.“预提费用” 账户贷方

7. 企业生活福利部门计提的职工福利费应借记（　　）。

A.“应付福利费”科目　　B.“职工福利基金”科目

C.“管理费用”科目　　D.“制造费用”科目

8. 为了简化外购动力费的核算工作，在支付外购动力费款项时，通常借记（　　），贷记“银行存款”科目。

A.“生产成本”科目　　B.“制造费用”科目

C.“管理费用”科目　　D.“应付账款”科目

9. 企业分配工资费用时，医务、福利人员的工资应记入（　　）。

A.“管理费用”科目　　B.“应付福利费”科目

C.“生产成本”科目　　D.“制造费用”科目

10. 待摊费用和预提费用的核算，应当贯彻（　　）原则。

A. 收付实现制　　B. 受益原则

C. 历史成本　　D. 权责发生制

11. 某工厂月初通过银行转账，预付财产保险费 8 400 元，其中，基本生产车间 7 200 元，行政管理部门 1 200 元，分 3 个月摊销，则该月应计入产品成本（　　）元。

A. 2 400　　B. 2 800

C. 400　　D. 0

12. 生产车间耗用的机物料费用应借记（　　），贷记“原材料”科目。

A.“生产成本”科目　　B.“基本生产成本”科目

C.“制造费用”科目　　D.“辅助生产成本”科目

13. “假退料”的办法是指（　　）。

A. 材料实物不动，填本月份退料单和下月份领料单

B. 材料实物不动，填本月份退料单和本月份领料单

C. 材料实物不动，填下月份退料单和下月份领料单

D. 材料退回仓库，不填退料单和领料单

14. 下列各项中，必须作为待摊费用处理的是(　　)。

A. 数额较大，受益期在一个月以内的费用

B. 数额较大，受益期在一年以内的费用

C. 数额较大，受益期在一年以上的费用

D. 数额较小，受益期为三个月的费用

15. 分别采用生产工人工时比例分配法和生产工人工资比例分配法分配制造费用，如果分配结果相同，则说明生产工人工资按(　　)。

A. 实际生产工时比例分配　　B. 定额生产工时比例分配

C. 产品产量比例分配　　D. 机器工时比例分配

二、多项选择题

1. 下列费用分配表中，可以直接作为基本生产车间产品成本明细账登记依据的有(　　)。

A. 原材料费用分配表　　B. 工资费用分配表

C. 折旧费用分配表　　D. 制造费用分配表

2. 企业基本生产所发生的各项费用，在记入该科目的借方时，对应贷方科目可能有(　　)。

A. "原材料"　　B. "应付工资"　　C. "制造费用"

D. "管理费用"　　E. "财务费用"

3. 在按实际成本进行材料日常核算的企业中，计算发出材料单位成本的方法有(　　)。

A. 个别计价法　　B. 先进先出法　　C. 后进先出法

D. 历史成本法　　E. 加权平均法

4. 企业固定资产的大修理费用可采用(　　)方法处理。

A. 预提　　B. 待摊　　C. 折旧

D. 直接计入当月成本、费用　　E. 在固定资产使用年限内平均分摊

5. 实际所耗材料应负担的材料成本差异是(　　)。

A. 材料实际消耗量乘以材料计划单价，再乘以材料成本差异率

B. 材料定额消耗量乘以材料计划单价，再乘以材料成本差异率

C. 材料定额费用乘以材料成本差异率

D. 材料定额费用与材料脱离定额差异金额之和乘以材料成本差异率

E. 材料计划成本乘以材料成本差异率

6. 下列费用分配表中，可以直接作为基本生产车间产品成本明细账登记依据的有(　　)。

A. 原材料费用分配表　　B. 工资费用分配表

C. 折旧费用分配表　　D. 制造费用分配表

7. 下列提法中，正确的有（　　）。
A.“材料采购”科目的借方反映采购材料的实际成本
B.“材料采购”科目期末无余额
C.“材料成本差异”科目的贷方反映材料采购成本的节约差异
D.“材料成本差异”科目的期末余额可能在借方，也可能在贷方
8. 下列关于“材料成本差异”科目核算内容的论述，正确的有（　　）。
A. 借方登记购入材料的超支差异，贷方登记购入材料的节约差异
B. 借方登记购入材料的节约差异，贷方登记购入材料的超支差异
C. 月末余额既可能在借方，也可能在贷方，为库存材料分担的成本差异
D. 发出材料应分担的超支差异或节约差异均在贷方登记，超支差异用蓝字登记，而节约差异用红字登记
9. 以下低值易耗品，一般不能采用一次摊销的有（　　）。
A. 单位价值较低、使用期限较短的
B. 单位价值较高、使用期限较长的
C. 为加强实物管理，按车间部门进行数量和明细核算
D. 单位价值不高、使用期限不长，但一次领用数量较多的
10. 下列提法中，正确的有（　　）。
A.“待摊费用”科目月末一定有余额
B.“预提费用”科目月末可能有借方余额
C. 先大修后使用的租入固定资产大修理费用通过“待摊费用”科目核算
D. 先大修后使用的租入固定资产大修理费用通过“预提费用”科目核算
11. 工资总额由以下部分组成（　　）。
A. 计件工资　　B. 计时工资
C. 奖金　　D. 加班加点工资

三、计算题

1. 某企业生产甲、乙、丙三种产品，共耗用A材料5 000公斤，材料计划单价4元，材料成本差异率为−1%。若甲、乙、丙产品的投产数量分别为200件、100件和300件，单件产品的A材料消耗定额分别为5公斤、4公斤和2公斤。

要求：请用定额耗用量比例法分配产品的材料费用并作出相应的会计分录。

2. 某企业生产甲、乙、丙三种产品。该企业2008年4月份发生的外购动力（电力）费用、产品生产工时、各车间及部门用电度数见外购动力（电力）费用分配表（见表3-14）。假定：(1)各车间及部门的动力（电力）费用按用电度数分配；(2)各产品的动力（电力）费用按生产工时分配。

要求：

(1)计算电费分配率和动力费用分配率（列出计算过程）；

(2)计算并填列外购动力（电力）费用分配表。

表 3-14 外购动力(电力)费用分配表

应借科目		成本或费用项目	动力费用分配		电费分配	
			生产工时（小时）	分配金额（元）	用电度数（度）	分配金额（元）
基本生产成本	甲产品	燃料及动力	8 400			
	乙产品	燃料及动力	9 100			
	丙产品	燃料及动力	10 500			
	小　计		28 000		26 000	
制造费用	基本生产车间	水电费			9 100	
辅助生产费用	机修车间	水电费			7 100	
管理费用	水电费			2 800		
合计				45 000	6 300	

3. 某工业企业基本生产车间的管理用具采用五五摊销法摊销。某月领用生产工具一批，其计划成本共为 3 700 元；报废在用生产工具一批，其计划成本共为 900 元，回收残料作为辅助材料计价 100 元，已验收入库。该月低值易耗品的成本差异率为节约 2%。

要求：编制低值易耗品领用、摊销、报废和调整成本差异的各项会计分录（“低值易耗品”科目列为二级科目，其他科目均列示总账科目，列出应算金额和算式）。

4. 某工业企业生产 A、B 两种产品，共同耗用一种原料，耗用量无法按产品划分。A 产品投产 120 件，每件材料费用定额 45 元；B 产品投产 210 件，每件材料费用定额 35 元。A、B 两种产品实际发生原料费用共计 15 300 元。

要求：

(1)按照原料定额费用比例分配 A、B 两种产品的原料费用（列出算式）；

(2)编制分配原料费用的会计分录（列出产品名称和成本项目）。

5. 某企业短期借款利息采用分月预提、季末结算的办法。第二季度计划每月预提 4 000元；6 月份银行通知从该企业银行存款中支付第二季度利息费用 13 000 元。

要求：编制第 4、5、6 三个月预提和实付利息费用的会计分录。

6. 某企业某期发生的各种应交税金为：印花税 1 000 元，增值税 1 000 元，资源税 1 000元，土地使用税 1 000 元，所得税 10 000 元，房产税 1 000 元，车船使用税 500 元。

要求：计算本期生产费用要素中的税金金额。

7. 某企业 4 月份发出低值易耗品一批，价值共计 2 100 元。其中：基本生产车间领用 900 元，辅助生产车间领用 600 元，企业行政管理部门领用 600 元，分 3 个月摊销。

要求：编制领用和摊销低值易耗品的会计分录。

8. 某工业企业生产 A、B 两种产品，共同耗用一种原材料，耗用量无法按产品划分。

A 产品投产 120 件，每件材料费用定额 45 元；B 产品投产 210 件，每件材料费用定额 35 元。A、B 两种产品实际发生的原材料费用共计 15 300 元。

要求：

(1)按照原材料定额费用比例分配 A、B 两种产品的原材料费用(列出算式)；

(2)编制分配原材料费用的会计分录(列出产品名称和成本项目)。

9. 某工业企业某月共耗用原材料 89 500 元，其中：生产产品耗用材料 80 000 元，基本生产车间耗用材料 5 500 元，企业行政管理部门耗用材料 4 000 元。本期应付工资为 55 000 元，其中：生产工人工资 45 000 元，基本生产车间管理人员工资 3 000 元，企业行政管理部门人员工资 4 000 元，销售部门人员工资 3 000 元。根据规定，按工资总额的 14％提取应付福利费。

要求：根据上述情况编制会计分录。

10. 某企业生产甲、乙、丙三种产品，实用工时为：甲产品 3 400 小时，乙产品 1 100 小时，丙产品 3 500 小时。当月工资结算凭证汇总的工资费用为：基本生产车间产品生产工人工资 22 400 元，车间管理人员工资 3 500 元，企业行政管理部门人员工资 2 000 元，专设销售机构人员工资 2 000 元。

要求：编制有关工资费用分配的会计分录。

11. 某企业生产甲、乙两种产品，共同耗用同种原材料 10 000 元。甲、乙产品的原材料费用定额分别为：甲产品 10 公斤，乙产品 8 公斤；当月的实际产量分别为：甲产品 100 件，乙产品 500 件。

要求：按材料定额消耗量比例分配材料费用，并编制相应的会计分录。

第四章 辅助生产费用和制造费用的归集与分配

学习目标(Learning Objective)

本章旨在阐述辅助生产费用和制造费用的归集与分配的核算方法和程序，以及生产损失的核算。

通过本章的学习，读者要完成的第一个目标是明确辅助生产费用的含义和作用，掌握辅助生产费用分配的各种方法，并熟悉其账户设置和处理程序。

通过本章的学习，读者要完成的第二个目标是明确制造费用的含义和作用，掌握制造费用分配的各种方法，并理解制造费用账户设置和分配的特点。

最后，读者应理解生产损失的含义和内容，并熟悉停工损失和废品损失的核算方法。

第一节 辅助生产费用的归集与分配

一、辅助生产及辅助生产费用的概念

工业企业的辅助生产，是指主要为基本生产车间、企业行政管理部门等单位提供服务而进行的产品生产和劳务供应。辅助生产主要有两类：

(1) 只生产一种产品或只提供一种劳务，如供水、供电、供气、运输和修理等；

(2) 生产多种产品或提供多种劳务，如从事工具、模型、修理用备件的制造等。

辅助生产车间为生产产品或提供劳务而发生的费用，包括原材料费用、动力费用、职工薪酬以及辅助生产车间的制造费用等。为生产和提供一定种类和一定数量的产品或劳务所耗费的辅助生产费用之和，构成了该种产品或劳务的辅助生产成本。

辅助生产提供的产品和劳务，有时也对外销售，但主要是为本企业服务。辅助生产费用的高低，会影响到企业产品成本的水平，因此，正确及时组织对辅助生产费用的归集和分配，对于节约成本、降低产品成本具有重要的意义。

二、辅助生产费用核算的特点

辅助生产费用的核算，包括辅助生产费用的归集和辅助生产费用的分配两个方面。

(1) 辅助生产费用的归集。辅助生产费用应按照辅助生产车间以及产品和劳务类别进行归集，归集的过程，也是辅助生产产品和劳务成本计算的过程。辅助生产费用的归集是为辅助生产费用的分配作准备，因为只有先归集起来，才能够进行分配。

(2) 辅助生产费用的分配，是指按照一定的标准和方法，将辅助生产费用分配到各受

益单位或产品上去的过程。分配的及时性和准确性，影响到基本生产产品成本、经营管理费用以及经营成果核算的及时性和准确性。辅助生产费用分配的核算，是辅助生产费用核算的关键。

由于辅助生产有的提供劳务，有的生产产品，而劳务和部分产品（如水、电、气等产品）不需要验收入库，因此，其费用分配和成本结转方式也分两种：对提供水、电、气等产品和提供运输、修理等劳务的辅助生产成本，一般分配结转至“生产成本——基本生产成本”、“制造费用”等账户，结转后，辅助生产成本明细账应无余额；对生产工具、模型、修理用备件等产品的辅助生产成本，一般分配结转至“原材料”、“周转材料”等账户，结转后，辅助生产成本明细账一般有余额。

三、辅助生产费用归集的核算

（一）账户设置和归集程序

1. 账户设置

对辅助生产车间生产费用的账户设置有两种方法：可以通过在“生产成本”账户下设置“辅助生产成本”二级账户来归集辅助生产费用，也可以将“辅助生产成本”作为一级账户来归集辅助生产车间发生的生产费用。本书采用前一种账户设置方法。

“生产成本——辅助生产成本”账户一般应按辅助生产车间设置明细账，车间下再按产品或劳务种类设置明细账，账中按照成本项目（可比照基本生产车间）或费用项目设立专栏进行明细核算。辅助生产发生的各项生产费用，应记入“生产成本——辅助生产成本”账户的借方进行归集。

对辅助生产车间制造费用账户设置也有两种方法：可以设置“制造费用——辅助生产车间”二级账，也可以不专门设置账户，而是直接记入或分配记入辅助生产成本二级账户及所属的产品生产成本明细账的相关专栏。

2. 归集程序

辅助生产费用归集的程序有两种，其区别在于辅助生产制造费用归集的程序不同。

(1) 在一般情况下，辅助生产车间的制造费用应先通过“制造费用——辅助生产车间”账户进行单独归集，然后将其转入相应的“生产成本——辅助生产成本”明细账，从而计入辅助生产产品或劳务的成本。

(2) 在辅助生产车间规模很小，制造费用很少，而且辅助生产不对外提供商品，因而不需要按照规定的成本项目计算产品成本的情况下，为了简化核算工作，辅助生产的制造费用可以不通过“制造费用——辅助生产车间”明细账单独归集，而是直接记入“生产成本——辅助生产成本”明细账。

（二）辅助生产费用归集的账务处理

1. 设置“制造费用——辅助生产车间”账户的情况

(1) 对于在“辅助生产成本”明细账中设有专门成本项目的辅助生产费用，如原材料费用、动力费用、职工薪酬费用等，发生时应记入“辅助生产成本”总账和所属明细账相应成本项目的的借方，其中，直接计入费用应直接记入，间接计入费用则需分配记入。

(2) 对于未专设成本项目的辅助生产费用，发生时应先记入“制造费用——辅助生产车间”账户归集，然后再从该账户的贷方直接转入或分配转入“辅助生产成本”总账和所属明细账的借方。

2. 不设置“制造费用——辅助生产车间”账户的情况

“辅助生产成本”总账和明细账内按若干费用项目设置专栏。对于发生的各种辅助生产费用，可直接记入或间接分配记入“辅助生产成本”总账以及所属明细账的相应费用项目。

四、辅助生产费用分配的核算

如前所述，归集在“生产成本——辅助生产成本”科目及其明细账借方的辅助生产成本，由于所生产的产品和提供的劳务不同，其分配和成本结转方式可分两种。对于制造工具、模型、修理用备件的辅助生产成本，其分配方法可类比基本生产成本的分配方法，在此不作阐述。对于提供水、电、气等产品和运输、修理等劳务所发生的辅助生产成本，一般按受益单位耗用的劳务数量在各单位之间进行分配。常用的分配方法有直接分配法、交互分配法、顺序分配法、代数分配法、计划成本分配法等。

辅助生产费用的分配，应通过辅助生产费用分配表进行。

（一）直接分配法

直接分配法是不考虑各辅助生产车间之间相互提供劳务的情况，将辅助生产费用直接分配给辅助生产车间以外的各受益对象的一种分配方法。

在计算某辅助生产车间费用分配率（产品或劳务的单位成本）时，应减去提供给其他辅助生产车间的产品或劳务量，其计算公式为：

$$\text{费用分配率}=\frac{\text{某辅助生产车间待分配费用总额}}{\text{该车间提供给辅助生产车间以外的受益对象的劳务总量}},$$

某受益对象应负担的费用＝该受益对象耗用的劳务总量×费用分配率。

【例 4-1】 某企业有一个基本生产车间，生产甲、乙两种产品，另有供电、机修两个辅助生产车间和其他管理部门。2008 年 8 月辅助生产车间提供的劳务总量如表 4-1 所示。当月“辅助生产成本”账户归集的费用分别为供电车间 67 200 元、机修车间68 040元。

表 4-1 辅助生产车间劳务供应量表

2008 年 8 月

受益对象	劳务供应量	
	修理工作量（小时）	供电数量（度）
机修车间		24 000
供电车间	1 600	
基本生产车间甲产品生产直接耗用		60 000
基本生产车间乙产品生产直接耗用		100 000

续表

受益对象	劳务供应量	
	修理工作量(小时)	供电数量(度)
基本生产车间一般耗用	12 000	24 000
管理部门	8 000	16 000
合计	21 600	224 000

采取直接分配法进行分配的有关计算过程如下。

(1)计算费用分配率。

$$修理费用分配率=\frac{68\ 040}{21\ 600-1600}=3.402(元/小时),$$

$$电费分配率=\frac{67\ 200}{224\ 000-24\ 000}=0.336(元/度)。$$

(2)对辅助车间以外的受益对象分配辅助生产费用。

基本生产车间应负担的修理费=12 000×3.402=40 824(元),

管理部门应负担的修理费=8 000×3.402=27 216(元),

甲产品应负担的电费=60 000×0.336=20 160(元),

乙产品应负担的电费=100 000×0.336=33 600(元),

基本生产车间应负担的电费=24 000×0.336=8 064(元),

管理部门应负担的电费=16 000×0.336=5 376(元)。

(3)编制辅助生产费用分配表,如表 4-2 所示。

表 4-2 辅助生产费用分配表(直接分配法)

2008 年 8 月

项目		机修车间	供电车间	金额合计
待分配费用		68 040 元	67 200 元	135 240 元
劳务供应总量		21 600 小时	224 000 度	
其中:供应辅助生产以外对象		20 000 小时	200 000 度	
费用分配率(单位成本)		3.402 元/小时	0.336 元/度	
基本生产车间——甲产品	耗用数量		60 000 度	
	负担金额		20 160 元	20 160 元
基本生产车间——乙产品	耗用数量		100 000 度	
	负担金额		33 600 元	33 600 元
基本生产车间一般耗用	耗用数量	12 000 小时	24 000 度	
	负担金额	40 824 元	8 064 元	48 888 元

续表

项目		机修车间	供电车间	金额合计
管理部门	耗用数量	8 000 小时	16 000 度	
	负担金额	27 216 元	5 376 元	32 592 元
合计		68 040 元	67 200 元	135 240 元

(4)根据辅助生产费用分配表,编制分配结转辅助生产费用的会计分录。

借:基本生产成本——甲产品	20 160	
——乙产品	33 600	
制造费用——基本生产车间	8 064	
管理费用	5 376	
贷:辅助生产成本——供电车间		67 200
借:制造费用——基本生产车间	40 824	
管理费用	27 216	
贷:辅助生产成本——机修车间		68 040

直接分配法最为简便,但只宜在辅助生产内部相互提供劳务不多,不进行交互分配,对辅助生产成本和企业产品成本影响不大的情况下采用。

(二) 交互分配法

交互分配法是先将辅助生产费用在各辅助生产车间进行交互分配,再将交互分配后的费用分配给辅助生产车间以外的各受益对象的一种分配方法。

采用这种方法,辅助生产费用需进行两次分配:交互分配和对外分配。

第一步,交互分配,即只在各辅助生产车间之间交互分配费用,其他受益对象暂不分配费用,其计算公式为:

$$\text{交互分配费用分配率}=\frac{\text{某辅助生产车间待分配费用总额}}{\text{该车间提供的劳务总量}},$$

$$\begin{array}{c}\text{某辅助生产单位应负担的}\\\text{其他辅助生产费用}\end{array}=\text{该辅助生产车间接受的劳务量}\times\text{交互分配费用分配率}。$$

第二步,对外分配,即对辅助生产车间以外的受益单位进行分配。这时应先计算出各辅助生产车间交互分配后的待分配费用(即对外分配费用),再将此费用分配给辅助生产车间以外的各受益对象,其计算公式为:

$$\begin{array}{c}\text{交互分配后的对}\\\text{外分配费用}\end{array}=\text{交互分配前的费用}+\text{分配转入的费用}-\text{分配转出的费用},$$

$$\text{对外分配费用分配率}=\frac{\text{某辅助生产车间交互分配后的对外分配费用}}{\text{该车间提供给辅助生产车间以外的受益对象的劳务总量}},$$

$$\text{某受益对象应负担的费用}=\text{该受益对象耗用的劳务总量}\times\text{对外分配费用分配率}。$$

【例 4-2】 据例 4-1 的资料,采用交互分配法分配辅助生产费用,有关计算过程如下。

(1) 计算交互分配费用分配率。

修理费用交互分配费用分配率$=\frac{68\ 040}{21\ 600}=3.15$(元/小时),

电费交互分配费用分配率$=\frac{67\ 200}{224\ 000}=0.3$(元/度)。

(2) 计算辅助生产车间之间的交互分配费用。

机修车间应负担的电费=24 000×0.3=7 200(元),

供电车间应负担的修理费=1 600×3.15=5 040(元)。

(3) 计算交互分配后的对外分配费用。

机修车间对外分配费用=68 040+7 200−5 040=70 200(元),

供电车间对外分配费用=67 200+5 040−7 200=65 040(元)。

(4) 计算对外分配费用分配率。

修理费用对外分配费用分配率$=\frac{70\ 200}{21\ 600-1\ 600}=3.51$(元/小时),

电费对外分配费用分配率$=\frac{65\ 040}{224\ 000-24\ 000}=0.325\ 2$(元/度)。

(5) 对辅助车间以外的受益对象分配辅助生产费用。

基本生产车间应负担的修理费=12 000×3.51=42 120(元),

管理部门应负担的修理费=8 000×3.51=28 080(元),

甲产品应负担的电费=60 000×0.325 2=19 512(元),

乙产品应负担的电费=100 000×0.325 2=32 520(元),

基本生产车间应负担的电费=24 000×0.325 2=7 804.8(元),

管理部门应负担的电费=16 000×0.325 2=5 203.2(元)。

(6) 编制辅助生产费用分配表,如表 4-3 所示。

表 4-3 辅助生产费用分配表(交互分配法)

2008 年 8 月

项目			机修车间	供电车间	金额合计
待分配费用			68 040 元	67 200 元	135 240 元
劳务供应总量			216 000 小时	224 000 度	
交互分配费用分配率			3.15 元/小时	0.3 元/度	
交互分配费用	机修车间	耗用数量		24 000 度	
		负担金额		7 200 元	
	供电车间	耗用数量	1 600 小时		
		负担金额	5 040 元		
交互分配后待分配费用			70 200 元	65 040 元	135 240 元
供应辅助生产以外对象的劳务量			20 000 小时	200 000 度	

续表

项目			机修车间	供电车间	金额合计
对外分配费用分配率			3.51 元/小时	0.325 2 元/度	
对外分配	基本生产——甲产品	耗用数量		60 000 度	
		负担金额		19 512 元	19 512 元
	基本生产——乙产品	耗用数量		100 000 度	
		负担金额		32 520 元	32 520 元
	基本生产车间一般耗用	耗用数量	12 000 小时	24 000 度	
		负担金额	42 120 元	7 804.8 元	49 924.8 元
	管理部门	耗用数量	8 000 小时	16 000 度	
		负担金额	28 080 元	5 203.2 元	33 283.2 元
合计			70 200 元	65 040 元	135 240 元

(7) 根据辅助生产费用分配表，编制分配结转辅助生产费用的会计分录。

1) 交互分配时。

借：辅助生产成本——供电车间　　5 040

　　　　　　　　——机修车间　　7 200

　贷：辅助生产成本——供电车间　　7 200

　　　　　　　　　——机修车间　　5 040

2) 对外分配时。

借：基本生产成本——甲产品　　19 512

　　　　　　　　——乙产品　　32 520

　制造费用——基本生产车间　　7 804.8

　管理费用　　5 203.2

　贷：辅助生产成本——供电车间　　65 040

借：制造费用——基本生产车间　　42 120

　管理费用　　28 080

　贷：辅助生产成本——机修车间　　70 200

采用交互分配法，由于辅助生产内部相互提供劳务全部进行了交互分配，因而提高了分配结果的正确性。但由于各种辅助生产费用都要计算两个费用分配率，进行两次分配，因而增加了核算工作量。同时交互分配的费用分配率(单位成本)是根据交互分配前的待分配费用计算的，所以据此计算的分配结果仍不十分精确。在各月辅助生产费用水平相差不大的情况下，为了简化计算工作，可以用上月的辅助生产费用分配率作为交互分配的分配率。

(三) 顺序分配法

顺序分配法是指按照辅助生产车间受益多少的顺序排列将各辅助生产车间之间的

费用进行分配，受益少的排列在前，先将费用分配出去；受益多的排列在后面，后将费用分配出去。

【例 4-3】 依例 4-1 资料，按顺序分配法分配生产费用。因供电车间耗用机修车间费用少，机修车间耗用供电车间电费多，所以，供电车间应排在前，先分配费用。编制辅助生产费用分配表，如表 4-4 所示。

表 4-4 辅助生产费用分配表（顺序分配法）

2008 年 8 月

项目	分配电费		分配机修费	
	数量	金额	数量	金额
待分配费用		67 200 元		75 240 元
劳务总量	224 000 度		21 600 小时	
费用分配率		0.3 元/度		3.762 元/小时
受益部门				
供电车间				
机修车间	24 000 度	7 200 元		
甲产品生产	60 000 度	18 000 元		
乙产品生产	100 000 度	30 000 元		
基本生产车间一般耗用	24 000 度	7 200 元	12 000 小时	45 144 元
管理部门	16 000 度	4 800 元	8 000 小时	30 096 元
合计	224 000 度	67 200 元	20 000 小时	75 240 元

（1）分配供电费用。

借：辅助生产成本——机修　　7 200
　　基本生产成本——甲产品　　18 000
　　　　　　　　——乙产品　　30 000
　　制造费用——基本生产成本　　7 200
　　管理费用　　4 800
　　贷：辅助生产成本——供电　　　　67 200

（2）分配机修费用。

借：制造费用——基本生产成本　　45 144
　　管理费用　　30 096
　　贷：辅助生产成本——机修　　　　75 240

顺序分配法的优点是不进行交互分配，各辅助生产费用只分配一次，计算方法较为简单，而且结果比直接分配法合理。但由于排列在先的辅助生产车间不负担排列在后的辅助生产车间的费用，分配结果的正确性受到一定的影响。这种分配方法适宜于在各辅助生产车间或部门之间相互受益程度差异较大的情况下采用。

（四）代数分配法

代数分配法是根据“投入＝产出”的原理建立多元一次联立方程，计算辅助生产车间产品和劳务的单位成本，然后在全部受益对象之间分配辅助生产费用的一种分配方法。

【例 4-4】 据例 4-1 的资料，采用代数分配法分配辅助生产费用，有关计算过程如下。

(1)建立联立方程，计算费用分配率。

假设供电车间的电费单位成本为 x 元/度，机修车间的机修费单位成本为 y 元/小时，可联立如下二元一次方程组：

$$\begin{cases}224\ 000x = 67\ 200+1\ 600y \\ 21\ 600y = 68\ 040+24\ 000x\end{cases}$$ 。

解方程组得：$\begin{cases}x=0.325\ 08 \\ y=3.511\ 2\end{cases}$ 。

(2) 将辅助生产费用分配给全部受益对象。

供电车间应负担的修理费=1 600×0.325 2=5 617.92(元)，

基本生产车间应负担的修理费=12 000×3.511 2=42 134.4(元)，

行政管理部门应负担的修理费=8 000×3.511 2=28 089.6(元)，

机修车间应负担的电费=24 000×0.325 08=7 801.92(元)，

基本生产车间甲产品生产应负担的电费=60 000×0.325 08=19 504.8(元)，

基本生产车间乙产品生产应负担的电费=100 000×0.325 08=32 508(元)，

基本生产车间一般耗用应负担的电费=24 000×0.325 08=7 801.92(元)，

管理部门应负担的电费=16 000×0.325 08=5 201.28(元)。

(3) 编制辅助生产费用分配表，如表 4-5 所示。

表 4-5 辅助生产费用分配表(代数分配法)

2008 年 8 月

项目		机修车间	供电车间	金额合计
待分配费用		68 040 元	67 200 元	135 240 元
劳务供应总量		21 600 小时	224 000 度	
费用分配率(单位成本)		3.511 2 元/小时	0.325 08 元/度	
机修车间	耗用数量		24 000 度	
	负担金额		7 801.92 元	7 801.92 元
供电车间	耗用数量	1 600 小时		
	负担金额	5 617.92 元		5 617.92 元
基本生产车间——甲产品	耗用数量		60 000 度	
	负担金额		19 504.8 元	19 504.8 元
基本生产车间——乙产品	耗用数量		100 000 度	
	负担金额		32 508 元	32 508 元
基本生产车间一般耗用	耗用数量	12 000 小时	24 000 度	
	负担金额	42 134.4 元	7 801.92 元	49 936.32 元

续表

项目		机修车间	供电车间	金额合计
管理部门	耗用数量	8 000 小时	16 000 度	
	负担金额	28 089.6 元	5 201.28 元	33 290.88 元
合计		75 841.92 元	72 817.92 元	148 659.84 元

表 4-5 中，机修车间最后已分配费用总额 75 841.92 元等于原发生费用 68 040 元与供电车间分配转入费用 7 801.92 元之和；供电车间最后已分配费用总额 72 817.92 元等于原发生费用 67 200 元与机修车间分配转入费用 5 617.92 元之和。

(4) 根据辅助生产费用分配表，编制分配结转辅助生产费用的会计分录。

借：辅助生产成本——机修　　7 801.92
　　基本生产成本——甲产品　　19 504.8
　　　　　　　　——乙产品　　32 508
　　制造费用——基本生产车间　　7 801.92
　　管理费用　　5 201.28
　　贷：辅助生产成本——供电　　　　72 817.92
借：辅助生产成本 ——供电　　5 617.92
　　制造费用——基本生产车间　　42 134.4
　　管理费用　　28 089.6
　　贷：辅助生产成本——机修　　　　75 841.92

采用代数分配法分配费用，分配结果最正确。但在辅助生产车间较多的情况下，未知数较多，计算复杂，因而这种分配方法适宜在计算工作已经实现电算化的企业采用。

（五）计划成本分配法

计划成本分配法是指按照辅助生产车间产品或劳务的计划单位成本和实际供应量分配辅助生产费用的一种分配方法。

采用这种分配方法，辅助生产为全部受益对象（包括受益的其他辅助生产车间、部门在内）提供的劳务都按劳务的计划单位成本进行分配；辅助生产车间实际发生的费用（包括辅助生产内部交互分配转入的费用在内）与按计划单位成本分配转出的费用之间的差异，可以再分配给辅助生产以外各受益单位负担，但为了简化计算工作，一般全部计入管理费用。如果是超支差应增加管理费用，如果是节约差应减少管理费用。

【例 4-5】 据例 4-1 的资料，采用计划成本分配法分配辅助生产费用。供电车间计划单位成本为 0.33 元/度，机修车间计划单位成本为 3.5 元/小时。有关计算过程如下。

(1)按计划单位成本在全部受益对象之间分配辅助生产费用，计算过程从略。编制辅助生产费用分配表，如表 4-6 所示。

表 4-6 辅助生产费用分配表(计划成本分配法)

2008 年 8 月

项目		机修车间	供电车间	金额合计
待分配费用		68 040 元	67 200 元	135 240 元
劳务供应总量		21 600 小时	224 000 度	
费用分配率(计划单位成本)		3.5 元/小时	0.33 元/度	
机修车间	耗用数量		24 000 度	
	负担金额		7 920 元	7 920 元
供电车间	耗用数量	1 600 小时		
	负担金额	5 600 元		5 600 元
基本生产车间——甲产品	耗用数量		60 000 度	
	负担金额		19 800 元	19 800 元
基本生产车间——乙产品	耗用数量		100 000 度	
	负担金额		33 000 元	33 000 元
基本生产车间一般耗用	耗用数量	12 000 小时	24 000 度	
	负担金额	42 000 元	7 920 元	49 920 元
管理部门	耗用数量	8 000 小时	16 000 度	
	负担金额	28 000 元	5 280 元	33 280 元
按计划成本分配合计		75 600 元	73 920 元	149 520 元
辅助生产实际成本		75 960 元	72 800 元	148 760 元
辅助生产成本差异		−360 元	1 120 元	760 元

表 4-6 中,辅助生产实际成本如下所述。

机修车间:68 040+7 920=75 960(元),

供电车间:67 200+5 600=72 800(元)。

(2) 根据辅助生产费用分配表,编制分配结转辅助生产费用及其差异的会计分录。

1) 按计划成本分配时。

借:辅助生产成本——机修	7 920	
基本生产成本——甲产品	19 800	
——乙产品	33 000	
制造费用——基本生产车间	7 920	
管理费用	5 280	
贷:辅助生产成本——供电		73 920
借:辅助生产成本——供电	5 600	
制造费用——基本生产车间	42 000	

管理费用　28 000

贷:辅助生产成本——机修　75 600

2) 结转成本差异时(实际操作时超支用蓝字;节约用红字)。

借:管理费用　760

贷:辅助生产成本——供电　1120

——机修　360(红字)

采用计划成本分配法,各种辅助生产费用只分配一次,且劳务的计划单位成本已事先确定,因而可简化和加速计算分配工作;通过辅助生产成本节约或超支数额的计算,还能反映和考核辅助生产成本计划的执行情况;此外,按照计划单位成本分配,排除了辅助生产实际费用的高低对各受益单位成本费用的影响,便于考核和分析各受益单位的经济责任。但是采用这种分配方法,必须具有比较正确的计划成本资料。

第二节　制造费用的归集与分配

企业在生产产品和提供劳务过程中,除了发生各种材料费用、人工费用和其他费用外,还会发生各种制造费用。

一、制造费用概述

(一) 制造费用的概念和内容

制造费用是指间接用于产品生产的各项费用,以及虽直接用于产品生产,但不便于直接计入产品成本,因而没有专设成本项目的生产费用。制造费用主要包括以下三方面内容:

(1) 间接生产费用,如机物料消耗、厂房折旧费、修理费、租赁费(不包括融资固定资产的租赁费)、取暖费、水电费、运输费、保险费、设计制图费、试验检验费、劳动保护费、季节性或修理期间的停工损失等;

(2) 少部分没有专设成本项目的直接生产费用,如机器设备折旧费、周转材料摊销费等;

(3) 生产单位管理费用,如分厂、车间的管理人员的薪酬、差旅费、办公费等。

(二) 制造费用账户的设置

为了总括反映和监督企业各生产单位在一定时期内为组织和管理生产所发生的各项制造费用,控制制造费用总额,正确计算产品成本,需要设置“制造费用”总分类账户。制造费用发生时,记入本账户的借方,进行分配结转时,记入本账户的贷方,本账户月末一般无余额。

“制造费用”账户应按生产单位(分厂、车间)设置明细账,并在账内按照费用项目设立专栏或专行,分别反映各生产单位各项制造费用的发生情况。

如果辅助生产车间的制造费用发生数额较小,为了减少转账手续,也可以不通过“制造费用”账户,而直接记入“辅助生产成本”账户。

二、制造费用归集的核算

制造费用是按照发生的地点或生产单位(分厂、车间)来归集的。制造费用的归集按其记账依据不同可分为两种情况：

(1) 发生机物料消耗、外购动力费用、职工薪酬、折旧费、修理费等时，在月末应根据转账凭证、各种费用汇总表及分配表，借记“制造费用”账户，贷记“原材料”、“应付职工薪酬”、“累计折旧”等账户；

(2) 发生一般费用如办公费、差旅费、劳动保护费等时，应根据付款凭证或据以编制的其他费用分配表，借记“制造费用”账户，贷记“银行存款”等账户。

如果辅助生产的制造费用是通过“制造费用”账户单独核算，则应比照基本生产车间制造费用的核算；如果辅助生产的制造费用不通过“制造费用”账户单独核算，应将其全部记入“辅助生产成本”账户。

【例 4-6】 某工厂根据有关记账凭证登记的生产车间制造费用明细账如表 4-7 所示。

表 4-7　制造费用明细账

生产单位：基本生产车间　　　　2008 年 9 月　　　　单位：元

凭证号	摘要	费用明细科目							合计
		机物料消耗	燃料	包装物	动力费	职工薪酬	折旧费	修理费	
	分配原材料费用	2 030.5							2 030.5
	分配燃料费用		1 000						1 000
	领用包装物			800					800
	分配外购动力费				2 400				2 400
	分配职工薪酬					11 329.5			11 329.5
	计提折旧费						9 440		9 440
	支付修理费							4 500	4 500
	本月合计	2 030.5	1 000	800	2 400	11 329.5	9 440	4 500	31 500
	月末结转	2 030.5	1 000	800	2 400	11 329.5	9 440	4 500	31 500

三、制造费用分配结转的核算

(一) 制造费用的分配结转原则

制造费用明细账按费用发生的地点(生产单位)归集了该生产单位为组织和管理生产所发生的全部间接费用后，在月末必须按一定的分配标准，采用一定的分配方法，在该车间生产的各种产品中进行合理的分配。分配的原则是：在生产单一产品的车间，该车间的制造费用可直接计入该种产品的成本中，不需要进行分配；在生产多种产品的车间，该车间归集的制造费用应按一定的比例分配计入该种产品的成本中。

制造费用的分配是否合理正确，是保证产品成本正确计算的前提。而合理分配制造费用的关键在于正确选择分配标准和分配方法。制造费用的分配方法主要有：生产工人工时比例分配法、生产工人工资比例分配法、机器工时比例分配法、按年度计划分配率分配法、直接成本法、累计分配率法等。

（二）制造费用的分配方法及账务处理

1. 生产工人工时比例分配法

生产工人工时比例分配法按照各种产品所用生产工人实际工时的比例分配制造费用，其计算公式为：

$$制造费用分配率=\frac{制造费用总额}{各种产品生产工时总数},$$

某产品应负担的制造费用=该产品的生产工时数×制造费用分配率。

【例 4-7】 某工厂基本生产车间 2008 年 9 月的制造费用总额为 31 500 元。该车间生产甲、乙、丙三种产品，当月实际生产工时为 90 000 小时，三种产品生产总工时分别为 20 000 小时、30 000小时和 40 000 小时。对制造费用采用生产工人工时比例分配法分配如表4-8所示。

表 4-8 制造费用分配表

生产车间：基本生产车间　　　　2008 年 9 月

产品名称	生产总工时(小时)	分配率(元/小时)	分配金额(元)
甲产品	20 000	31 500/90 000=0.35	7 000
乙产品	30 000		10 500
丙产品	40 000		14 000
合计	90 000		31 500

根据表 4-8 中的分配结果，编制结转制造费用的会计分录如下。

借：生产成本——基本生产成本——甲产品　　7 000
　　　　　　　　　　　　　　——乙产品　　10 500
　　　　　　　　　　　　　　——丙产品　　14 000
　贷：制造费用　　　　　　　　　　　　　　31 500

这种方法的优点是资料容易取得，方法比较简单，在原始记录和生产工时统计资料比较健全的车间都可以采用。

2. 生产工人工资比例分配法

生产工人工资比例分配法是以直接计入各种产品成本的生产工人实际工资的比例作为分配标准分配制造费用的一种方法，其计算公式为：

$$制造费用分配率=\frac{制造费用总额}{各种产品生产工人工资总额},$$

某产品应负担的制造费用=该产品的生产工人工资数×制造费用分配率。

这种方法的优点是资料现成，方法简便易行。但是采用这一方法时，各种产品生产机械化程度应大致相同。否则，机械化程度低的产品，所花工资费用多，负担的制造费用也就多，从而影响费用分配的合理性。

3. 机器工时比例分配法

机器工时比例分配法是以各种产品生产所用机器设备的运转工作时间的比例作为分配标准分配制造费用的一种方法，其计算公式为：

$$制造费用分配率=\frac{制造费用总额}{各种产品耗用机器工时之和},$$

某产品应负担的制造费用=生产该产品耗用的机器工时数×制造费用分配率。

这种方法适用于机械化程度较高的车间，因为在这些车间中，制造费用(特别是其中机器设备的折旧和修理费用)的多少往往与机器设备的运转时间有着密切的联系。

4. 按年度计划分配率分配法

按年度计划分配率分配法是指无论各月实际发生的制造费用为多少，各月各种产品成本中的制造费用均按年度计划确定的计划分配率分配的一种方法，其计算公式为：

$$制造费用计划分配率=\frac{年度制造费用计划总额}{年度各种产品计划产量的定额总工时},$$

$$\begin{matrix}某月某产品应负\\担的制造费用\end{matrix}=制造费用计划分配率\times该月该产品实际产量的定额工时数。$$

采用该法时，制造费用的实际发生额和按计划分配率转出额之间会存在差异，这样，“制造费用”总账科目及其明细账一般会有月末余额，可能是借方余额，也可能是贷方余额。为简化工作，对“制造费用”账户期末余额平时不作处理，逐月累计至年末时再进行调整。“制造费用”科目的年末余额就是全年制造费用的实际数与计划分配额之间的差额，一般应在年末调整计入 12 月份的产品成本中，如为借方余额，表示全年制造费用的实际数大于计划分配额，应借记“生产成本——基本生产成本”科目，贷记“制造费用”科目，反之则作相反会计分录或用红字冲减生产成本。

【例 4-8】 某工厂基本生产车间生产甲、乙、丙三种产品，2008 年度制造费用计划 360 000元，三种产品当年计划产量分别为 2 500 件、2 000 件、4 000 件，单件产品的定额工时分别为 80 小时、150 小时、100 小时。9 月份三种产品的产量分别为 200 件、100 件、500 件，该月基本生产车间实际发生制造费用总额为 31 500 元。对制造费用采用按年度计划分配率分配法分配如表 4-9 所示。

表 4-9 制造费用分配表

生产车间：基本生产车间　　　　2008 年 9 月

产品名称	产量(件)	工时定额(小时)	定额总工时(小时)	计划分配率(元/小时)	计划分配金额(元)
甲产品	200	80	16 000	0.4	6 400
乙产品	100	150	15 000		6 000
丙产品	500	100	50 000		20 000

续表

产品名称	产量（件）	工时定额（小时）	定额总工时（小时）	计划分配率（元/小时）	计划分配金额（元）
合计	800	330	81 000		32 400

表 4-9 中，本年度制造费用计划分配率 $=\dfrac{360\ 000}{2\ 500\times80+2\ 000\times150+4\ 000\times100}$

$=0.4$（元/小时），

根据上述分配结果，编制结转制造费用的会计分录如下。

借：生产成本——基本生产成本——甲产品　　6 400
　　　　　　　　　　　　　——乙产品　　6 000
　　　　　　　　　　　　　——丙产品　　20 000
　贷：制造费用　　32 400

从以上计算可知，本月按计划转出制造费用 32 400 元，而实际发生 31 500 元，发生了 900 元的差异，但为简化工作，在平时一般不作调整，只是登记在制造费用明细账中。假设该车间本月初制造费用为借方余额 500 元，登记制造费用明细账如表 4-10 所示。

表 4-10　制造费用明细账

生产车间：基本生产车间　　单位：元

2008 年 月	2008 年 日	凭证号数	摘要	借方	贷方	借或贷	余额
9	1	略	上月结存			借	500
9	30	略	本月发生	31 500		借	32 000
9	30	略	本月分配转出		32 400	贷	400
9	30	略	本月发生额及余额	31 500	32 400	贷	400

企业年末调整年度制造费用总差异时，可将余额按各产品的累计实际工时比例进行分配。

【例 4-9】　某工厂基本生产车间生产甲、乙、丙三种产品，采用按年度计划分配率分配制造费用。本年度按计划分配率分配的制造费用为 364 000 元，实际发生制造费用为 366 000 元。12 月末，将超支额 2 000 元按照甲、乙、丙三种产品的累计实际工时比例进行分配，甲、乙、丙三种产品分别应负担 560 元、480 元、960 元。根据分配结果编制会计分录如下。

借：生产成本——基本生产成本——甲产品　　560
　　　　　　　　　　　　　——乙产品　　480
　　　　　　　　　　　　　——丙产品　　960
　贷：制造费用　　2 000

企业可以根据实际情况自行选择制造费用的分配方法，但分配方法一经确定，不得随意变更。

采用这种方法,“制造费用”账户如果有年末余额,就是全年制造费用的实际发生额与计划分配额的差额,一般应在年末调整计入12月份的产品成本,借记“生产成本”账户,贷记“制造费用”账户。如果实际发生额大于计划分配额,用蓝字补加,反之用红字冲减。

采用这种分配方法核算工作简便,特别适用于季节性生产的企业。因为在这种生产企业中,每月发生的制造费用相差不多,但生产淡月和旺月的产量却相差悬殊,如果按照实际费用分配,各月单位产品成本中的制造费用将随之忽高忽低,而这并不是由于车间工作本身引起的,因而不便于成本分析工作的进行。此外,这种分配方法还可以按旬或按日提供产品成本预测所需要的产品制造费用资料,有利于产品成本的日常控制。但是,采用这种分配方法,必须有较高的计划性。否则年度制造费用的计划数脱离实际太大,就会影响成本计算的正确性。

第三节　生产损失的核算

企业对生产过程中各项费用的核算,都是以这些费用是合格产品的生产耗费为假定条件。实际上,生产过程中由于生产工艺、生产外部条件、原材料的质量、工人的技术水平、生产管理水平等诸多因素的影响,常常会发生各种各样的损失,这些损失即为生产损失,主要包括废品损失和停工损失。

一、废品损失的核算

(一)废品损失的含义

1. 废品的概念

废品是指不符合规定的技术标准,不能按照原定用途使用,或者需要加工修理才能使用的在产品、半成品或产成品。不论是在生产过程中发现的废品,还是在入库后发现的废品,都应包括在内。

2. 废品的种类

(1)按能否修复分。

1)可修复废品,是指技术上可修复,而且所支付的修复费用在经济上合算的废品;

2)不可修复废品,是指技术上不可修复或者所支付的修复费用在经济上不合算的废品。

(2)按废品产生的原因分。

1)工废品,是指由于生产工人操作上的过失而产生的废品;

2)料废品,是指由于被加工的原材料、半成品和零部件质量不符合要求而产生的废品。

3. 废品损失的含义

废品损失是指企业因生产废品而造成的损失,包括可修复废品的修复费用和不可修复废品的生产成本(扣除回收的废品残料价值和过失单位或个人赔款)。

质量检验部门或生产单位发现废品时,应该填制废品通知单,列明废品的种类、数量、生产废品的原因和过失人等。成本会计人员应该会同检验人员对废品通知单所列废品生产的原因和过失人等项目加强审核。只有经过审核的废品通知单,才能作为废品损失核算的根据。因此以下几种情况都不应作废品损失处理:

(1) 经过质量检验部门鉴定不需要返修、可以降价出售的不合格品,应与合格产品同等计算成本,其降价损失体现为销售收入的减少,不应作为废品损失处理;

(2) 产成品入库后,由于保管不善、运输不当等原因而造成损坏变质的损失,应计入当期损益,也不作为废品损失处理;

(3) 产品实行包退、包修、包换(三包)的企业,在产品出售后发现的废品所发生的损失,应计入当期损益,也不作为废品损失处理。

(二)废品损失的核算方法

1. 账户的设置

经常有废品损失的企业,为了考核和控制各生产单位的废品损失,应当增设“废品损失”成本项目。在账户设置上,可以增设“废品损失”总分类账户,按车间设立明细账,账内按产品品种分设专户,并按成本项目分设专栏或专行,进行明细核算。也可以不设“废品损失”总分类账户,而是在“生产成本”总分类账户下设置“废品损失”明细账户来进行核算。

废品损失的归集和分配,与合格产品成本一样,应根据有关凭证或费用分配表计算。核算可修复废品的修复费用和不可修复废品的生产成本时,借记“废品损失”科目,贷记“原材料”、“应付职工薪酬”和“制造费用”等科目;对收回的废品残值和应由过失单位或个人赔款部分,借记“原材料”科目和“其他应收款”科目,贷记“废品损失”科目;月末,对废品净损失,应借记“生产成本”科目,贷记“废品损失”科目,由当月合格产品成本负担。废品净损失结转后,“废品损失”账户应无余额。

2. 可修复废品损失的核算

可修复废品损失是指在修复废品过程中发生的各种修复费用,包括材料费用、人工费用和应负担的制造费用等。如果有残值和过失人赔偿部分,则应扣除后算出废品净损失,其计算公式为:

可修复废品损失=修复废品的材料费用 + 修复废品的人工费用
+ 修复废品的制造费用 −残值−过失人赔偿款

归集和分配可修复废品返修发生的各种费用时,仍然应遵循费用分配基本原则。材料费用可根据有关领料凭证直接计入;人工费用有的可直接计入,有的需要分配计入;制造费用一般需要分配计入。

【例 4-10】 某工厂基本生产车间生产的甲产品某月发现可修复废品 10 件,已修复且验收入库。根据本月耗用材料汇总表提供的资料,修复甲产品的原材料是专门领用的,其实际成本为 500 元。根据本月直接人工分配率和制造费用分配率提供的资料,直接人工分配率为3元/小时，制造费用分配率为2元/小时，修复甲产品实际耗用工时300小时，本月修复废品应分配人工费用900元、制造费用600元。按本厂有关规定，对本月的10件废品，应由过失人张某赔偿300元。根据上述资料编制会计分录如下。

(1) 修复过程中发生的修复费用。

借：废品损失——甲产品	2 000	
贷：原材料		500
应付职工薪酬		900
制造费用		600

(2) 应由过失人张某赔偿损失。

借：其他应收款——张某	300	
贷：废品损失——甲产品		300

(3) 结转废品净损失。

借：生产成本——基本生产成本——甲产品	1 700	
贷：废品损失——甲产品		1 700

3. 不可修复废品损失的核算

不可修复废品损失是指截至报废时已发生在废品上的生产成本，也包括材料费用、人工费用和应负担的制造费用等，如果有残值和过失人赔偿部分，则应扣除后算出废品净损失。

由于不可修复废品的生产成本是与同种合格产品的生产成本同时发生、一起归集的，因此，应当采用适当的分配方法，将全部生产成本在废品和合格品之间进行分配，以计算出废品的生产成本。在实际工作中，一般有两种方法：一是按废品所耗实际费用计算，二是按废品所耗定额费用计算。

(1) 按废品所耗实际费用计算。

由于有的废品是在完工前发现的，有的是在完工后发现的，这样按废品所耗实际费用计算其生产成本时应以其约当产量（即按其加工程度折合成的相当于完工产品的数量）和合格品产量进行分配，其计算公式为：

$$\text{某费用分配率}=\frac{\text{某产品某费用总额}}{\text{合格品数量}+\text{废品约当产量}},$$

$$\text{废品应负担的某费用}=\text{废品约当产量}\times\text{该费用分配率}。$$

【例4-11】 某工厂2008年9月份投产乙产品2 500件，其中合格产品2 470件，不可修复废品30件，而30件废品中有20件的平均加工程度为50%，有10件已完成全部加工过程。生产乙产品的原材料为在生产开始一次全部投入。根据生产成本明细账得知，本月乙产品实际生产费用总额为144 820元，其中直接材料、直接人工、制造费用分别为100 000元、24 900元、19 920元。废品回收残料价值为400元，已交原材料仓库验收。根据上述资料，按废品所耗实际费用计算废品成本的有关计算过程和编制的会计分录如下。

1）计算不可修复废品的约当产量。

不可修复废品的约当产量=10+20×50%=20(件)。

2）计算不可修复废品生产成本(见表4-11)，并编制会计分录。

表4-11 不可修复废品生产成本计算表

产品：乙产品 2008年9月

项目	直接材料	直接人工	制造费用	合计
生产总成本(元)	100 000	24 900	19 920	144 820
分配标准(件)	2 470+30=2 500	2 470+20=2 490	2 470+20=2 490	
费用分配率(元/件)	100 000/2 500=40	24 900/2 490=10	19 920/2 490=8	
废品生产成本(元)	30×40=1 200	20×10=200	20×8=160	1 560

借：废品损失——乙产品 1 560

　贷：生产成本——基本生产成本——乙产品 1 560

3）废品残料入库。

借：原材料 400

　贷：废品损失——乙产品 400

4）结转废品净损失。

借：生产成本——基本生产成本——乙产品 1 160

　贷：废品损失——乙产品 1 160

按该法计算和分配废品损失，比较符合实际，但核算工作量较大。

(2）按废品所耗定额费用计算。

为了简化工作，在消耗定额和费用定额较健全的单位，可按废品的实际数量和各项消耗定额、定额费用计算不可修复废品的生产成本，而不考虑废品实际发生的生产费用。

【例4-12】 某工厂2008年9月份投产丙产品2 500件，其中合格产品2 470件，不可修复废品30件，废品回收残料价值为400元，已交原材料仓库验收。每件丙产品的材料消耗定额为30元，工时消耗定额为3小时，每小时直接人工费用定额为4元，每小时制造费用定额为3元。根据上述资料，按废品所耗定额费用计算废品成本的有关计算过程和编制的会计分录如下。

1）计算不可修复废品生产成本(见表4-12)，并编制会计分录。

表4-12 不可修复废品生产成本计算表

产品：丙产品 2008年9月 单位：元

项目	直接材料	直接人工	制造费用	合计
费用定额	30	3×4=12	3×3=9	
废品生产成本	30×30=900	30×12=360	30×9=270	1 530

借：废品损失——丙产品 1 530

　　贷:生产成本——基本生产成本——丙产品　　　　1 530

2) 废品残料入库。

借:原材料　　　　400

　　贷:废品损失——丙产品　　　　400

3) 结转废品净损失。

借:生产成本——基本生产成本——甲产品　　　　1 130

　　贷:废品损失——丙产品　　　　1 130

按废品的定额费用计算废品的定额成本,由于费用定额事先规定,不仅计算工作比较简便,而且还可以使计入产品成本的废品损失数额不受废品实际费用水平高低的影响。但是,采用这一方法计算废品生产成本,必须具备准确的消耗定额和费用定额资料。

(三)不单独核算废品损失的处理

在不单独核算废品损失的企业中,不设立"废品损失"科目和相应的成本项目,只在回收废品残料时,借记"原材料"科目,贷记"生产成本——基本生产成本"科目,并从所属有关产品成本明细账的"原材料"成本项目中扣除残值价值。有过失人赔偿时,一般借记"其他应收款"科目,贷记"生产成本——基本生产成本"科目,并从所属有关产品成本明细账的"直接人工"成本项目中扣除应收赔偿额。"生产成本——基本生产成本"科目和所属有关产品成本明细账归集的完工产品总成本,除以扣除废品数量以后的合格品数量,就是合格品的单位成本。

为了简化核算工作,辅助生产车间一般不单独核算废品损失。

事实上,无论废品可否修复,废品损失最后都由同种合格产品负担了。可修复废品导致的结果是产量未增加,生产费用总额增加了;不可修复废品导致的结果是生产费用总额不变,产量减少了。因此,可修复废品和不可修复废品最终都导致该种产品单位成本增加。

二、停工损失的核算

(一) 停工损失的含义

停工损失是指企业生产单位(分厂、车间或车间内某个班组)在停工期间发生的各项费用,包括停工期间损失的原材料费用、发生的燃料和动力费、应支付的生产工人薪酬和应负担的制造费用等。应由过失单位或保险公司负担的赔款,应从停工损失中扣除。为了简化核算工作,停工不满一个工作日的,一般不计算停工损失。

造成停工的原因很多,企业应根据不同情况进行不同的处理。由于自然灾害等形成的损失,应按规定转作营业外支出;季节性停产和固定资产大修理期间的停工费用,计入制造费用,由开工期的生产成本负担;只有由于原材料供应不足、人工短缺、机器设备发生故障、停电停水等原因造成的损失才是停工损失。

停工时生产单位应填制停工报告单,写明停工时间、范围及原因,报送企业有关部门。只有经过审核的停工报告单才能作为停工损失核算的依据。

（二）停工损失的核算方法

1. 账户的设置

在停工比较频繁的企业，为了考核和控制企业停工期间发生的各项费用，应当增设“停工损失”成本项目。在账户设置上，可以增设“停工损失”总分类账户，按车间设立明细账，账内按成本项目分设专栏或专行，进行明细核算。也可以不设“废品损失”总分类账户，而是在“生产成本”总分类账户下设置“废品损失”明细账户来进行核算。

根据停工报告单、有关凭证及费用分配表等，将停工期间发生的应该计入停工损失的各种费用，借记“停工损失”科目，贷记“原材料”、“应付职工薪酬”和“制造费用”等科目；对其中应由过失人或过失单位赔偿的损失，应借记“其他应收款”科目，贷记“停工损失”科目；月末，对停工净损失，应借记“生产成本”科目，贷记“停工损失”科目。停工净损失结转后，“停工损失”账户应无余额。

2. 停工损失的核算

对计入产品成本的停工损失，如果停工的车间只生产一种产品，应直接记入该种产品成本明细账的“停工损失”成本项目；如果停工的车间生产多种产品，则应采用适当的分配方法（如采用类似于分配制造费用的方法），分配记入该车间各种产品成本明细账的“停工损失”成本项目。

【例 4-13】 某工厂基本生产车间某月由于供电局突然停电导致停工三天，停工期间损失材料费用 8 000 元，应支付生产工人薪酬 5 000 元，应分摊制造费用 1 000 元。市供电局同意赔款 4 000 元。据上述资料，编制有关会计分录如下。

（1）发生停工损失时。

借：停工损失——基本生产车间　　14 000
　贷：原材料　　8 000
　　应付职工薪酬　　5 000
　　制造费用　　1 000

（2）市供电局赔偿部分。

借：其他应收款——市供电局　　4 000
　贷：停工损失　　4 000

（3）结转停工净损失。

借：生产成本——基本生产车间　　10 000
　贷：停工损失——基本生产车间　　10 000

不单独核算停工损失的企业，不设“停工损失”成本项目和“停工损失”科目。停工期间发生的属于停工损失的各种费用，直接记入“制造费用”、“其他应收款”和“营业外支出”等科目。

为了简化核算工作，辅助生产车间一般不单独核算停工损失。

本章小结(Summary)

制造企业的生产车间按其生产职能不同可分为基本生产车间和辅助生产车间。辅助生产车间是为基本生产车间提供辅助产品或提供劳务、作业服务而专门设立的。辅助生产费用的归集和分配通过“辅助生产成本”或“生产成本——辅助生产成本”账户进行。该账户应按车间以及产品和劳务设立明细账，账内可以按成本项目，也可以按费用项目进行明细核算。

辅助生产费用的分配应通过辅助生产费用分配表进行。分配辅助生产费用的方法主要有直接分配法、顺序分配法、交互分配法、代数分配法和计划成本分配法。各种方法都存在优缺点，有各自不同的适用条件。

制造费用是为生产产品或提供劳务而发生的，应计入产品成本但没有专设成本项目的各项生产费用。制造费用的归集可以通过设立制造费用明细账进行。制造费用的分配方法有实际分配率法和计划分配率法。

生产损失是在生产过程中由于原材料质量不符合要求、生产工人违规操作以及某些生产组织上的缺陷所引起的各种损失，包括废品损失和停工损失。如果企业经常发生生产损失，并在产品成本中占较大比重，则需要设置“废品损失”和“停工损失”账户，在产品成本组成中单独列示。

关键术语(Glossary)

辅助生产成本（service production cost）
直接分配法（direct method）
交互分配法（reciprocal method）
顺序分配法（step-down allocation method）
代数分配法（algebra method）
制造费用（manufacturing overhead）
年度计划分配率（predetermined rate）
废品损失（spoilage loss）
停工损失（idle loss）

知识拓展(Knowledge Expansion)

注册会计师对某公司 2008 年度的产品生产成本进行分析性复核时发现，企业每月“制造费用”账户均为贷方余额，该年度的可比产品完工成本比上年明显增加，对照相关调查数据发现，该公司本年度产品生产数量与上年相比，变化不大。于是，注册会计师抽查了当年任意三个月份的相关会计凭证，发现原始凭证中记录的车间生产性支出也很正常，与其他相关账户核对无误。又经调查，企业制造费用分配方法为工人工资比例分配法。在制造费用结转产品生产成本后，制造费用账户期末余额还有共计 300 万元。

问题：这样的会计处理是否有问题？如有问题，注册会计师应再做哪些后续工作？这些工作会对企业哪些财务指标产生影响？

思考题(Questions)

1. 什么是直接分配法,其特点和分配程序是什么?
2. 什么是交互分配法,其特点和分配程序是什么?
3. 什么是顺序分配法,其特点和分配程序是什么?
4. 什么是代数分配法,其特点和分配程序是什么?
5. 什么是计划分配法,其特点和分配程序是什么?
6. 什么是制造费用,它主要由哪些内容构成?
7. 企业如何归集制造费用?
8. 分配制造费用的方法有哪几种,分别适用于何种情况?
9. 什么是废品损失,如何确认发生的废品损失?
10. 什么是停工损失,停工损失包括的内容有哪些?

练习题(Exercises)

一、判断题

1. 辅助生产车间发生的各种生产费用都直接记入"辅助生产成本"科目。(　　)

2. 在辅助生产费用分配的各种方法中,交互分配法的结果最正确。(　　)

3. 辅助生产车间、部门之间相互提供劳务,采用交互分配法时,交互分配前辅助生产车间的待分配费用总额等于交互后对外分配的待分配费用总额。(　　)

4. 辅助生产产品和劳务成本的计算方法与基本生产一样,应该按照生产特点和管理要求确定。(　　)

5. 辅助生产费用按直接分配法分配最简单;按代数分配法分配最正确;按计划成本法分配可简化计算工作并能分清经济责任。(　　)

6. 当生产工人工资按照生产工时比例分配时,按生产工人工资分配制造费用,实际上就是按生产工时比例分配制造费用。(　　)

7. 制造费用分配后,其总账科目如有月末余额,则一定是借方余额。(　　)

8. 在生产多种产品的车间,其制造费用都经分配计入各产品成本中。(　　)

9. 在实际工作中,为简化核算,有关三包范围内的废品损失,发生时可直接记入"管理费用"科目。(　　)

10. 可修复废品是指在技术上、工艺上可以修复的废品,不可修复废品则相反。(　　)

11. 不可修复废品的生产成本只能按废品所耗实际费用计算。(　　)

12. 实行包退、包修、包换"三包"的企业,在产品出售以后发现的废品所发生的一切损失,应计入废品损失。(　　)

13. "废品损失"科目月末应无余额。(　　)

二、单项选择题

1. 某企业有供水和供电两个辅助生产车间，供水车间待分配的费用为 5 260 元，供水车间耗电 1 128 元，供电车间耗水 656 元。如果该企业的辅助生产费用采用计划分配法，则供水车间对外分配的费用是（　　）元。

A. 5 260 元　　B. 5 732 元

C. 6 388 元　　D. 4 604 元

2. 采用交互分配法，各种辅助生产费用（　　）。

A. 都要计算一个费用分配率　　B. 都要计算两个费用分配率

C. 不需要计算费用分配率　　D. 均按相同的费用分配率计算

3. 某企业的辅助生产费用按计划成本分配法进行分配，按计划成本分配的费用是 18 230 元，辅助生产实际成本为 21 320 元，其差额 3 090 元应（　　）。

A. 借记“管理费用”科目　　B. 红字借记“管理费用”科目

C. 借记“辅助生产成本”科目　　D. 贷记“辅助生产成本”科目

4. 辅助生产车间完工入库的修理用备件，应借记（　　）科目，贷记“辅助生产成本”科目。

A. “低值易耗品”　　B. “原材料”

C. “基本生产成本”　　D. “自制半成品”

5. 采用交互分配法分配辅助生产费用时，交互分配之后的费用要在（　　）之间进行分配。

A. 辅助生产以外的各受益单位　　B. 各受益单位

C. 辅助生产部门内部　　D. 各基本生产部门

6. 辅助生产费用直接分配法的特点是辅助生产费用（　　）。

A. 直接记入“生产成本——辅助生产成本”科目

B. 直接分配给所有受益单位

C. 直接分配给辅助生产以外的各受益单位

D. 直接计入辅助生产提供的劳务成本

7. 在辅助生产车间之间相互提供产品或劳务的情况下，下列各项中，分配辅助生产费用最为准确的方法是（　　）。

A. 计划成本分配法　　B. 交互分配法

C. 直接分配法　　D. 代数分配法

8. 为了简化辅助生产费用的分配，辅助生产成本差异一般全部记入（　　）。

A. “制造费用”科目　　B. “管理费用”科目

C. “营业外支出”科目　　D. “基本生产成本”科目

9. 下列提法中，正确的是（　　）。

A. 制造费用中不包括直接生产费用

B. 制造费用均为间接生产费用

C. 制造费用一般应按产品制定定额

D. 制造费用项目一经确定，不应随意变更

10. 在季节性生产企业，制造费用的分配方法通常采用(　　)。

A. 按生产工时比例分配　　B. 按直接费用比例分配

C. 按机器工时比例分配　　D. 按年度计划分配率分配

11. 制造费用按年度计划分配率分配，其制造费用科目如有余额，一般应在(　　)调整计入产品成本。

A. 分配制造费用的当月　　B. 分配制造费用的次月

C. 每年 12 月份　　D. 每年 1 月份

12. 某工人某月加工完成的甲产品数量为 100 件，其中合格品为 95 件，废料品为 2 件，由本人过失造成的工废品为 3 件。甲产品计件单价为 10 元/件。据此计算得该工人本月计件工资为(　　)元。

A. 950　　B. 970

C. 980　　D. 1 000

13. 某种产品发生不可修复废品时，如果废料不予回收，将会使该种产品的(　　)。

A. 总成本降低，单位成本增加　　B. 总成本不变，单位成本增加

C. 总成本增加，单位成本增加　　D. 总成本与单位成本均不变

14. 下列各项中，不应计入废品损失的是(　　)。

A. 不可修复废品的生产成本　　B. 可修复废品的生产成本

C. 用于修复废品的人工费用　　D. 用于修复废品的材料费用

15. 生产车间固定资产修理期间发生的停工损失应计入(　　)。

A. 产品成本　　B. 营业外支出

C. 管理费用　　D. 废品损失

16. 可修复废品的废品损失是指(　　)。

A. 返修前发生的原材料费用

B. 返修前发生的制造费用

C. 返修后发生的修理费用

D. 返修前发生的生产费用加上返修后发生的修理费用

17. 某种产品发生不可修复废品后，如果有回收的废料，将会使该种产品的(　　)。

A. 总成本降低，单位成本增加　　B. 总成本增加，单位成本降低

C. 总成本与单位成本同时增加　　D. 总成本与单位成本同时降低

三、多项选择题

1. 在辅助生产车间完工产品入库或劳务分配时，下列科目可能借记的有(　　)。

A. “辅助生产成本”科目　　B. “原材料”科目

C. “低值易耗品”科目　　D. “在建工程”科目

2. 有关辅助生产费用的归集与分配说法正确的有(　　)。

A. 辅助生产成本账中应按成本项目设立专栏或专行，进行明细核算

B. 专设成本项目的间接计入费用，应单独地分配记入该科目和所属有关明细账的借方

C. 辅助生产车间发生的制造费用,必须记入“制造费用”下的“辅助生产车间”明细账

D. “制造费用——辅助生产车间”当月的借方发生额应直接转入或分配转入“辅助生产成本”总账科目和所属明细账的借方

3. 辅助生产车间分配转出的成本,可以借记(　　)科目。

A.“低值易耗品”　B.“原材料”　C.“辅助生产成本”

D.“制造费用”　E.“管理费用”

4. 辅助生产费用的交互分配法,具有下列特点:(　　)。

A. 核算工作十分简便　B. 核算工作量较大

C. 分配结果的正确性较直接分配法为高

D. 辅助生产费用不必对外分配

E. 分配结果只具有相对的正确性

5. “制造费用”科目核算的内容包括(　　)。

A. 直接用于产品生产但没有专设成本项目的费用

B. 车间用于组织和管理生产的费用

C. 车间废品发生的修复费用

D. 间接用于产品生产的费用

6. 各生产车间分配制造费用时,下列科目可能借记的有(　　)。

A.“辅助生产成本”科目　B.“累计折旧”科目

C.“基本生产成本”科目　D.“废品损失”科目

7. “制造费用”科目月末(　　)。

A. 可能没有余额　B. 可能有余额　C. 余额一定在借方

D. 余额可能在借方　E. 余额可能在贷方

8. 废品损失不包括(　　)。

A. 不合格品的降价损失　B. 不可修复废品的报废损失

C. 可修复废品的修复费用　D. 产品保管不善的损坏变质损失

9. 下列各项中,可以用于计算不可修复废品的生产成本的有(　　)。

A. 按所耗实际费用计算　B. 按所耗定额费用计算

C. 按所耗实际费用扣除残值计算　D. 按所耗定额费用扣除残值计算

10. 废品按其报损程度和修复价值,可分为(　　)。

A. 料废品　B. 工废品

C. 不可修复废品　D. 可修复废品

11. 可修复废品必须具备的条件包括(　　)。

A. 经过修理可以使用

B. 经过修理可以使用,但所花费的修复费用在经济上不合算

C. 所花费的修理费用在经济上合算

D. 具备上述 A 和 C 之一即可

12. 企业如果收回废品残料，可能贷记的科目有（　　）。

A.“原材料”　　B.“废品损失”

C.“基本生产成本”　　D.“制造费用”

13. “停工损失”科目借方的对应科目可能有（　　）。

A.“原材料”　　B.“应付工资”　　C.“应付福利费”

D.“制造费用”　　E.“管理费用”

四、计算题

1. 某企业设有供电和供水两个辅助生产车间，某月归集的费用和提供的劳务数量如表4-13所示。

表4-13　辅助生产车间费用和劳务供应量表

辅助生产车间	待分配费用（元）	计量单位	供电车间耗用	供水车间耗用	基本车间耗用		车间一般耗用	管理部门耗用	劳务数量合计
					甲产品	乙产品			
供电车间	3 200	度		5 000	13 000	10 000	8 000	4 000	40 000
供水车间	5 100	吨	1 000				7 500	1 500	10 000

要求：

(1)请用直接分配法分配辅助生产车间的生产费用并作出相应的会计分录；

(2)请用交互分配法分配辅助生产车间的生产费用并作出相应的会计分录；

(3)设该厂按计划成本分配辅助生产车间费用，计划单位成本为水0.5元/吨，电0.1元/度，请用计划成本法分配辅助生产车间的生产费用并作出相应的会计分录。

2. 某工业企业只有一个生产车间，全年制造费用计划为88 704元。全年的计划产量为：甲产品1 200件，乙产品960件，丙产品400件。单件产品的工时定额为：甲产品8小时，乙产品5小时，丙产品6小时。11月份的实际产量为：甲产品100件，乙产品90件，丙产品50件。该月实际制造费用为8 100元。该月“制造费用”科目月初有借方余额80元。

要求：

(1) 计算制造费用的年度计划分配率；

(2) 计算、结转11月份应分配转出的制造费用并确定11月份制造费用的月末余额；

(3) 若12月份的实际产量为：甲产品90件，乙产品100件，丙产品60件，该月实际制造费用为8 388元，请计算、结转12月份应分配转出的制造费用并作出相应的调整分录（甲、乙、丙产品分别按50%、30%、20%的比例调整）。

3. 某季节性生产车间全年制造费用计划为82 400元。全年各种产品的计划产量为：A产品2 000件，B产品1 060件。单件产品的工时定额为：A产品4小时，B产品8小时。4月份该车间的实际产量为：A产品120件，B产品90件。

要求：

(1) 计算制造费用年度计划分配率(列出计算过程)；

(2) 计算 4 月份应分配转出的制造费用(列出计算过程)，并编制有关会计分录。

4. 某基本生产车间共生产丙产品 100 件，生产过程中发现不可修复废品 20 件，全部生产费用 10 000 元，其中：原材料 5 000 元，工资及福利费 3 000 元，制造费用 2 000 元。全部生产工时 2 000 小时，其中废品生产工时 200 小时。材料系生产开始时一次投入，废品回收残料价值 50 元，应收过失人赔款 100 元。

要求：

(1) 根据以上资料，编制不可修复废品损失计算表，如表 4-14 所示；

(2) 编制有关会计分录。

表 4-14　不可修复废品损失计算表

项目	数量	原材料	生产工时	工资及福利费	制造费用	成本合计
生产费用总额						
费用分配率						
废品生产成本						
减：残料价值						
废品报废损失						

5. 某工业企业甲种产品可修复废品的修复费用为：原材料 2 000 元，工资及福利费 860 元，制造费用 1 640 元。另有不可修复废品 30 件，按定额成本计价：每件原材料费用定额 50 元，废品的定额工时共为 120 小时，每小时的工资及福利费 3 元，每小时制造费用 4 元。不可修复废品的残料作为辅助材料入库，共计 200 元，应由过失人赔款 300 元。

要求：

(1) 计算可修复废品和不可修复废品的净损失；

(2) 作出相应的会计分录。

6. 某工业企业生产甲产品 160 件，生产过程中发现其中 16 件为不可修复废品，该产品的实际成本的有关记录如表 4-15 所示。

表 4-15　产品实际成本有关记录

项目	数量	原材料	生产工时	直接人工	制造费用	成本合计
合格品和废品生产成本	160 件	200 000 元	2 600 小时	8 060 元	39 520 元	247 580 元
费用分配率						
废品生产成本	16 件		192 小时			
残料价值		240 元				240 元
废品损失						

假定原材料是在开始生产时一次投入的，工资及福利费、制造费用按生产工时比例

分配。要求计算：费用分配率、废品生产成本和废品损失，并将计算结果填入表内空白处。

7. 某企业的生产车间某月在生产乙产品过程中发现不可修复废品100件，按所耗定额费用计算不可修复废品的生产成本。单件原材料费用定额为10元，已完成的定额工时50小时，每小时的费用定额为：燃料和动力费5元，工资及福利费5元，制造费用3元。不可修复废品的残料回收价值为100元，并以原材料入库，应由过失人员赔款100元。废品净损失由当月同种产品成本负担。用定额费用法计算乙产品不可修复废品成本及净损失，并编制相应的会计分录。

第五章 生产费用在完工产品与在产品之间的分配

学习目标(Learning Objective)

生产费用在完工产品与在产品之间的分配，也被称作在产品的计价。在完成了生产费用在各种产品之间的横向分配后，就进入到了生产费用在完工产品和在产品之间的纵向分配阶段，这也是计算完工产品总成本和单位成本的最后阶段。通过本章的学习，读者应理解在产品的含义和管理要求，了解在产品数目的核算，掌握生产费用在完工产品与在产品之间分配的各种方法。读者还应理解约当产量的含义，能够分成本项目准确计算不同投料程度或完工程度下的约当产量。

生产费用是指企业在一定时期的生产过程中所耗费的物化劳动和活劳动的货币表现。企业在生产过程中发生的生产费用，经过在各种产品之间进行分配和归集，应计入本月各种产品成本的生产费用，都已集中反映在“基本生产成本”科目和所属各种产品成本明细账中。月末，生产费用的分配有三种情况：

(1) 产品已全部完工，产品成本明细账中归集的生产费用(如果有月初在产品，还包括月初在产品费用)之和，就是该完工产品的成本；

(2) 如果当月全部产品都没有完工，产品成本明细账中归集的生产费用之和，就是该种在产品的成本；

(3) 如果既有完工产品又有在产品，产品成本明细账中归集的生产费用之和，应在完工产品和月末在产品之间采用适当的分配方法，进行生产费用的归集和分配，以计算完工产品和月末在产品的成本。

生产费用的分配方法有两种，一种是先确定月末在产品成本，再倒推出完工产品成本；另一种是将本月生产费用之和按照一定比例在完工产品和月末在产品之间进行分配，同时求得完工产品成本和月末在产品成本。无论采用哪种分配方法，都必须先取得在产品数量的核算资料。

第一节 在产品的核算与管理

一、在产品的含义

企业的在产品是指没有完成全部生产过程，不能作为商品销售的产品。在产品有狭义和广义之分。狭义在产品，是从某一车间或某一生产步骤来说的，只包括本车间或本步骤尚未加工或装配完毕的产品，本车间或本生产步骤已完工的半成品不包括在内。广义在产品，是就整个企业而言的，是指从投料开始，到最终制成产成品交付验收入库前的一切产品，包括正在加工中的在制品（包括正在返修的废品）、已经完成一个或几个生产步骤但还需要继续加工的半成品、尚未验收入库的产成品和等待返修的废品。但应注意：不可修复废品应当及时报废；准备对外销售的自制半成品属于销售产品；已领未用的原材料应当办理“假退料”的手续。这些都不应列入在产品。

二、在产品的核算与管理

在产品数量的确定方式有两种：一是通过账面核算资料确定，要求企业设置在产品收发结存账簿（即在产品台账），用来反映车间各种在产品的转入、转出和结存的数量；二是通过月末实地盘点确定。为了核实在产品的数量，保护在产品的安全、完整，企业必须做好在产品的清查工作。在产品清查可以定期进行，也可以不定期进行。实地盘点的结果，应填制在产品盘存表，并与在产品结存账簿核对，如果账实不符，应查明原因，并对清查结果进行相应的账务处理。

在产品发生盘盈时，按在产品的计划成本或定额成本，借记“基本生产成本”科目，贷记“待处理财产损益”科目；按照规定核销时，则借记“待处理财产损益”科目，贷记“制造费用”，以冲减制造费用。在产品发生盘亏或毁损时，借记“待处理财产损益”科目，贷记“基本生产成本”科目，以冲减在产品的账面价值；按规定核销时，应根据不同情况分别将损失从“待处理财产损益”科目的贷方转入有关科目的借方。具体而言，准予核销计入产品成本的损失，借记“制造费用”科目；由于意外灾害造成的非常损失，应收保险公司和过失人的赔款，借记“其他应收款”科目，其余借记“营业外支出”科目，贷记“待处理财产损益”科目。为了正确归集和分配制造费用，在产品盘盈和盘亏的账务处理应该在制造费用结账之前进行，以便正确、及时地归集和分配制造费用。

第二节　完工产品与在产品之间分配费用的方法

一、在产品数量与完工产品成本计算的关系

生产费用累计数在完工产品和月末在产品之间进行分配的方法有两类：一类是将生产费用累计数在完工产品和月末在产品之间按一定的比例进行分配，同时计算完工产品成本和月末在产品成本；另一类是先确定月末在产品成本，再从生产费用累计数中减去月末在产品成本，计算完工产品成本。由此得出：

月初在产品成本＋本月生产费用＝生产费用合计

＝本月完工产品成本＋月末在产品成本，

本月完工产品成本＝月初在产品成本＋本月生产费用－月末在产品成本。

从上式中可以看出，各月末在产品数量的大小及成本的多少，对完工产品成本有很大的影响。

在完工产品和月末在产品之间分配费用，是成本核算工作中一个重要而复杂的环

节，尤其是在产品结构复杂、零部件种类和加工工序较多的情况下更是如此。企业应从本单位实际情况出发，根据月末在产品数量的多少、各月末在产品数量变化的大小、产品成本中各项费用比重的大小和定额管理基础的好坏等影响因素，选择既合理又简便的分配方法，在完工产品与月末在产品之间分配费用。生产费用在完工产品与月末在产品之间分配的方法较多，一旦采用某种方法，不应随意变动，以使不同时期产品成本具有可比性。

二、生产费用在完工产品与在产品之间分配的方法

（一）不计算在产品成本法

不计算在产品成本法是指月末在产品不分摊成本，当月归集的生产费用全部为当月完工产成品成本。该方法适用于各月月末在产品数量很少的企业，如食品行业、采煤业等。由于月末没有或只有少量在产品，算不算在产品成本对于完工产品成本影响很小，为了简化成本核算，可以将月末在产品忽略不计，每月发生的生产费用全部由当月完工产品负担。

（二）在产品成本按其年初固定数计算法

在产品成本按其年初固定数计算法是指用年初在产品成本作为各月在产品成本的方法。在年度内 1～11 月各个月份不另行计算在产品成本，而是固定用年初在产品成本作为各月的月末在产品成本。但在年末（即 12 月份）应根据实地盘点的在产品数量，具体计算出年末在产品成本，据以计算年末完工产品成本。这种方法适用于在产品数量很小，或各月末在产品数量虽然较大，但相差不多、变化较小的产品生产，如炼钢、化工等企业。

（三）在产品成本按所耗原材料费用计算法

在产品成本按所耗原材料费用计算法是指在产品成本只计算所耗用的原材料费用，不计算直接人工、制造费用等加工费用，其他费用全部由当月完工产品成本负担的方法。这种方法适用于月末在产品数量较大，各月在产品数量变化也较大，但原材料费用项目在产品成本中占有较大比重的企业，如纺织、造纸、酿酒等行业。

【例 5-1】 金杰公司甲产品的原材料在生产开始时一次投入，原材料费用在该产品成本中占较大比重，在产品只计算原材料费用，采用在产品成本按所耗原材料费用计算法分配其生产费用。甲产品月初在产品成本为 20 000 元，当月生产费用为：原材料费用 70 000 元，生产工人工资及制造费用 6 000 元。该月完工产品 2 000 件，月末在产品 400 件。月末原材料费用按完工产品和在产品的数量比例分配。

$$原材料费用分配率=\frac{20\ 000+70\ 000}{2\ 000+400}=37.5（元/件），$$

完工产品原材料费用＝2 000×37.5＝75 000（元），

月末在产品原材料费用＝400×37.5＝15 000（元），

完工产品成本＝75 000＋6 000＝81 000（元）。

（四）在产品按完工产品成本计算法

在产品按完工产品成本计算法是指将在产品视同完工产品处理，按照相同的标准分

配各项费用。由于月末在产品已经接近完工，或者产品已加工完毕，但尚未验收入库。为了简化成本核算，将在产品视同为完工产品，按完工产品和在产品的数量比例分配原材料费用和各项加工费用。

【例 5-2】 金杰公司所生产的 A 产品月初在产品成本和本月发生费用累计数分别为：原材料费用 80 000 元，工资费用 16 000 元，制造费用 11 200 元。本月完工产品数量为 600 件，月末在产品数量为 400 件。月末在产品已接近完工。

采用在产品按完工产品成本计算法计算完工产品成本和在产品成本。计算分配过程如下所述。

（1）计算原材料费用分配率。

$$原材料费用分配率=\frac{80\ 000}{600+400}=80(元/件)。$$

（2）分配原材料费用。

完工产品分配原材料费用＝600×80＝48 000(元)，

在产品分配原材料费用＝400×80＝32 000(元)。

（3）计算工资费用分配率。

$$工资费用分配率=\frac{16\ 000}{600+400}=16(元/件)。$$

（4）分配工资费用。

完工产品分配工资费用＝600×16＝9 600(元)，

在产品分配工资费用＝400×16＝6 400(元)。

（5）计算制造费用分配率。

$$制造费用分配率=\frac{11\ 200}{600+400}=11.2\ (元/件)。$$

（6）分配制造费用。

完工产品分配制造费用＝600×11.2＝6 720(元)，

在产品分配制造费用＝400×11.2＝4 480(元)。

（7）计算完工产品成本和在产品成本。

完工产品成本＝48 000＋9 600＋6 720＝64 320(元)，

在产品成本＝32 000＋6 400＋4 480＝42 880(元)。

（8）A 产品成本计算单如表 5-1 所示。

表 5-1 产品成本计算单

产品名称：A 产品　　　　年　　月

摘要	直接材料	直接人工	制造费用	合计
生产费用合计(元)	80 000	16 000	11 200	107 200
完工产品数量(件)	600	600	600	
月末在产品数量(件)	400	400	400	
产量合计(件)	1 000	1 000	1 000	

续表

摘要	直接材料	直接人工	制造费用	合计
费用分配率(元/件)	80	16	11.2	
完工产品成本(元)	48 000	9 600	6 720	64 320
月末在产品成本(元)	32 000	6 400	4 480	42 880

（五）约当产量法

约当产量是指在产品大约相当于完工产品的数量。它是将期末在产品的数量按其投料程度或完工程度折算为完工产品的数量。约当产量法是将产品生产费用按照完工产品数量和月末在产品的约当产量比例进行分配，计算出完工产品成本和月末在产品成本的一种方法。该方法适用于月末在产品数量较大，各月末在产品数量变化也较大，产品成本中材料费和加工费所占比重相差不多的产品。

采用约当产量法分配生产费用，是按直接材料、直接人工、制造费用等成本项目分别进行的，其计算公式为：

$$某项费用分配率=\frac{月初在产品费用+本月生产费用}{完工产品产量+月末在产品约当产量},$$

完工产品成本＝完工产品数量×费用分配率，

月末在产品约当产量＝月末在产品实际数量×在产品投料程度(或完工程度)，

月末在产品成本＝月末在产品约当产量×费用分配率。

由此可见，采用约当产量法，必须正确计算在产品的约当产量，而在产品约当产量计算得正确与否，主要取决于在产品投料程度（或完工程度）的测定是否正确，这对于费用分配的正确性影响很大。

1. 分配直接材料费用的在产品约当产量的计算

分配直接材料费用的在产品约当产量一般是按投料程度计算的。投料方式不同，在产品的投料程度也不一样。在产品的投料程度是指在产品已投材料占完工产品应投材料的百分比。材料投入模式可以分为四类：生产初一次投料、生产中陆续投料、分工序一次投料和分工序陆续投料。下面就这四种情况分别测算在产品约当产量。

(1) 生产初一次投料。原材料在生产开始时一次投入，在产品和完工产品所耗材料数量相同，因而在产品的投料程度为100%，它并不会因为产品加工程度的提高而发生变化，在产品的约当产量即在产品的数量。

(2) 生产中陆续投料。原材料随生产过程陆续投入，并且投料程度与生产工时投入的进度完全一致或基本一致。此时，分配原材料费用所依据的在产品约当产量可以按在产品的完工程度折算。

(3) 分工序一次投料。原材料按生产工序分次投入，并在每道工序开始时一次投入，则应根据各工序的材料消耗定额来计算投料程度，经过的工序以及当前工序的耗用量默认为已全部投入。其计算公式为：

$$某工序投料程度=\frac{前面各工序原材料消耗定额之和+本工序原材料消耗定额}{完工产品原材料消耗定额},$$

某工序在产品约当产量=该工序在产品数量×该工序投料程度。

(4) 分工序陆续投料。原材料按生产工序分次投入,并在每道工序中陆续投入,则应根据各工序的材料消耗定额来计算投料程度,经过的工序耗用量默认已投入,当前工序消耗量按 50%估算。其计算公式为:

$$某工序投料程度=\frac{前面各工序原材料消耗定额之和+本工序原材料消耗定额\times 50\%}{完工产品原材料消耗定额},$$

某工序在产品约当产量=该工序在产品数量×该工序投料程度。

【例 5-3】 甲产品经过三道工序加工完成,月末在产品数量及原材料消耗定额资料如表 5-2 所示。

表 5-2 月末在产品数量及原材料消耗定额资料

工序	月末在产品数量(件)	单位产品原材料消耗定额(千克/件)
1	100	70
2	120	80
3	140	100
合计	360	250

(1) 原材料在各工序开始时一次投入,其有关数据及计算过程如表 5-3 所示。

表 5-3 约当产量计算表

产品名称:A 产品　　　　　　　　年　　月

工序	月末在产品数量(件)	单位产品原材料消耗定额(千克/件)	投料程度(%)	在产品约当产量(件)
1	100	70	70/250×100%=28%	28
2	120	80	(70+80)/250×100%=60%	72
3	140	100	(70+80+100)/250×100%=100%	140
合计	360	250		240

(2) 原材料在各工序陆续投入,其有关数据及计算过程如表 5-4 所示。

表 5-4 约当产量计算表

产品名称:A 产品　　　　　　　　年　　月

工序	月末在产品数量(件)	单位产品原材料消耗定额(千克/件)	投料程度(%)	在产品约当产量(件)
1	100	70	70×50%/250×100%=14%	14
2	120	80	(70+80×50%)/250×100%=44%	52.8
3	140	100	(70+80+100×50%)/250×100%=80%	112

续表

工序	月末在产品数量(件)	单位产品原材料消耗定额(千克/件)	投料程度(%)	在产品约当产量(件)
合计	360	250		178.8

2. 分配直接人工、制造费用等在产品约当产量的计算

分配直接人工、制造费用等在产品约当产量通常按完工程度计算。完工程度是指在产品实耗(或定额)工时占完工产品实耗(或定额)工时的百分比。由于直接人工、制造费用等加工费用的发生程度和生产进度(即生产工时)有密切联系,所以应根据各工序的累计工时定额占完工产品工时定额的百分比来确定各工序在产品完工程度,并进行费用的分配。在计算分配加工费用所依据的在产品约当产量时,其完工程度的测定可采用以下两种方法。

(1) 不分工序确定在产品完工程度。

若各工序在产品数量和单位产品在各工序的加工量相差不多的情况下,前后工序加工程度可互相抵补,全部在产品完工程度可按照50%确定。

(2) 分工序确定在产品完工程度。

若各工序在产品数量及加工程度相差悬殊,在产品完工程度应按各工序分别计算,其计算公式为:

$$某工序在产品完工率=\frac{前面各工序工时定额之和+本工序工时定额\times50\%}{完工产品工时定额},$$

某工序在产品约当产量=该工序在产品数量×该工序在产品完工率。

【例5-4】 金杰公司乙产品经过3道工序制成,乙产品单位工时定额为60小时,其中第1工序12小时,第2工序24小时,第3工序24小时。每道工序按本工序工时定额的50%计算。2008年6月乙产品完工500件,在产品数量350件,其中,第1工序90件,第2工序130件,第3工序130件。

各工序在产品的完工率计算如下:

$$第1道工序完工率=\frac{12\times50\%}{60}\times100\%=10\%,$$

$$第2道工序完工率=\frac{12+24\times50\%}{60}\times100\%=40\%,$$

$$第3道工序完工率=\frac{12+24+24\times50\%}{60}\times100\%=80\%。$$

各工序月末在产品的约当产量计算如下:

第1道工序约当产量=90×10%=9(件),

第2道工序约当产量=130×40%=52(件),

第3道工序约当产量=130×80%=104(件),

合计9+52+104=165(件)。

【例5-5】 A产品需要经3道工序加工制成,其工时定额为100小时/件,如表5-5所示。

表 5-5　月末在产品数量及工时定额资料

工序	月末在产品数量(件)	工时定额(小时/件)
1	160	40
2	200	30
3	240	30
合计	600	100

各工序在产品完工率和在产品约当产量的计算如表 5-6 所示。

表 5-6　约当产量计算表

产品名称:A 产品　　　　　　　　　　　　　年　月

工序	月末在产品数量(件)	工时定额(小时/件)	完工程度(%)	在产品约当产量(件)
1	160	40	40×50%/100×100%=20%	32
2	200	30	(40+30×50%)/100×100%=55%	110
3	240	30	(40+30+30×50%)/100×100%=85%	204
合计	600	100		346

【例 5-6】 甲产品经 2 道工序完工,采用约当产量比例法分配各项生产费用。4 月份,甲产品完工产品为 500 件,月末在产品数量为:第 1 道工序 350 件,第 2 道工序 200 件。其他有关资料如下所述。

(1) 原材料分 2 道工序在每道工序开始时一次投入,第 1 道工序的消耗定额为 30 千克/件,第 2 道工序的消耗定额为 20 千克/件。甲产品月初在产品和本月发生的原材料费用共计 182 000 元。

(2) 甲产品完工产品工时定额为 50 小时/件,其中第 1 道工序工时定额为 40 小时/件,第 2 道工序工时定额为 10 小时/件。每道工序在产品工时定额(本工序部分)按本工序工时定额的 50%计算,甲产品月初在产品和本月发生的工资及福利费共计 16 400 元,制造费用共计 24 600 元。

采用约当产量法计算完工产品成本和月末在产品成本。

根据上述资料,甲产品各项费用在完工产品和月末在产品之间的分配,计算过程如下。

(1) 按原材料消耗定额计算甲产品各工序在产品投料率。

$$\text{第 1 道工序在产品投料率} = \frac{30}{50} \times 100\% = 60\%,$$

$$\text{第 2 道工序在产品投料率} = \frac{30+20}{50} \times 100\% = 100\%。$$

(2) 按工时定额计算甲产品各工序在产品完工率。

$$\text{第 1 道工序在产品完工率} = \frac{40 \times 50\%}{50 \times 100\%} = 40\%,$$

第 2 道工序在产品完工率$=\frac{40+10\times50\%}{50}\times100\%=90\%$。

（3）按以原材料消耗定额确定的投料率计算甲产品在产品约当产量。

第 1 道工序在产品约当产量=350×60%=210(件)，

第 2 道工序在产品约当产量=200×100%=200(件)，

在产品约当产量总数=410(件)。

（4）按以工时定额确定的完工率计算甲产品在产品约当产量。

第 1 道工序在产品约当产量=350×40%=140(件)，

第 2 道工序在产品约当产量=200×90%=180(件)，

在产品约当产量总数=320(件)。

（5）计算各项费用的分配率。

原材料费用分配率$=\frac{182\ 000}{500+410}=200$(元/件)，

工资及福利费分配率$=\frac{16\ 400}{500+320}=20$(元/件)，

制造费用分配率$=\frac{26\ 400}{500+320}=30$(元/件)。

（6）分配各项费用。

完工产品原材料费用=500×200=100 000（元），

在产品原材料费用=410×200=82 000（元），

完工产品工资及福利费=500×20=10 000（元），

在产品工资及福利费=320×20=6 400（元），

完工产品制造费用=500×30=15 000（元），

在产品制造费用=320×30=9 600（元）。

（7）计算完工产品成本及月末在产品成本。

完工产品成本=100 000+10 000+15 000=125 000(元)，

在产品成本=82 000+6 400+9 600=98 000(元)。

【例 5-7】 金杰公司生产甲产品，需要经过 3 道工序加工制成，某月有关生产费用资料如表 5-7 所示。

表 5-7　某月甲产品有关生产费用资料　　单位：元

摘要	直接材料	直接人工	制造费用	合计
月初在产品费用	18 000	5 000	6 000	29 000
本月发生生产费用	80 000	25 000	30 000	135 000
生产费用合计	98 000	30 000	36 000	164 000

本月完工产品数量 1 000 件，月末在产品数量 400 件，原材料于生产开始时一次性投入。在产品结存于各工序及定额资料如表 5-8 所示。

表 5-8 本月在产品结存于各工序及定额资料

工序	月末在产品数量(件)	工时定额(小时/件)
1	100	40
2	200	30
3	100	30
合计	400	100

采用约当产量法计算完工产品与月末在产品的成本,其约当产量计算表和产品成本计算单分别如表 5-9、表 5-10 所示。

表 5-9 约当产量计算表

产品名称:A 产品　　　　　　　　　　年　　月

工序	月末在产品数量(件)	工时定额(小时/件)	完工程度	在产品约当产量(件)
1	100	40	40×50%/100×100%=20%	20
2	200	30	(40+30×50%)/100×100%=55%	110
3	100	30	(40+30+30×50%)/100×100%=85%	85
合计	400	100		215

表 5-10 产品成本计算单

产品名称:A 产品　　　　　　　　　　年　　月

摘要	直接材料	直接人工	制造费用	合计
月初在产品费用(元)	18 000	5 000	6 000	29 000
本月发生生产费用(元)	80 000	25 000	30 000	135 000
生产费用合计(元)	98 000	30 000	36 000	164 000
月末在产品约当产量(件)	400	215	215	
完工产品数量(件)	1 000	1 000	1 000	
约当产量合计(件)	1 400	1 215	1 215	
费用分配率(元/件)	70	24.69	29.63	
完工产品成本(元)	70 000	24 690	29 630	124 320
月末在产品成本(元)	28 000	5 310	6 370	39 680

(六) 在产品按定额成本计价法

1. 定额成本计价法的适用范围

在产品按定额成本计价法是指按照事先制定的单位定额成本和在产品的实存数量

计算月末在产品的定额成本的方法。此分配方法适用于定额管理基础较好，各项消耗定额或费用定额比较准确、稳定，而且各月在产品数量变动不大的产品。

2. 定额成本计价法的特点

(1) 月末在产品成本按其数量和单位定额成本计算。

完工产品成本＝月初在产品费用＋本月生产费用－月末在产品定额成本。

(2) 每月实际生产费用脱离定额的差异，全部由完工产品负担。

3. 在产品定额成本的计算公式

在产品直接材料定额成本＝在产品数量×材料消耗定额×材料计划单价，

在产品直接人工定额成本＝在产品数量×工时定额×计划小时工资率，

在产品制造费用定额成本＝在产品数量×工时定额×计划小时费用率。

【例 5-8】 金杰公司 2008 年 6 月生产的丁产品完工 500 件，月末在产品 100 件，原材料在生产开始时一次投入。月初在产品和本月发生的生产费用合计为：原材料 80 000 元，直接人工 26 000 元，制造费用 18 000 元。定额成本为：直接材料 60 元/件，直接人工 4 元/小时，制造费用 3 元/小时，单位在产品的工时定额为 8 小时/件。按定额成本计价法计算本月完工产品成本与月末在产品成本，如表 5-11 所示。

表 5-11　产品成本计算单

产品名称：丁产品　　2008 年 6 月　　单位：元

摘要	直接材料	直接人工	制造费用	合计
生产费用合计	80 000	26 000	18 000	124 000
月末在产品定额成本	100×60＝6 000	100×8×4＝3 200	100×8×3＝2 400	11 600
完工产品成本	74 000	22 800	15 600	112 400
完工产品单位成本	148	45.6	31.2	224.8

（七）定额比例法

1. 定额比例法的适用范围

定额比例法是指将归集的生产费用按照完工产品和在产品的定额消耗量、定额费用或定额工时等比例进行分配的方法。由于要逐项计算费用的定额比例，再根据比例分配完工产品成本与在产品成本，计算工作量较大。此分配方法适用于定额管理基础较好，各项消耗定额或费用定额比较准确、稳定，月末在产品数量变动较大的产品。

2. 定额比例法的特点

(1) 产品的生产费用按完工产品和月末在产品的定额消耗量或定额费用的比例，分配计算完工产品和月末在产品成本。其中：直接材料费用按照原材料定额消耗量或原材料定额费用比例分配；直接人工、制造费用等各项加工费用，按定额工时比例或定额成本比例分配。

(2) 每月实际生产费用脱离定额的差异，由完工产品和月末在产品共同负担。

3. 定额比例法的计算过程

(1) 计算完工产品和月末在产品定额消耗量、定额材料费用和定额工时。

完工产品原材料定额消耗量=完工产品数量×单位完工产品原材料消耗定额，

月末在产品原材料定额消耗量=月末在产品数量×单位在产品原材料消耗定额，

完工产品原材料定额费用=完工产品数量×单位完工产品原材料费用定额，

月末在产品原材料定额费用=月末在产品数量×单位在产品原材料费用定额，

完工产品定额工时=完工产品数量×单位完工产品工时定额，

月末在产品定额工时=月末在产品数量×单位在产品工时定额。

(2) 分成本项目计算完工成本与月末在产品成本。

由于直接材料费用按照原材料定额消耗量或原材料定额费用比例分配，应分别计算消耗量分配率和原材料费用分配率。

$$消耗量分配率=\frac{月初在产品实际消耗量+本月实际消耗量}{完工产品定额消耗量+月末在产品定额消耗量},$$

完工产品分配原材料费用=完工产品定额消耗量×消耗量分配率×原材料单价，

月末在产品分配原材料费用=月末在产品定额消耗量×消耗量分配率×原材料单价，

$$原材料费用分配率=\frac{月初在产品实际原材料费用+本月实际原材料费用}{完工产品定额原材料费用+月末在产品定额原材料费用},$$

完工产品分配原材料费用=完工产品定额原材料费用×原材料费用分配率，

月末在产品分配原材料费用=月末在产品定额原材料费用×原材料费用分配率。

直接人工、制造费用等各项加工费用，一般按定额工时比例分配，计算公式为：

$$直接人工或制造费用分配率=\frac{月初在产品直接人工或制造费用+本月发生的直接人工或制造费用}{完工产品定额工时+月末在产品定额工时},$$

完工产品分配直接人工或制造费用=完工产品定额工时×直接人工或制造费用分配率，

月末在产品分配直接人工或制造费用=月末在产品定额工时×直接人工或制造费用分配率。

【例 5-9】 金杰公司生产丙产品，某月完工产品 2 000 件，原材料费用定额 5 元，工时定额 2 小时。月末在产品 500 件，原材料费用定额 4 元，工时定额 1 小时。生产丙产品发生的费用资料如表 5-12 所示。

表 5-12 生产丙产品发生的费用资料

单位:元

摘要	直接材料	直接人工	制造费用	合计
月初在产品成本	3 000	850	1 650	5 500
本月生产费用	12 600	4 100	6 000	22 700
生产费用合计	15 600	4 950	7 650	28 200

采用定额比例法分配本月生产费用，其计算过程如下。

（1）计算完工产品和月末在产品定额材料费用和定额工时。

完工产品定额材料费用＝2 000×5＝10 000（元），

月末在产品定额材料费用＝500×4＝2 000（元），

完工产品定额工时＝2 000×2＝4 000（小时），

月末在产品定额工时＝500×1＝500（小时）。

（2）分成本项目计算完工成本与月末在产品成本。

$$原材料费用分配率=\frac{3\ 000+12\ 600}{10\ 000+2\ 000}=1.3,$$

完工产品分配直接材料＝10 000×1.3＝ 13 000（元），

月末在产品分配直接材料＝2 000×1.3＝2 600（元），

$$直接人工分配率=\frac{850+4\ 100}{4\ 000+500}=1.1(元/小时),$$

完工产品分配直接人工＝4 000×1.1＝4 400（元），

月末在产品分配直接人工＝500×1.1＝550（元），

$$制造费用分配率=\frac{1\ 650+6\ 000}{4\ 000+500}=1.7(元/小时),$$

完工产品分配制造费用＝4 000×1.7＝6 800（元），

月末在产品分配制造费用＝500×1.7＝850（元）。

（3）丙产品成本计算单如表 5-13 所示。

表 5-13　产品成本计算单

产品名称：A 产品　　　　　　　　　年　　月

摘要		直接材料	直接人工	制造费用	合计
月初在产品成本		3 000 元	850 元	1 650 元	5 500 元
本月生产费用		12 600 元	4 100 元	6 000 元	22 700 元
生产费用合计		15 600 元	4 950 元	7 650 元	28 200 元
定额费用或定额工时	完工产品	10 000 元	4 000 小时	4 000 小时	
	月末在产品	2 000 元	500 小时	500 小时	
费用分配率		1.3 元/小时	1.1 元/小时	1.7 元/小时	
费用分配	完工产品	13 000 元	4 400 元	6 800 元	24 200 元
	月末在产品	2 600 元	550 元	850 元	4 000 元

本章小结(Summary)

本章主要介绍了月末在产品的含义及在产品的处理，在产品数量与产品成本的关系，在产品数量确定的方法，生产费用在完工产品与期末在产品之间分配的各种方法及其适用条件。

如何既合理又简便地在完工产品和月末在产品之间分配费用，是成本核算工作中一个重要而复杂的环节，在产品结构复杂、零部件种类和加工工序较多的情况下更是如此。企业应从本单位实际情况出发，根据月末在产品数量的多少、各月末在产品数量变化的大小、产品成本中各项费用比重的大小和定额管理基础的好坏等影响因素，选择合适的分配方法，在完工产品与月末在产品之间分配费用。

生产费用在完工产品与月末在产品之间分配的方法较多，一旦采用某种方法，不应随意变动，以使不同时期产品成本具有可比性。期末成本分配通常可以采用的主要方法有约当产量法、在产品按定额成本计价法和定额比例法；可以采用的简化方法有不计算在产品成本法、在产品成本按其年初固定数计算法、在产品成本按所耗原材料费用计算法和在产品按完工产品成本计算法。

关键术语(Glossary)

在产品（goods in process）

在产品成本（work-in-process cost）

完工产品（finished goods）

完工产品成本（finished cost）

成本计算单（cost sheet）

约当产量（equivalent units）

投料程度（degree of material input）

完工程度（degree of completion）

思考题(Questions)

1. 什么是在产品？在产品具体包括哪些内容？
2. 如何进行在产品数量核算？
3. 生产费用在完工产品与在产品之间分配的方法有哪些？
4. 比较各种分配方法的特点，分析各种方法的适用范围。
5. 约当产量的特点及适用范围是什么？怎样测定在产品的投料程度(或完工程度)？
6. 简述约当产量法的分配程序。

练习题(Exercises)

一、判断题

1. 狭义的在产品只包括该车间或该生产步骤正在加工中的那部分产品。（　　）

2. 直接生产费用不一定是直接计入费用，间接生产费用大多是间接计入费用。（　　）

3. 一个要素费用按经济用途可以计入一个成本项目；一个成本项目可以归集同一经

济用途的要素费用。(　　)

4. 纺织、造纸工业产品，一般均可采用按所耗原材料费用对在产品进行计价。(　　)

5. 原材料分工序一次投入与原材料在每道工序陆续投入，其完工率的计算方法是完全一致的。(　　)

6. 约当产量是指月末在产品的完工程度。(　　)

7. 某道工序在产品的完工率为该道工序累计的工时定额与完工的产品工时定额的比率。(　　)

8. 约当产量比例法只适用于工资和其他加工费用的分配，不适用于原材料费用的分配。(　　)

9. 采用约当产量法计算在产品成本时，如果原材料不是在开始时一次投入，而是随着加工进度陆续投入的，其投料程度与其加工进度完全一致，则计算材料费用的约当产量与计算加工费用的约当产量应是一致的。(　　)

10. 采用定额比例法计算完工产品与在产品成本时，各种费用应采用相同的分配标准。(　　)

二、单项选择题

1. 狭义的在产品包括(　　)。

A. 正在车间加工的在产品　　B. 需进一步加工的半成品

C. 对外销售的自制半成品　　D. 产成品

2. 在产品不计算成本法，适用于(　　)。

A. 各月月末在产品数量很小的企业　　B. 各月月末在产品数量很大的企业

C. 没有在产品的企业　　D. 各月月末在产品数量均衡的企业

3. 在产品按固定成本计价法，适用于(　　)。

A. 各月月末在产品数量很小的企业　　B. 各月月末在产品数量很大的企业

C. 月末在产品数量变化不大的企业　　D. 月末在产品成本金额不大的企业

4. 在产品按完工产品计算法即(　　)。

A. 在产品总成本=完工产品总成本

B. 在产品单位成本=完工产品单位成本

C. 在产品直接材料成本=完工产品直接材料成本

D. 期初在产品成本=期末在产品成本=完工产品成本

5. 某种产品经 2 道工序加工而成，其原材料分 2 道工序在每道工序开始时一次投入。第 1 工序原材料的消耗定额为 10 千克/件，第 2 工序原材料的消耗定额为 20 千克/件。据此算出第 2 工序在产品的完工率为(　　)。

A. 50%　　B. 66%　　C. 100%　　D. 80%

6. 如果产品成本中原材料费用所占的比重很大，原材料随生产进度逐渐投入生产，为了简化成本计算工作，在分配完工产品与月末在产品费用时，应该采用的方法是(　　)。

A. 约当产量比例法

B. 在产品按所耗原材料费用计价，原材料费用按约当产量比例分配

C. 在产品按所耗原材料费用计价

D. 原材料费用按约当产量比例分配

7. 在产品完工率为(　　)与完工产品工时定额的比率。

A. 所在工序工时定额的10%

B. 所在工序工时定额

C. 前面各道工序工时定额之和与本工序工时定额之半的合计数

D. 上道工序工时定额与本工序工时定额之和

8. 如果原材料不是在生产开始时一次投入，也不是随加工进度陆续投入，则分配原材料费用的完工率，应按(　　)计算。

A. 每一工序的原材料消耗定额　　B. 所在工序消耗定额的50%

C. 所在工序累计消耗定额　　D. 所在工序累计消耗定额的50%

9. 对各项消耗定额或定额费用比较准确、稳定，而且各月末在产品数量变化不大的企业，其产品应采用(　　)计价。

A. 定额比例　　B. 固定成本

C. 不计算在产品成本　　D. 定额成本

10. 在产品按完工产品计算法，必须具备下列条件(　　)。

A. 月末在产品已经接近完工　　B. 月初、月末在产品数量接近

C. 原材料在生产开始时一次投入　　D. 原材料费用比重较大

三、多项选择题

1. 广义在产品包括(　　)。

A. 车间在加工中的产品　　B. 入库待销的半成品

C. 未验收入库的产品　　D. 返修中的废品

2. 盘亏或毁损的在产品经过审批进行处理时，应分不同情况将损失从“待处理财产损益——待处理流动资产损益”账户的贷方转入(　　)账户的借方。

A.“管理费用”　　B.“营业外支出”　　C.“其他应收款”　　D.“制造费用”

3. 下列各项中，属于生产费用要素的有(　　)。

A. 折旧费　　B. 制造费用　　C. 税金　　D. 利息支出

4. 生产费用要素中的税金包括(　　)。

A. 增值税　　B. 房产税　　C. 印花税　　D. 车船使用税

5. 生产费用在完工产品和月末在产品之间分配的方法有(　　)。

A. 定额比例法　　B. 在产品按定额成本计价法

C. 约当产量比例法　　D. 计划成本分配法

6. 在产品按所耗原材料费用计价法，适用于(　　)。

A. 月末在产品数量较大的企业

B. 各月末在产品数量变化较稳定的企业

C. 各月末在产品数量变化较大的企业

D. 成本中原材料费用所占比重较大的企业

7. 在完工产品与在产品之间分配，采用在产品按固定成本计价法适用于(　　)。
A. 各月末在产品数量较大的企业
B. 各月末在产品数量较小的企业
C. 各月末在产品数量变化较大的企业
D. 各月末在产品数量虽大，但各月之间变化不大的企业

8. 约当产量比例法适用于下列产品(　　)。
A. 月末在产品数量较大
B. 各月末在产品数量变化较大
C. 月末在产品数量变化较小
D. 产品成本中原材料费用和工资及福利费等加工费用的比重相差不多

9. 在产品采用定额成本法计价的条件是(　　)。
A. 产品数量的各项消耗定额比较稳定
B. 产品的各项费用定额比较准确
C. 各月末在产品数量变化不大
D. 各项消耗定额比较准确

10. (　　)等方法属于先确定月末在产品费用，再计算完工产品费用的生产费用分配方法。
A. 在产品不计价法　　B. 在产品按固定成本计价法
C. 约当产量比例法　　D. 在产品按定额成本计价法

四、计算题

1. 某企业生产甲种产品的原材料随加工进度陆续投入，月末在产品投料为 40%。产品成本中原材料费用所占的比重很大，月末在产品按所耗原材料费用计价。该种产品月初原材料费用 2 000 元，本月原材料费用 15 000 元，人工费用 1 500 元，制造费用 1 000 元，本月完工产品 150 件，月末在产品 50 件。

要求：在产品按所耗原材料费用计价法分配，计算甲产品完工产品成本和月末在产品成本。

2. 某企业生产乙产品，某月完工产品数量 1 000 件，期末在产品数量 100 件。期初在产品成本为 2 600 元，本期发生费用共计 45 000 元。原材料在生产开始时一次投入，在产品单件材料费用定额为 20 元，单件产品工时定额为 40 小时，每小时直接人工 0.05 元，每小时制造费用 0.02 元。

要求：在产品采用定额成本法，计算完工产品成本和期末在产品成本。

3. 某车间生产 B 产品，某月完工产品 600 件，月初在产品 100 件，原材料系生产开始时一次投入，月末在产品完工程度均为 50%，完工产品单位定额耗用量为 15 公斤，定额工时为 10 小时，本月共发生材料费用 21 000 元，人工费用 11 700 元，制造费用10 400元。

要求：采用定额比例法分配，计算完工产品成本和在产品成本。

4. 甲产品经 2 道工序完工，采用约当产量比例法分配原材料费用。6 月份，甲产品完工产品 5 260 件，月末在产品数量为：第 1 道工序 2 100 件，第 2 道工序 1 400 件。原材料分 2 道工序，在每道工序开始时一次投入，第 1 道工序投入原材料的消耗定额为 160 千

克/件，第 2 道工序投入原材料的消耗定额为 240 千克/件。甲产品月初在产品和本月发生的原材料费用共计 225 000 元。

要求：

(1) 分别计算 2 道工序原材料成本项目的在产品投料率；

(2) 分别计算 2 道工序原材料成本项目的在产品约当产量；

(3) 按约当产量比例分配完工产品和月末在产品原材料成本。

5. 某企业生产丙产品，某月份产品数量为 450 件，月末在产品盘存数量为 100 件，原材料随加工程度陆续投入，月末在产品完工率为 50%，在产品投料率为 60%。期初在产品成本和本期发生的费用如表 5-14 所示。

表 5-14　期初在产品成本和本期费用

单位：元

项目	期初在产品成本	本期发生费用
直接材料	1 550	10 000
直接人工	1 000	3 500
制造费用	1 100	4 000
合计	3 650	17 500

要求：采用约当产量法分配，计算完工产品成本和在产品成本。

第六章 产品成本计算的品种法

学习目标(Learning Objective)

品种法是产品成本核算方法中最基本的方法，品种法的计算程序体现了产品成本计算的一般程序，因此熟练掌握品种法的计算程序和计算方法，可以为其他成本计算方法的学习打好基础。通过本章的学习，读者应熟悉品种法的特点和适用范围，掌握品种法的计算程序和账务处理，熟练运用品种法进行产品成本的计算。

第一节 品种法概述

产品成本计算的品种法，又称简单法，是以产品品种为成本计算对象，并按不同的产品品种开设成本计算单，按产品品种分配和归集生产成本的一种成本计算方法。品种法是最基本的成本核算方法，其他产品成本核算方法都是在品种法的基础上进一步发展和完善的。

一、品种法的适用范围和特点

品种法主要适用于大量大批单步骤生产的企业，如发电、采掘、铸造等产品生产。在这种类型的生产中，产品的生产工艺过程不可能或者不需要分为几个批别或几个生产步骤，因而也就不可能或者不需要按照批别或生产步骤计算产品成本，只要求按照产品的品种计算成本。

在大量大批多步骤生产中，如果企业或车间的规模较小，或者车间是封闭式的，也就是从原材料投入到产品产出的全过程，都是在一个车间进行的，或者生产是按流水线组织的，管理上不要求按照生产步骤计算产品成本，即管理上只要求提供最终产品成本时，也可以采用品种法计算产品成本，如小型水泥厂、面粉制造企业、造纸厂以及辅助生产的供水、供电和蒸汽车间等。品种法的特点主要表现在以下几个方面。

1. 成本计算对象

在品种法下，企业以产品品种为成本计算对象，设置产品成本明细账和成本计算单，归集生产费用。如果只生产一种产品，就以该产品设置生产成本明细账，企业所发生的生产费用都是直接费用，可根据有关费用的分配表直接记入生产成本明细账中的相关成本项目；如果生产多种产品，则分别以每种产品设置生产成本明细账，发生的生产费用中，能分清是哪种产品耗用的，属于直接费用，可以直接记入该产品的明细账，分不清是哪种产品耗用的，属于间接费用，要采用适当的分配标准，在各成本计算对象之间进行分配，然后分别记入到受益产品的明细账。

2. 成本计算期

在品种法下，成本计算期一般是以月为基础的会计报告期，成本计算期与会计报告期一致，而与产品生产周期不一致。大量大批生产意味着不断投入原材料，不断有产品完工，因而难以确定产品的生产周期，也就不便于按生产周期计算成本，只能定期在月末计算当月完工产品的成本。

3. 在产品计价

采用品种法计算产品成本，如果月末无在产品或不用考虑在产品(数量少且稳定)，本月生产费用全部由完工产品负担，此时，一般不需要进行完工产品与在产品之间的生产费用分配。但在大量大批多步骤生产时，由于生产步骤多，在产品数量也可能较多，这时就需要考虑月末在产品，并将生产费用在完工产品和在产品之间进行分配。

二、品种法的计算程序

品种法是最基本的成本计算方法，任何一种成本计算方法都是生产费用归集与分配的方法。不论工业企业的生产特点如何，也不论其管理上的要求如何，每个工业企业都需要按最终完工产品(分不同品种)计算成本。品种法的计算程序体现着成本计算的基本程序，一般可分为以下 6 个步骤进行。

1. 开设成本明细账

按产品品种开设产品成本明细账或成本计算单，并按成本项目设置专栏。同时，还应开设辅助生产成本明细账(按生产车间或品种)和制造费用明细账(按生产车间)，账内按成本项目或费用项目设置专栏。

2. 分配各种要素费用

首先，根据货币资金支出业务，按用途分类汇总各种付款凭证，登记各项费用。其次，根据领用材料的凭证和退料凭证及有关分配标准，编制材料费用分配表，分配材料费用，并登记有关明细账。再次，根据各车间、部门工资结算凭证及应付福利费的计提办法，编制工资及福利费用分配表，分配工资及福利费用，并登记有关明细账。接着，根据各车间、部门计提固定资产折旧的方法，编制折旧费用分配表，分配折旧费用，并登记有关明细账。最后，根据待摊费用明细账和预提费用明细账记录，编制待摊费用和预提费用分配表，分配待摊费用和预提费用，并登记有关明细账。

3. 分配辅助生产费用

根据各种费用分配表和其他有关资料登记的辅助生产成本明细账上归集的生产费用，采用适当的方法(直接分配法、交互分配法、代数分配法、计划成本分配法和顺序分配法)，编制辅助生产费用分配表，分配辅助生产费用。

4. 分配基本车间制造费用

根据各种费用分配表和其他有关资料登记的基本生产车间制造费用明细账上归集的生产费用，采用一定的方法(生产工人工时比例分配法、生产工人工资比例分配法、机器工时比例分配法、按年度计划分配率分配法等)在各种产品之间进行分配,编制制造费用分配表,并将分配结果登记在基本生产成本明细账和成本计算单上。

5. 分配计算各种完工产品成本和在产品成本

根据各种费用分配表和其他有关资料登记的基本生产成本明细账和成本计算单上归集的生产费用,在月末采用适当的方法(在产品成本法、在产品按年初固定数计算法、在产品按所耗原材料费用计价法、约当产量比例法、在产品按完工产品成本计算法、在产品按定额成本计价法和定额比例法)分配计算各种完工产品成本和在产品成本。如果月末没有在产品,则本月发生的生产费用就全都是完工产品成本。

6. 结转产成品成本

根据各成本计算单中计算出来的本月完工产品成本,汇总编制完工产品成本汇总表,计算出完工产品总成本和单位成本,并进行结转。

第二节　品种法的应用

由于产品成本计算的程序和账务处理比较复杂,下面举了一个实例供参考,以帮助读者全面掌握品种法的计算程序和账务处理。

【例 6-1】 某企业为大量大批单步骤生产的企业,采用品种法计算产品成本。企业设有一个基本生产车间,生产甲、乙两种产品,还设有一个辅助生产车间——运输车间。该企业 2008 年 5 月份有关产品成本核算资料如下。

(1) 产量资料如表 6-1 所示。

表 6-1　产量资料

产品名称	月初在产品(件)	本月投产(件)	本月完工产品(件)	月末在产品(件)	在产品完工率
甲产品	60	800	760	100	60%
乙产品	80	700	650	130	40%

(2) 月初在产品成本资料如表 6-2 所示。

表 6-2　月初在产品成本资料　　单位:元

产品名称	直接材料	直接人工	制造费用	合计
甲产品	660	490	340	1 490
乙产品	820	1 152	492	2 464

(3) 该月发生的生产费用。

1) 材料费用。生产甲产品耗用材料 10 580 元,生产乙产品耗用材料 8 420 元,生产甲、乙产品共同耗用材料 30 600 元(甲产品单位材料消耗定额为 2.5 千克/件,乙产品单位材料消耗定额为 2 千克/件)。基本生产车间耗用材料 6 300 元,运输车间耗用材料 5 000 元。

2) 工资费用。生产工人工资 25 000 元,运输车间人员工资 1 000 元,基本生产车间人员工资 6 000 元。福利费按工资的 14%计提。

3) 其他费用。运输车间固定资产折旧费为 1 000 元,办公费为 500 元,水电费为 360 元。基本生产车间厂房、机器设备折旧费为 3 000 元,办公费为 2 000 元,水电费为 810 元。

(4) 工时记录。甲产品耗用实际工时为 4 000 小时,乙产品耗用实际工时为 6 000 小时。

(5) 本月运输车间共完成 20 000 公里运输工作量,其中:基本生产车间耗用 12 000 公里,企业管理部门耗用 8 000 公里。

(6) 该厂有关费用分配方法:

1) 甲、乙产品共同耗用材料按定额耗用量比例分配;

2) 生产工人工资按甲、乙产品工时比例分配;

3) 辅助生产费用按运输公里比例分配;

4) 制造费用按甲、乙产品工时比例分配;

5) 按约当产量法分配计算甲、乙完工产品成本和月末在产品成本。甲、乙产品耗用的材料都于生产开始时一次投入。

根据品种法的计算程序,可按以下步骤计算甲、乙产品成本。

1. 开设基本生产成本明细账

本例中按产品种类分别开设了甲产品成本明细账、乙产品成本明细账、甲产品成本计算单和乙产品成本计算单,并按成本项目设置专栏。同时,还开设了辅助生产成本明细账和制造费用明细账,账内按成本项目或费用项目设置专栏。

2. 分配各种要素费用

(1) 材料费用分配的核算。

根据领用材料的凭证和退料凭证及有关分配标准,编制材料费用分配表(见表 6-3),分配材料费用,并登记有关明细账。本例中,甲、乙产品共同耗用材料按定额耗用量比例分配计入,其他项目则直接计入。

表 6-3 材料费用分配表

应借账户		成本或费用项目	直接计入金额(元)	分配计入金额		金额合计(元)
				分配标准(千克)	分配金额(元)	
基本生产成本	甲产品	直接材料	10 580	2 000	18 000	28 580
	乙产品	直接材料	8 420	1 400	12 600	21 020
	小 计		19 000	3 400	30 600	49 600
辅助生产成本	运输车间	物料消耗	5 000			5 000
制造费用	基本生产车间	物料消耗	6 300			6 300
合计			30 300			60 900

根据材料费用分配表,编制会计分录如下。

借:基本生产成本——甲产品 28 580

——乙产品 21 020

辅助生产成本——运输车间 5 000

制造费用——基本生产车间 6 300

贷:原材料 60 900

(2) 工资费用分配的核算。

根据各车间、部门工资结算凭证及应付福利费的计提办法,编制工资及福利费用分配表(见表6-4),分配工资及福利费用,并登记有关明细账。本例中,生产工人工资按甲、乙产品工时比例分配,福利费用是按工资的14%计提。

表6-4 工资及福利费用分配表

应借账户		成本或费用项目	直接计入金额(元)	分配计入金额		工资合计(元)	应付福利费(14%)(元)	工资及福利费合计(元)
				分配标准(小时)	分配金额(元)			
基本生产成本	甲产品	直接人工		4 000	10 000	10 000	1 400	11 400
	乙产品	直接人工		6 000	15 000	15 000	2 100	17 100
	小 计			10 000	25 000	25 000	3 500	28 500
辅助生产成本	运输车间	工资	1 000			1 000	140	1 140
制造费用	基本生产车间	工资	6 000			6 000	840	6 840
合计			7 000			32 000	4 480	36 480

根据工资及福利费用分配表,编制会计分录如下。

借:基本生产成本——甲产品 10 000

——乙产品 15 000

辅助生产成本——运输车间 1 000

制造费用——基本生产车间 6 000

贷:应付职工薪酬——工资 32 000

借:基本生产成本——甲产品 1 400

——乙产品 2 100

辅助生产成本——运输车间 140

制造费用——基本生产车间 840

贷:应付职工薪酬——职工福利 4 480

(3) 其他费用的核算。

根据各车间、部门计提固定资产折旧的方法,编制折旧费用分配表,分配折旧费用,并登记有关明细账(为简化举例,折旧费的核算没有单独编制折旧费用分配表,而是合并在了其他费用汇总表,如表 6-5 所示)。根据各项费用的原始凭证和其他有关资料,登记各项货币支出,假定货币支出全部用银行存款支付。

表 6-5　其他费用汇总表

单位:元

应借账户	折旧费	水电费	办公费	合计
辅助生产成本——运输车间	1 000	360	500	1 860
制造费用——基本生产车间	3 000	810	2 000	5 810
合计	4 000	1 170	2 500	7 670

根据其他费用汇总表,编制会计分录如下。

借:辅助生产成本——运输车间　　1 000
　　制造费用——基本生产车间　　3 000
　　贷:累计折旧　　4 000

借:辅助生产成本——运输车间　　860
　　制造费用——基本生产车间　　2 810
　　贷:银行存款　　3 670

(4) 辅助生产费用的归集及分配的核算。

根据各种费用分配表和其他有关资料登记的辅助生产成本明细账(见表 6-6)归集的生产费用,采用适当的方法,编制辅助生产费用分配表(见表 6-7),分配辅助生产费用。本例中,辅助生产费用按运输公里比例分配。

表 6-6　辅助生产成本明细账

名称:运输车间

单位:元

摘　要	物料消耗	工资及福利费	折旧费	水电费	办公费	合计
材料费用分配表	5 000					5 000
工资费用分配表		1 140				1 140
其他费用汇总表			1 000	360	500	1 860
合计	5 000	1 140	1 000	360	500	8 000
分配转出	5 000	1 140	1 000	360	500	8 000

表 6-7　辅助生产费用分配表

应借账户	费用项目	耗用劳务数量(公里)	分配率(元/公里)	分配额(元)
制造费用——基本生产车间	运输费	12 000	0.4	4 800
管理费用	运输费	8 000		3 200
合计		20 000		8 000

根据辅助生产费用分配表，编制会计分录如下。

借：制造费用——基本生产车间　　4 800

　管理费用　　3 200

　贷：辅助生产成本——运输车间　　8 000

(5) 制造费用的归集及分配的核算。

根据各种费用分配表和其他有关资料登记的基本生产车间制造费用明细账(见表6-8)归集的生产费用，采用一定的方法在各种产品之间进行分配，编制制造费用分配表(见表6-9)，并将分配结果登记在基本生产成本明细账和成本计算单上。本例中，制造费用按甲、乙产品工时比例分配。

表 6-8　制造费用明细账

单位：元

摘　要	物料消耗	工资及福利费	折旧费	水电费	办公费	运输费	合计
材料费用分配表	6 300						6 300
工资费用分配表		6 840					6 840
其他费用汇总表			3 000	810	2 000		5 810
辅助费用分配表						4 800	4 800
合计	6 300	6 840	3 000	810	2 000	4 800	23 750
分配转出	6 300	6 840	3 000	810	2 000	4 800	23 750

表 6-9　制造费用分配表

应借账户	成本项目	生产工时(小时)	分配率(元/小时)	分配额(元)
基本生产成本——甲产品	制造费用	4 000	2.375	9 500
基本生产成本——乙产品	制造费用	6 000		14 250
合计		10 000		23 750

根据制造费用分配表，编制会计分录如下。

借：基本生产成本——甲产品　　9 500

　　　　　　　——乙产品　　14 250

　贷：制造费用——基本生产车间　　23 750

(6) 计算完工产品成本和月末在产品成本。

根据各种费用分配表和其他有关资料登记的基本生产成本明细账(见表6-10、表6-11)和成本计算单上归集的生产费用，在月末采用适当的方法分配计算各种完工产品成本和月末在产品成本。本例中，甲、乙完工产品和月末在产品成本按约当产量法分配计算。

表 6-10　基本生产成本明细账

产品名称：甲产品　　2008 年 5 月　　单位：元

月	日	摘　要	直接材料	直接人工	制造费用	合计
5	1	月初在产品成本	660	490	340	1 490
5	31	材料费用分配表	28 580			28 580
		工资费用分配表		11 400		11 400
		制造费用分配表			9 500	9 500
		合计	29 240	11 890	9 840	50 970
	31	完工产品成本转出	25 840	11 020	9 120	45 980
		月末在产品成本	3 400	870	720	4 990

表 6-11　基本生产成本明细账

产品名称：乙产品　　2008 年 5 月　　单位：元

月	日	摘　要	直接材料	直接人工	制造费用	合计
5	1	月初在产品成本	820	1 152	492	2 464
5	31	材料费用分配表	21 020			21 020
		工资费用分配表		17 100		17 100
		制造费用分配表			14 250	14 250
		合　计	21 840	18 252	14 742	54 834
	31	完工产品成本转出	18 200	16 900	13 650	48 750
		月末在产品成本	3 640	1 352	1 092	6 084

（7）编制产品成本计算单。

本例中，按甲、乙产品分别编制了成本计算单（见表 6-12、表 6-13）。成本计算单一般按成本项目分别列示各成本计算对象的总成本和单位成本，以反映成本的构成情况，并作为结转完工产品成本会计处理的原始凭证。

表 6-12　产品成本计算单

产品名称：甲产品　　2008 年 5 月

成本项目	直接材料	直接人工	制造费用	合计
月初在产品成本（元）	660	490	340	1 490
本月生产费用（元）	28 580	11 400	9 500	49 480
生产费用合计（元）	29 240	11 890	9 840	50 970
完工产品数量（件）	760	760	760	
在产品数量（件）	100	100	100	

续表

成本项目	直接材料	直接人工	制造费用	合计
在产品约当产量(件)	100	60	60	
约当产量合计(件)	860	820	820	
费用分配率(元/件)	34	14.5	12	
完工产品成本(元)	25 840	11 020	9 120	45 980
月末在产品成本(元)	3 400	870	720	4 990

表 6-13　产品成本计算单

产品名称:乙产品　　2008 年 5 月

成本项目	直接材料	直接人工	制造费用	合计
月初在产品成本(元)	820	1 152	492	2 464
本月生产费用(元)	21 020	17 100	14 250	52 370
生产费用合计(元)	21 840	18 252	14 742	54 834
完工产品数量(件)	650	650	650	
在产品数量(件)	130	130	130	
在产品约当产量(件)	130	52	52	
约当产量合计(件)	780	702	702	
费用分配率(元/件)	28	26	21	
完工产品成本(元)	18 200	16 900	13 650	48 750
月末在产品成本(元)	3 640	1 352	1 092	6 084

(8) 结转产成品成本。

根据甲、乙产品成本计算单中计算出来的本月完工产品成本,汇总编制完工产品成本汇总表(见表 6-14),结转完工产品成本。

表 6-14　完工产品成本汇总表

2008 年 5 月

产成品名称	产量(件)	直接材料(元)	直接人工(元)	制造费用(元)	合计(元)
甲产品	760	25 840	11 020	9 120	45 980
乙产品	650	18 200	16 900	13 650	48 750
合计		44 040	27 920	22 770	94 730

根据完工产品成本汇总表,编制会计分录如下。

借:库存商品——甲产品　　45 980

　　　　　——乙产品　　48 750

贷:基本生产成本——甲产品　　45 980
　　　　　　　——乙产品　　48 750

本章小结(Summary)

本章主要介绍了品种法的含义、特点和适用范围,品种法中各种费用归集和分配的方法及相应的账务处理,品种法的成本核算程序和计算方法。

品种法是产品成本计算基本方法中最基本的一种,是指以产品的品种为成本计算对象,用以归集生产费用,计算产品成本的一种方法。因此,掌握好品种法是十分重要的,能为其他成本计算方法的学习打下良好的基础。

品种法适用于大量大批单步骤生产的企业及管理上不要求提供分步成本资料的大量大批多步骤生产的企业。品种法以企业的最终完工产品作为成本计算对象,成本计算期是以月为基础的会计报告期,月末一般需要进行完工产品与在产品之间的生产费用分配。如果月末无在产品或在产品数量少且稳定时,其简单性主要体现在不存在各种产品之间和完工产品与在产品之间的费用分配问题。

关键术语(Glossary)

品种法(category costing)

思考题(Questions)

1. 品种法的特点是什么?品种法所适用的行业有哪些?
2. 简述品种法的计算程序。
3. 为什么说品种法是成本计算方法中最基本的方法?

练习题(Exercises)

一、判断题

1. 产品成本计算的品种法,只适用于大量大批单步骤生产的企业或车间。(　　)

2. 凡采用品种法计算产品成本的企业,都可以不计算期末在产品成本。(　　)

3. 如果企业只生产一种产品,本月发生的直接材料、直接工资和制造费用全部是直接费用,可直接计入所生产的这种产品中,无须进行任何的生产费用分配。(　　)

4. 如果企业生产两种或两种以上的产品就必须进行生产费用的分配。(　　)

5. 品种法是最基本的成本计算方法,品种法的计算程序也就是产品成本计算的一般程序。(　　)

二、单项选择题

1. 产品成本计算最基本的方法是(　　)。

A. 分类法　　B. 分步法　　C. 分批法　　D. 品种法

2. 品种法适用的生产组织是(　　)。

A. 大量大批生产　B. 大量成批生产　C. 大量小批生产　D. 单件小批生产

3. 在大量大批多步骤生产的情况下，如果管理上不要求分步骤计算产品成本，所采用的成本计算方法应是(　　)。

A. 品种法　　B. 分类法　　C. 分步法　　D. 分批法

4. 品种法的成本计算期与(　　)是不一致的，一般是按月进行的。

A. 生产周期　　B. 生产日期　　C. 会计核算期　　D. 会计分期

5. 下列各项中，属于品种法特点的是(　　)。

A. 分品种、分批别、分步骤计算产品成本

B. 分品种、分批别、不分步骤计算产品成本

C. 分品种、不分批别、不分步骤计算产品成本

D. 不分品种、分批别、分步骤计算产品成本

三、多项选择题

1. 产品成本计算的基本方法有(　　)。

A. 品种法　　B. 分批法　　C. 分步法　　D. 分类法

2. 常见的品种法有(　　)。

A. 简单品种法　　B. 复杂品种法　　C. 典型品种法　　D. 分类法

3. 品种法适用于(　　)。

A. 大量大批生产

B. 多步骤生产

C. 单步骤生产

D. 管理上不要求分步骤计算成本的多步骤生产

4. 下列企业中，适合运用品种法计算产品成本的有(　　)。

A. 采掘企业　　B. 发电企业　　C. 小型造纸企业　D. 水泥企业

5. 品种法适用于(　　)。

A. 大量大批的单步骤生产

B. 大量大批的多步骤生产

C. 管理上不要求分步骤计算成本的多步骤生产

D. 小批、单件，管理上不要求分步骤计算成本的多步骤生产

四、计算题

华宇公司是一个单步骤中小型的工业生产型企业，设有一个基本生产车间，大量大批生产甲、乙两种产品。还设有供水、机修两个辅助生产车间，为全厂提供劳务，辅助生产车间之间相互提供的劳务按计划分配法分配，计划单位成本为水 0.95 元/吨，修理 7.2 元/小时，辅助生产车间不单独核算制造费用。产品成本需要在完工产品和月末在产品之间分配，分配方法采用约当产量法，月末在产品的完工程度均为 50%，原材料是在生产开始时一次投入。其他详细资料如表 6-15～表 6-21 所示。

表 6-15　产量资料

单位:件

产品	月初在产品	本月投产	本月完工产品	月末在产品
甲	150	1 050	800	400
乙	200	1 000	900	300

表 6-16　月初在产品成本

单位:元

产品	直接材料	直接人工	制造费用	合计
甲	30 000	12 000	16 800	58 800
乙	25 000	11 000	8 000	44 000

表 6-17　本月材料费用表

单位:元

材料用途	直接用料(A)	共同用料(B)	耗用材料合计	B材料消耗定额
甲产品	150 000			2 750
乙产品	160 000			2 000
小计	310 000	95 000	405 000	
车间一般耗用	20 000	10 000	30 000	
机修车间	65 000		65 000	
供水车间	18 000		18 000	
合计	413 000	105 000	518 000	

表 6-18　本月工资费用计算表

单位:元

生产人员类别	应付工资	应付福利费	合计
生产工人	62 000	86 800	706 800
机修工人	45 000	6 300	51 300
供水工人	26 000	3 640	29 640
车间管理	12 000	1 680	13 680
合计	703 000	98 420	801 420

表 6-19　本月折旧计算表

单位:元

车间名称	金额
基本生产	20 000
机修车间	5 000
供水车间	8 000
合计	33 000

表 6-20　本月其他费用分配表

单位：元

车间名称	费用项目					
	低值品摊销	办公费	电费	保险费	其他	合计
基本生产	4 500	800	5 520	3 680	820	15 320
机修车间	900	300	4 600	1 200	200	7 200
供水车间	700	500	6 900	3 500	760	12 360
合计	6 100	1 600	17 020	8 380	1 780	34 880

表 6-21　本月辅助生产车间劳务供应量

受益单位	机修(小时)	供水(吨)	计划单位成本
基本生产	18 000	68 000	
机修车间		1 500	7 元/小时
供水车间	500		0.95 元/吨
合计	18 500	69 500	

辅助生产车间按计划成本分配后的差额全部计入管理费用。甲产品工时为 2 600 小时，乙产品工时为 2 400 小时。有关费用分配方法为：甲、乙产品共同耗用的材料按定额耗用量比例分配；生产工人工资按生产工时比例分配；制造费用按生产工时比例分配。

要求：用品种法计算甲、乙产品成本，将各步骤结果分别填列于表 6-22～表 6-29 中。

表 6-22　材料费用分配表

应借账户		A 材料	B 材料			金额合计
总账户	明细账户		定额耗用量(千克)	分配率(元/千克)	分配金额(元)	
基本生产成本	甲产品					
	乙产品					
	小计					
辅助生产成本	甲产品机修车间					
	供水车间					
	小计					
制造费用	基本车间					
合计						

表 6-23　工资费用分配表

应借账户		分配标准（工时）	工资		福利费（元）	金额合计（元）
总账户	明细账户		分配率(元/小时)	分配金额(元)		
基本生产成本	甲产品					
	乙产品					
	小　计					
辅助生产成本	机修车间					
	供水车间					
	小计					
制造费用	基本车间					
合计						

表 6-24　折旧及其他费用汇总表　　单位:元

借方科目		金额						
总账户	明细科目	折旧费	低值摊销	办公费	电费	保险	其他	合计
制造费用	基本车间							
辅助生产成本	机修车间							
	供水车间							
	小计							
合计								

(1) 分配辅助生产成本。

机修车间成本＝

供水车间成本＝

表 6-25　辅助生产费用分配表

应借科目 \ 内容		机修车间		供水车间		合计(元)
		劳务数量（小时）	分配金额（元）	劳务数量（小时）	分配金额（元）	
待分配费用						
计划单位成本						
辅助生产成本	机修车间					
	供水车间					
	小计					

续表

应借科目		内容	机修车间		供水车间		合计(元)
			劳务数量（小时）	分配金额（元）	劳务数量（小时）	分配金额（元）	
制造费用	基本生产车间	水费					
		修理费					
	小计						
按计划成本分配合计							
辅助生产实际成本							
差异							

（2）分配制造费用。

制造费用总额＝

表 6-26　制造费用分配表

产品名称	分配标准(工时)	分配率(元/小时)	待分配费用(元)
甲产品 乙产品			
合　计			

（3）登记基本生产成本明细账。

表 6-27　基本生产成本明细账

产品名称:甲产品

年		凭证		摘要	成本项目			合计
月	日	字	号		直接材料	直接人工	制造费用	
×	1			月初在产品成本(元)				
				生产领用材料(元)				
				结转工资福利费(元)				
				结转制造费用(元)				
				生产费用合计(元)				
				分配率				
				结转完工产品成本(元)				
				月末在产品成本(元)				

直接材料费用分配率＝

直接人工费用分配率＝

制造费用分配率＝

表 6-28　基本生产成本明细账

产品名称:乙产品

年		凭证		摘要	成本项目			合计
月	日	字	号		直接材料	直接人工	制造费用	
×	1			月初在产品成本(元)				
				生产领用材料(元)				
				结转工资福利费(元)				
				结转制造费用(元)				
				生产费用合计(元)				
				分配率				
				结转完工产品成本(元)				
				月末在产品成本(元)				

直接材料费用分配率=

直接人工费用分配率=

制造费用分配率=

(4) 编制完工产品成本计算单。

表 6-29　完工产品成本计算单

成本项目	甲产品(800 件)		乙产品(900 件)	
	总成本(元)	单位成本(元)	总成本(元)	单位成本(元)
直接材料				
直接人工				
制造费用				
合计				

(5) 编制会计分录。

第七章　产品成本计算的分批法

学习目标(Learning Objective)

通过本章的学习，读者应熟悉分批法的适用范围、特点和成本计算程序，理解简化的分批法的适用范围和累计制造费用分配率的应用，熟悉成本核算账户的设置、生产成本二级账的作用及账务处理条件。

产品成本计算的分批法是以产品批别作为成本计算对象来归集生产费用，计算产品成本的一种方法。因分批法多是根据购买者的订单来确定产品的批量，故分批法又称为订单法。

一、分批法的适用范围和特点

（一）分批法的适用范围

分批法主要适用于小批、单件，管理上不要求分步骤计算成本的多步骤生产，例如精密仪器、专用设备、重型机械和船舶的制造，新产品的试制，机器设备的修理，来料加工和辅助生产的工具模具制造等。分批法具体可适用于以下几种情况。

(1) 根据购买者的订单生产的企业。这类企业要根据购买者的要求，生产特殊规格和特定数量的产品。购买者的订单可能是单件的大型产品，如船舶、大型锅炉、重型机器等；也可能是多件同样规格的产品，如特种仪器、制服等。

(2) 产品种类经常变动的小规模生产企业。这类企业规模小，要不断根据市场需要变动产品的数量和品种，不可能按产品设置流水线大量生产，必须按每批产品的投产来计算成本，如生产门窗把手、插销等的小五金工厂。

(3) 承担修理业务的企业或企业生产单位(车间、分厂)。修理业务多种多样，这种企业往往要根据合同规定，在生产成本上加约定利润。这种约定利润可以是在成本的基础上加一定百分比的利润或一定数额的利润，以此向客户收取货款，所以要按每次修理业务归集费用，如修船等业务。

(4) 从事新产品试制、自制设备等生产任务的生产单位。这类生产多是一次性的，可以按批次计算成本。

（二）分批法的特点

1. 成本计算对象

在小批、单件生产中，产品的种类和每批产品的数量，大多根据购买者的订单确定。但是，如果一张订单中不止一种产品，可将这几种产品分为几批；如果几张订单中都有同一种产品，且数量都不多，可将其合并为一批；如果一张订单中虽只有一种产品，但数量较大，则可按最优批量将其划分为数批；如果订单中只有一件产品，但较大型和复杂，生产周期长，也可按产品的组成部分将其分为数批投产。因此，分批法的成本计算对象就不单纯是购买者的订单，而主要是企业生产部门下达的生产任务通知单（又称内部订单或工作令号）。财会部门应按生产任务通知单的生产批号设置生产成本明细账（或产品成本计算单），直接费用直接记入各明细账有关成本项目，间接费用分配记入各明细账有关成本项目。

2. 成本计算期

采用分批法时，要按月归集各批产品的实际生产费用，但只有该批产品全部完工以后才能计算其实际成本。因此，成本计算期是不定期的，与生产周期一致，与会计报告期不一致。

3. 在产品计价

由于产品批量小，批内产品一般都能同时完工或在相差不久的时间内全部完工，因而在月末计算成本时，一般不存在生产费用在完工产品与在产品之间分配的问题。某批产品完工前，生产成本明细账中所归集的生产费用就全部是在产品成本，产品完工时，生产成本明细账中所归集的生产费用就全部是完工产品成本。

当然也可能存在批内产品跨月陆续完工交货的情况，为了使收入与费用配比，这时就需要分情况采用一定的方法来计算本月完工产品成本。

(1) 若批内产品跨月陆续完工的情况不多，可采用简便的分配方法。即按计划单位成本、定额单位成本或最近一期相同产品的实际单位成本计算完工产品成本。但在该批产品全部完工时，应重新计算该批产品的实际总成本和单位成本，而对已经转账的完工产品成本，不作账目调整。

(2) 若批内产品跨月陆续完工的情况较多，月末批内完工产品的数量占全部批量的比重较大，则生产费用在完工产品与在产品成本之间的分配，应相应采用定额比例法、约当产量法或在产品按定额成本计价法等方法。

为了使同一批产品尽量同时完工，避免出现跨月陆续完工的情况，减少在完工产品和在产品之间分配费用的工作，企业在合理组织生产的前提下，可以适当减少产品的批量。

二、分批法的计算程序和举例

（一）分批法的计算程序

1. 按产品批别设置生产成本明细账

分批法以产品批别作为成本计算对象，因此，应当按产品批别设置生产成本明细账（产品成本计算单），用以归集和分配生产费用，计算各批产品的实际总成本和单位成本。

2. 按产品批别归集和分配当月发生的费用

企业当月发生的生产费用，能够按照批别划分的直接计入费用，应直接记入各批产品生产成本明细账（产品成本计算单），对多批产品共同发生的间接计入费用，按照适当的分配方法，在各批产品之间进行分配以后，再分别记入各批产品生产成本明细账（产品成本计算单）。

3. 归集和分配辅助生产费用

在设有辅助生产车间的企业，应根据有关付款凭证和费用分配表归集辅助生产费用，编制辅助生产成本明细账，对本期辅助生产费用总额，采用适当的方法分配给各受益对象，编制辅助生产费用分配表，进行账务处理，并据以登记有关明细账。

4. 分配基本生产车间制造费用

根据有关付款凭证和费用分配表归集基本生产车间制造费用明细账，对本期制造费用总额，采用一定的方法在各批产品之间进行分配，编制制造费用分配表，进行账务处理，并据以登记产品生产成本明细账（产品成本计算单）。

5. 计算完工产品成本

采用分批法一般不需要在完工产品与在产品之间分配生产费用。某批产品全部完工，则该批别产品生产成本明细账（产品成本计算单）归集的生产费用合计数就是该批产品的实际总成本。

6. 结转完工产品成本

期末，根据成本计算结果结转本期完工产品的实际总成本。

上述分批法计算程序，除了产品生产成本明细账的设置和完工产品成本的计算与品种法有所区别外，其他程序是完全一致的。

（二）分批法举例

【例 7-1】 某工厂属单件、小批、多步骤生产企业，按购货单位要求小批生产甲、乙、丙三种产品，产品成本计算采用分批法，设置了直接材料、直接人工、制造费用三个成本项目。2009 年 7 月份有关生产和费用支出情况如下。

（1）各批产品生产情况如表 7-1 所示。

表 7-1　各批产品的产量和工时

2009 年 7 月

产品批别	产品名称	开工时期	批量（台）	完工产量（台）		本月耗用工时（小时）
				6 月	7 月	
701	甲	7 月	30		30	3 000
601	乙	6 月	15			1 800
602	丙	6 月	36		16	2 400

（2）7 月份各批产品生产耗用材料费用的情况如表 7-2 所示。

表 7-2　材料费用分配表

2009 年 7 月　　单位:元

应借账户		原材料及主要材料	辅助材料	合计
生产成本	701	184 000	23 000	207 000
	601	128 000	16 000	144 000
	602	112 000	8 000	120 000
小计		424 000	47 000	471 000
制造费用	物料消耗		21 600	21 600
合计		424 000	68 600	492 600

(3) 7 月份各批产品耗用人工费用的情况如表 7-3 所示。

表 7-3　人工费用分配表

2009 年 7 月

应借账户		生产工时(小时)	分配率(元/小时)	金额(元)
生产成本	701	3 000	7.5	22 500
	601	1 800	7.5	13 500
	602	2 400	7.5	18 000
小计		7 200	7.5	54 000
制造费用				18 000
合计				72 000

(4) 制造费用的汇总情况如表 7-4 所示。

表 7-4　制造费用明细账

单位:基本生产车间　　2009 年 7 月　　单位:元

月	日	摘要	物料消耗	工资	折旧费	水电费	办公费	修理费	其他费用	合计
7	31	材料费用分配表	21 600							21 600
		工资费用分配表		18 000						18 000
		有关费用分配表			18 600	11 340	1 500	1 300	1 100	33 840
合计			21 600	18 000	18 600	11 340	1 500	1 300	1 100	73 440

(5) 制造费用按生产工时比例法在各批产品之间进行分配,如表 7-5 所示。

表 7-5 制造费用分配表

2009 年 7 月

应借账户		生产工时(小时)	分配率(元/小时)	分配金额(元)
生产成本	701	3 000	10.2	30 600
	601	1 800		18 360
	602	2 400		24 480
合计		7 200		73 440

(6) 根据材料费用分配表、人工费用分配表和制造费用分配表等资料，按月登记各批产品成本计算单，并计算完工产品成本和单位成本。如有分批出货情况，则按计划成本转出完工产品成本。

各批产品成本计算单见表 7-6～表 7-8。其中，乙产品 6 月份已累计成本分别为直接材料 88 000 元，直接人工 10 500 元，制造费用 13 500 元；丙产品 6 月份已累计成本分别为直接材料 240 000 元，直接人工 41 000 元，制造费用 46 520 元。

表 7-6 产品成本计算单

开工日期：2009 年 7 月

完工日期：2009 年 7 月

产品批号：701

产品名称：甲产品　　批量：30 台　　单位：元

月份	摘要	直接材料	直接人工	制造费用	合计
7 月	本月生产费用	207 000	22 500	30 600	260 100
合　计		207 000	22 500	30 600	260 100
产品总成本		207 000	22 500	30 600	260 100
单位成本		6 900	750	1 020	8 670

表 7-7 产品成本计算单

产品批号：601　　开工日期：2009 年 6 月

产品名称：乙产品　　批量：15 台　　完工日期：

单位：元

月份	摘要	直接材料	直接人工	制造费用	合计
6 月	已累计成本	88 000	10 500	13 500	112 000
7 月	本月生产费用	144 000	13 500	18 360	175 860
合计		232 000	24 000	31 860	287 860

表 7-8　产品成本计算单

开工日期:2009 年 6 月

完工日期:

产品批号:602

产品名称:丙产品　　批量:36 台(本月完工 16 台)　　单位:元

月份	摘要	直接材料	直接人工	制造费用	合计
6 月	已累计成本	240 000	41 000	46 520	327 520
7 月	本月生产费用	120 000	18 000	24 480	162 480
合计		360 000	59 000	71 000	490 000
单位计划成本		9 800	1 600	2 500	13 900
完工 16 台按计划成本转出		−156 800	−25 600	−40 000	−2 224 000

最后结转完工产成品成本,编制完工产品成本汇总表,如表 7-9 所示。

表 7-9　完工产品成本汇总表

2009 年 7 月

批次	产品	产量(台)	完工产品总成本(元)				完工产品单位成本(元)
			直接材料	直接人工	制造费用	合计	
701	甲产品	30	207 000	22 500	30 600	260 100	8 670
602	丙产品	16	156 800	25 600	40 000	2 224 000	139 000
合计		46	363 800	48 100	70 600	2 484 100	147 670

结转完工入库产品成本的会计分录如下。

借:库存商品——甲产品　　260 100

　　　　　——丙产品　　2 224 000

　贷:生产成本——701 号　　260 100

　　　　　　——602 号　　2 224 000

三、简化的分批法

(一) 简化的分批法的含义

在小批、单件生产的企业或车间中,有时同一月份投产的产品批数很多,并且月末未完工的批数也很多,如果采用前述分批法计算各批产品成本,各种间接计入费用在各批产品之间的分配工作将非常繁重。因此,在这种情况下可采用一种简化的分批法。

所谓简化的分批法是指采用分批法进行成本计算时,各批产品成本明细账在产品完工前只登记直接费用和生产工时,每月发生的间接费用则是在生产成本二级账中分别累计起来,到产品完工时,按照完工产品累计工时的比例,在各批完工产品之间进行分配。由于这种方法只对完工产品分配间接费用,而不分批计算在产品成本,故又称为不分批计算在产品成本的分批法。

采用简化的分批法，将生产费用在各成本计算对象之间的横向分配和生产费用在完工产品和期末在产品之间的纵向分配结合起来，大大简化了成本核算工作。

采用这种方法时，仍应按照产品批别设立产品成本明细账，但在各该批产品完工以前，账内只需按月登记直接计入费用（如原材料费用）和生产工时，而不必按月分配、登记各项间接计入费用，计算各该批在产品的成本；只是在有完工产品的那个月份，才分配间接计入费用，计算、登记各该批完工产品的成本。

（二）简化的分批法的适用范围

简化的分批法适用于投产批数较多而且月末未完工批数较多的企业。

（三）简化的分批法的特点

1. 必须设立基本生产成本二级账

除按产品批别设置产品生产成本明细账（产品成本计算单）外，还必须设立基本生产成本二级账。基本生产成本二级账和产品生产成本明细账平行登记。

产品生产成本明细账只按月登记该批产品的直接计入费用（如原材料费用）和生产工时。各月发生的间接计入费用（如职工薪酬和制造费用）不是按月在各批产品之间进行分配，而是按成本项目登记在基本生产成本二级账中，只是在有完工产品的月份才向本月完工产品分配登记间接计入费用，未完工产品的间接计入费用仍然保留在基本生产成本二级账中。

2. 不分批计算月末在产品成本

基本生产成本二级账按成本项目登记全部批次产品的累计生产费用（包括全部直接计入费用和全部间接计入费用）和累计生产工时。在有完工产品的月份，将完工产品应负担的间接计入费用分配转入到各完工产品生产成本明细账（产品成本计算单）后，基本生产成本二级账反映的是全部批次月末在产品成本。而各批次未完工产品的生产成本明细账（产品成本计算单）中也只反映月末在产品的累计直接计入费用和累计工时，不反映在产品成本。

3. 通过计算累计费用分配率来分配间接计入费用

简化的分批法将间接计入费用在各批次产品之间的分配和在本月完工产品与月末在产品（全部批次）之间的分配一次完成。间接计入费用的分配，是通过计算累计费用分配率来进行的，其计算公式为：

$$\text{全部产品某项累计间接费用分配率}=\frac{\text{全部产品某项累计间接费用}}{\text{全部产品累计工时}},$$

$$\begin{matrix}\text{某批完工产品应}\\\text{负担的间接费用}\end{matrix}=\begin{matrix}\text{该批完工产品}\\\text{累计工时}\end{matrix}\times\begin{matrix}\text{全部产品某项累计}\\\text{间接费用分配率}\end{matrix}。$$

（四）简化的分批法举例

【例 7-2】 某工厂生产组织属于小批生产，生产批别多，生产周期长，每月末经常有大量未完工的产品批数。该厂没有辅助生产车间。为简化核算工作，该厂采用简化的分批法计算产品成本。该厂 2008 年 8 月份有关成本计算资料如下。

(1) 8 月份生产情况如下。

1) 08601 号:甲产品 8 件,6 月投产,本月全部完工;至上月末累计原材料费用 80 000 元,生产工时 10 500 小时;本月原材料费用 25 000 元,生产工时 3 500 小时。

2) 08701 号:乙产品 10 件,7 月投产,本月完工 4 件;至上月末累计原材料费用 68 000元,生产工时 20 000 小时;原材料为一次投入,本月生产工时 18 000 小时;完工产品实际工时 16 000 小时。

3) 08702 号:丙产品 15 件,7 月投产,本月尚无完工产品;至上月末累计原材料费用 48 000元,生产工时 8 000 小时;本月原材料费用 58 000 元,生产工时 9 000 小时。

4) 08801 号:丁产品 12 件,本月初投产,本月尚无完工产品;本月原材料费用 25 000 元,生产工时 6 000 小时。

(2) 至上月末全部产品的累计职工薪酬为 32 000 元,制造费用为 17 500 元;本月发生职工薪酬为 28 000 元,制造费用为 20 000 元。

根据以上资料,采用简化的分批法核算产品成本的程序和相关账务处理如下。

(1) 设置基本生产成本二级账和产品生产成本明细账(产品成本计算单)。因在以前月份已设置了基本生产成本二级账,以及 08601 号甲产品、08701 号乙产品和 08702 号丙产品的产品生产成本明细账,本月只需设置 08801 号丁产品的产品生产成本明细账。

(2) 登记基本生产成本二级账和产品生产成本明细账,计算累计间接费用分配率,分配结转本月完工产品应负担的间接计入费用。

① 基本生产成本二级账如表 7-10 所示。

表 7-10 基本生产成本二级账

2008 年 8 月

2008 年		摘要	直接材料(元)	生产工时(小时)	直接人工	制造费用	合计(元)
月	日						
7	31	月末在产品成本	196 000	38 500	32 000 元	17 500 元	245 500
8	31	本月发生费用	108 000	36 500	28 000 元	20 000 元	156 000
8	31	累计生产费用	304 000	75 000	60 000 元	37 500 元	401 500
8	31	累计间接费用分配率			0.8 元/小时	0.5 元/小时	
8	31	完工转出成本	132 200	30 000	24 000 元	15 000 元	171 200
8	31	月末在产品成本	171 800	45 000	36 000 元	22 500 元	230 300

$$累计直接人工分配率=\frac{60\ 000}{75\ 000}=0.8(元/小时),$$

$$累计制造费用分配率=\frac{37\ 500}{75\ 000}=0.5(元/小时),$$

完工产品直接材料费用=105 000+27 200=132 200(元),

完工产品生产工时=14 000+16 000=30 000(小时)。

② 产品生产成本明细账分别如表 7-11～表 7-14 所示。

表 7-11 产品生产成本明细账

产品批号:08601　　产品名称:甲产品　　产品批量:8 件

投产日期:2008 年 6 月 2 日　　完工日期:2008 年 8 月 20 日　　完工数量:8 件

2008 年 8 月

2008 年		摘要	直接材料(元)	生产工时(小时)	直接人工	制造费用	合计(元)
月	日						
7	31	月末累计	80 000	10 500			
8	31	本月发生	25 000	3 500			
8	31	月末累计	105 000	14 000			
8	31	累计间接费用分配率			0.8 元/小时	0.5 元/小时	
8	31	完工产品成本(8 件)	105 000	14 000	11 200 元	7 000 元	123 200
8	31	完工产品单位成本	13 125		1 400 元	875 元	15 400

完工产品直接人工=14 000×0.8=11 200(元),

完工产品制造费用=14 000×0.5=7 000(元)。

表 7-12 产品生产成本明细账

产品批号:08701　　产品名称:乙产品　　产品批量:10 件

投产日期:2008 年 7 月 5 日　　完工日期:2008 年 8 月 31 日　　完工数量:4 件

2008 年 8 月

2008 年		摘要	直接材料(元)	生产工时(小时)	直接人工	制造费用	合计(元)
月	日						
7	31	月末累计	68 000	20 000			
8	31	本月发生		18 000			
8	31	月末累计	68 000	38 000			
8	31	累计间接费用分配率			0.8 元/小时	0.5 元/小时	
8	31	完工产品成本(4 件)	27 200	16 000	12 800 元	8 000 元	48 000
8	31	完工产品单位成本	6 800		3 200 元	2 000 元	12 000
8	31	月末在产品余额	40 800	22 000			

完工产品直接材料$=\frac{68\ 000}{10}\times4=27\ 200$(元),

完工产品直接人工=16 000×0.8=12 800(元),

完工产品制造费用=16 000×0.5=8 000(元)。

表 7-13　产品生产成本明细账

产品批号:08702　　产品名称:丙产品　　产品批量:15 件

投产日期:2008 年 7 月 8 日　　完工日期:　　完工数量:

2008 年 8 月

2008 年		摘要	直接材料（元）	生产工时（小时）	直接人工（元）	制造费用（元）	合计(元)
月	日						
7	31	月末累计	48 000	8 000			
8	31	本月发生费用	58 000	9 000			
8	31	月末累计	106 000	17 000			

表 7-14　产品生产成本明细账

产品批号:08801　　产品名称:丁产品　　产品批量:12 件

投产日期:2008 年 8 月 2 日　　完工日期:　　完工数量:

2008 年 8 月

2008 年		摘要	直接材料（元）	生产工时（小时）	直接人工（元）	制造费用（元）	合计(元)
月	日						
7	31	月末累计	25 000	6 000			

(3) 结转本月完工产品成本。

根据成本计算结果,编制完工产品成本汇总表,如表 7-15 所示。

表 7-15　完工产品成本汇总表

2008 年 5 月

批次	产品	产量(件)	完工产品总成本(元)				完工产品单位成本（元）
			直接材料	直接人工	制造费用	合计	
08601	甲产品	8	105 000	11 200	7 000	123 200	15 400
08701	乙产品	4	27 200	12 800	8 000	48 000	12 000
合计			132 200	24 000	15 000	171 200	

结转完工入库产品成本的会计分录如下。

借:库存商品——甲产品　　123 200

　　　　　　——乙产品　　48 000

　贷:生产成本——08601 号　　123 200

　　　　　　　——08701 号　　48 000

本章小结(Summary)

分批法也称订单法,是以产品的批别为成本计算对象,汇集生产费用,计算产品成本的一种方法，主要适用于单件、小批量多步骤，但管理上不要求分步骤计算成本的企业和车间，其成本的计算期与产品的生产周期一致。生产费用一般不需要在完工产品与在产品之间分配，但是若批内产品跨月陆续完工就有必要在完工产品与在产品之间分配生产费用。采用分批法计算产品成本时，对于间接费用的分配方法有两种，即当月分配法与累计分配法。

关键术语(Glossary)

分批法（job-order costing）
分批出货（delivery by installments）
简化的分批法（simplified job-order costing）

思考题(Questions)

1. 简述分批法的特点及成本计算程序。

2. 如何计算制造费用的累计分配率？简化的分批法下，为什么要设置"基本生产成本"二级账？

练习题(Exercises)

一、判断题

1. 采用分批法计算产品成本，在批内部分完工产品按计划单位成本计算结转后，待该批产品全部完工后，还应计算该批产品实际总成本，并调整前期完工产品实际成本与计划成本的差异。(　　)

2. 在小批或单件生产的企业或车间中，如果各个月份的间接计入费用的水平相差不多，月末未完工产品的批数比较多，可采用简化的分批法。(　　)

3. 在月末未完工产品批数较多的情况下，不适宜采用简化的分批法。(　　)

二、单项选择题

1. 采用简化的分批法，下列各项中，属于产品成本明细账登记的内容是(　　)。

A. 本月发生的直接材料　　B. 本月发生的直接人工
C. 本月发生的制造费用　　D. 本月发生的费用合计

2. 简化的分批法是(　　)。

A. 分批计算在产品成本的分批法　　B. 不分批计算在产品成本的分批法
C. 不计算在产品成本的分批法　　D. 不分批计算完工产品成本的分批法

3. 分批法适用于(　　)。

A. 单件小批生产　　B. 大量大批生产
C. 大量大批多步骤生产　　D. 大量大批单步骤生产

4. 采用简化的分批法，在产品完工之前，产品成本明细账（ ）。

A. 不登记任何费用　　B. 只登记直接费用和生产工时

C. 只登记原材料费用　　D. 登记间接费用，不登记直接费用

5. 分批法的主要特点是（ ）。

A. 以产品批别为成本计算对象

B. 批内产品都能同时完工，不存在在完工产品与在产品之间分配费用的问题

C. 费用的归集与分配较简单

D. 成本计算期长

三、多项选择题

1. 采用分批法计算产品成本时，成本计算对象可以按（ ）。

A. 一张订单中的不同品种产品分别确定

B. 一张订单中的同种产品分批确定

C. 一张订单中的单件产品的组成部分分别确定

D. 多张订单中的同种产品确定

2. 采用简化的分批法，基本生产成本二级账与产品成本明细账可以逐月核对的项目有（ ）。

A. 月末在产品原材料项目余额　　B. 月末在产品工资及福利费项目余额

C. 月末在产品制造费用项目余额　　D. 月末在产品生产工时项目余额

3. 采用分批法时，如果批内产品跨月陆续完工，已完工产品数量占全部批量的比重很小，月末计算成本时，先完工的产品成本可以（ ）。

A. 按计划单位成本计算

B. 按定额单位成本计算

C. 在全批产品完工时，计算全批产品实际总成本和单位成本

D. 按最近一期相同产品的实际单位成本计算

四、计算题

1. 某企业的两个基本生产车间根据客户的订单小批量生产甲(005 号)、乙(006 号)和丙(007 号)三种产品。原材料是在生产开始时一次投入，有关成本资料如下。

(1) 各批产品的生产情况如表 7-16 所示。

表 7-16　各批产品的生产情况

产品批号	产品名称	开工日期	批量(台)	完工产量(台)		本月耗用工时(小时)	
				5 月份	6 月份	一车间	二车间
005	甲	6 月	20	10	10	3 000	1 600
006	乙	7 月	25		25	1 800	2 100
007	丙	7 月	15			1 500	2 000

(2) 005 号甲产品 5 月份的资料为：直接材料 12 500 元，直接人工 17 600 元，制造费用 8 700 元。

(3) 6 月份各批产品领用材料情况如下:006 号产品 45 000 元,007 号丙产品12 000元。

(4) 6 月份直接人工资料如表 7-17 所示。

表 7-17　直接人工分配表

单位:元

批号	产品	一车间	二车间
005	甲产品	8 700	3 500
006	乙产品	5 600	6 000
007	丙产品	4 400	4 500

(5) 6 月份制造费用:一车间 10 080 元,二车间 12 540 元,按生产工时在各批产品之间分配。

(6) 订单内跨月陆续完工产品成本先按计划单位成本计算结转,待全部产品完工后再重新计算完工产品的总成本和单位成本。5 月份完工的 10 台甲产品单位成本为:直接材料 600 元,直接人工 800 元,制造费用 400 元。

根据上述资料计算各批产品成本,将结果填列于表 7-18~表 7-21 中。

表 7-18　制造费用分配表

2008 年 6 月

产品批别	产品名称	一车间			二车间			金额合计(元)
		生产工时(小时)	分配率(元/小时)	分配金额(元)	生产工时(小时)	分配率(元/小时)	分配金额(元)	
005	甲产品							
006	乙产品							
007	丙产品							
合计								

表 7-19　基本生产成本明细账

产品名称　甲产品　批号 005　　　单位:元

开工日期:2008 年 5 月　　　完工日期:2008 年 6 月

年		凭证		摘要	直接材料	直接人工	制造费用	合计
月	日	字	号					
5	31			5 月份成本合计				
	31			完工 10 台转出成本				
	31			5 月末在产品成本				
6	30			一车间分配				
				二车间分配				

续表

年		凭证		摘要	直接材料	直接人工	制造费用	合计
月	日	字	号					
6	30			6月份成本合计				
6	30			6月份完工10台转出成本				
6	30			20台产品总成本				
6	30			产品单位成本				

表7-20　基本生产成本明细账

产品名称:乙产品　批号006

开工日期:2008年5月

完工日期:2008年6月

单位:元

年		凭证		摘要	直接材料	直接人工	制造费用	合计
月	日	字	号					
6	30			一车间分配				
6	30			二车间分配				
6	30			成本合计				
	30			6月份完工转出成本				
6	30			产品单位成本				

表7-21　基本生产成本明细账

产品名称:丙产品　批号007

开工日期:2008年6月

完工日期:2008年6月

单位:元

年		凭证		摘要	直接材料	直接人工	制造费用	合计
月	日	字	号					
6	30			一车间分配				
				二车间分配				
6	30			6月份成本合计				

2. 假定某企业小批量生产多种产品,批数较多,为简化核算,采用累计间接费用分批法计算各批产品成本并将结果填列于表7-26～表7-30中。2008年6月份各批次的情况如下:

(1) 008号A产品10件,4月份投产,本月全部完工;

(2) 009号B产品12件,5月份投产,本月完工8件,本月不再发生材料费,单位产品材料费为10 000元;

(3) 0010号C产品5件,5月份投产,本月全部完工;

(4) 0011 号 D 产品 15 件，本月份投产，本月尚未完工，耗用工时 4 000 小时，发生材料费用 6 000 元。

基本生产成本二级账资料如表 7-22 所示。

表 7-22　基本生产成本二级账

年		凭证		摘要	生产工时（小时）	直接材料（元）	直接人工（元）	制造费用（元）	合计（元）
月	日	字	号						
6	1			期初余额	36 000	250 000	82 000	64 000	396 000
	30			本月发生额	46 500	75 000	104 450	87 800	267 250
	30			累计发生额	82 500	325 000	186 450	151 800	663 250

各批产品成本、工时资料如表 7-23～表 7-25 所示。

表 7-23　基本生产成本明细账

批号：008　　　开工日期：2008 年 4 月

批量：10 件

产品名称：A 产品　　　完工日期：2008 年 6 月

年		凭证		摘要	生产工时（小时）	直接材料（元）	直接人工（元）	制造费用（元）	合计（元）
月	日	字	号						
4	30			本月发生额	5 600	58 000			
5	31			本月发生额	5 200	24 000			
6	30			本月发生额	8 500	2 000			

表 7-24　基本生产成本明细账

批号：009　　　开工日期：2008 年 5 月

批量：12 件

产品名称：B 产品　　　完工日期：2008 年 6 月

年		凭证		摘要	生产工时（小时）	直接材料（元）	直接人工（元）	制造费用（元）	合计（元）
月	日	字	号						
5	31			本月发生额	21 400	98 000			

续表

年		凭证		摘要	生产工时（小时）	直接材料（元）	直接人工（元）	制造费用（元）	合计（元）
月	日	字	号						
6	30			本月发生额	12 400	22 000			
6	30			完工 6 件	24 500				

表 7-25　基本生产成本明细账

批号:010　　开工日期:2008 年 5 月

批量:8 件

产品名称:C 产品　　完工日期:2008 年 6 月

年		凭证		摘要	生产工时（小时）	直接材料（元）	直接人工（元）	制造费用（元）	合计（元）
月	日	字	号						
5	31			本月发生额	3 800	70 000			
6	30			本月发生额	21 600	45 000			

表 7-26　基本生产成本明细账

批号:008　　开工日期:2008 年 4 月

批量:10 件

产品名称:A 产品　　完工日期:2008 年 6 月

年		凭证		摘要	生产工时（小时）	直接材料（元）	直接人工（元）	制造费用（元）	合计（元）
月	日	字	号						
4	30			本月发生额	5 600	58 000			
5	31			本月发生额	5 200	24 000			
6	30			本月发生额	8 500	2 000			
6	30			累计数及工资、费用分配率					
6	30			结转完工产品成本					
6	30			完工产品单位成本					

表 7-27　基本生产成本明细账

批号：009　　开工日期：2008 年 5 月

批量 12 件

产品名称：B 产品　　完工日期：2008 年 6 月

年		凭证		摘要	生产工时（小时）	直接材料（元）	直接人工（元）	制造费用（元）	合计（元）
月	日	字	号						
5	31			本月发生额	21 400	98 000			
6	30			本月发生额	12 400	22 000			
6	30			累计数及工资、费用分配率					
6	30			结转完工 8 件成本					
6	30			完工产品单位成本					
6	30			月末在产品					

表 7-28　基本生产成本明细账

批号：010　　开工日期：2008 年 5 月

批量：5 件

产品名称：C 产品　　完工日期：2008 年 6 月

年		凭证		摘要	生产工时（小时）	直接材料（元）	直接人工（元）	制造费用（元）	合计（元）
月	日	字	号						
5	31			本月发生额	3 800	70 000			
6	30			本月发生额	21 600	45 000			
6	30			累计数及工资、费用分配率					
6	30			结转完工产品成本					

表 7-29　基本生产成本明细账

批号：011　　开工日期：2008 年 6 月

批量：15 件

产品名称：D 产品　　完工日期：2008 年 8 月

年		凭证		摘要	生产工时（小时）	直接材料（元）	直接人工（元）	制造费用（元）	合计（元）
月	日	字	号						
6	30			本月发生额					

表 7-30 基本生产成本二级账

年		凭证		摘要	生产工时（小时）	直接材料（元）	直接人工（元）	制造费用（元）	合计（元）
月	日	字	号						
6	1			期初余额	36 000	250 000	82 000	64 000	
	30			本月发生额	46 500	75 000	104 450	87 800	
	30			累计发生额					
	30			工资、费用分配率					
				完工转出					
				期末余额					

第八章 产品成本计算的分步法

学习目标(Learning Objective)

掌握分步法的核算特点、适用范围和成本计算程序，熟悉逐步结转分步法和平行结转分步法的特点。在逐步结转分步法下，应理解综合逐步结转分步法和逐步分项结转分步法的异同，能够进行综合逐步结转分步法下的半成品成本还原；在平行结转分步法下，应理解广义在产品的概念，能够准确计算广义在产品的约当产量。熟悉逐步结转分步法和平行结转分步法的账户设置和账务处理过程。

在大量、大批、多步骤生产的企业，为了加强对各生产步骤的成本管理，不仅要求按产品品种计算成本而且要求按照产品生产步骤计算成本。为此，需要采用分步法计算每一步骤的半成品成本和最后步骤的完工产品成本。本章将阐述如何运用分步法归集各步骤的生产费用，并计算各步骤的半成品成本和最终步骤的完工产品成本。

第一节 分步法概述

一、分步法的适用范围和特点

（一）分步法的含义

分步法是以产品的生产步骤作为成本计算对象来归集生产费用，计算产品成本的一种方法。

（二）分步法的适用范围

分步法适用于大量、大批、多步骤生产，并且管理上要求按生产步骤计算每个步骤的产品成本的企业，如纺织、冶金、造纸和机械制造等企业。

在这类企业中，产品生产可以分为若干个生产步骤，如纺织企业的生产可分为纺纱、织布、印染等步骤，机械制造的生产可分为铸造、加工、装配等步骤。从原材料投入生产到产成品制造完成要经过若干生产步骤，除最后一个步骤完工的是产成品外，其余生产步骤完工的都是半成品。这些半成品可以用于以后的生产步骤继续加工或装配，也可以对外出售。为加强成本管理，不仅要求计算各种产成品的成本，而且要求按照生产步骤来计算成本。

（三）分步法的特点

1. 成本计算对象

如果企业只生产一种产品，成本计算对象就是该种产成品及其所经过的各生产步骤，基本生产成本明细账应该按照该产品的生产步骤开设；如果企业生产多种产品，成本计算对象则是各种产成品及其所经过的各生产步骤，基本生产成本明细账应该按照每种产品的各个生产步骤开设。

在进行成本计算、分配和归集生产费用时，直接费用直接记入各明细账有关成本项目，间接费用分配记入各明细账有关成本项目。

应当指出，在实际工作中，产品成本计算的分步与产品实际生产步骤（加工步骤）不一定完全一致。在大多数多步骤生产企业中，按分步法计算成本时，一个生产步骤就是一个计算步骤，但也存在多个生产步骤为一个计算步骤或一个生产步骤分多个计算步骤的情况。

2. 成本计算期

在大批、大量的多步骤生产中，生产过程较长，大都可以间断，而且往往都是跨月陆续完工，因此成本计算期难以也没必要与产品生产周期保持一致，而是按月计算产成品成本，与会计报告期保持一致。

3. 生产费用的分配

由于在大批、大量的多步骤生产中，成本计算按月进行，与产品的生产周期不一致，因而在月末计算产品成本时，各生产步骤一般都存在未完工的在产品，因此需要采用适当的分配方法，将汇集在基本生产成本明细账中的生产费用在完工产品与在产品之间进行分配。

二、分步法的分类

由于各个企业生产工艺过程的特点和成本管理的要求不同，对各生产步骤成本的计算和结转有逐步结转和平行结转两种方法，相应地，产品成本计算的分步法也就分为逐步结转分步法和平行结转分步法。

1. 逐步结转分步法

逐步结转分步法是指按生产步骤逐步计算并结转半成品成本，直到最后计算出产成品成本的方法。因这种方法必须逐步计算每一步骤的半成品成本，因此也称作计算半成品成本的分步法。

逐步结转分步法主要适用于大批量、连续式、多步骤生产企业，如纺织企业。这类企业各生产步骤所生产的半成品，既可以转交给下一生产步骤继续加工，也可以作为商品对外出售。如纺织企业生产主要包括纺纱、织布、印染三个步骤，第一个生产步骤生产的棉纱既可以继续加工成毛坯布，也可以对外出售，同样，第二个生产步骤生产的毛坯布既可以继续加工成印花布，也可以对外出售。为了考核和控制半成品成本或计算半成品销售成本，就需要计算半成品成本。

逐步结转分步法实际为品种法的多次连续使用，每一步骤都需要将该步骤的生产费用在半成品和本步骤的在产品之间进行分配，因此，月末在产品是指停留在每一生产步骤上正在加工的在制品，即狭义的在产品。

逐步结转分步法的半成品实物逐步转移，成本也随之逐步转移。按照半成品成本在下一步骤成本计算单中反映的方式不同，该方法又可分为逐步综合结转分步法和逐步分项结转分步法。

（1）逐步综合结转分步法是指将上一生产步骤的半成品成本转入下一生产步骤时，不分成本项目，全部记入下一生产步骤生产成本明细账中的“直接材料”成本项目或专设的“半成品”成本项目中，综合反映各步骤所耗上一步骤所产半成品成本。

半成品成本的综合结转可以按照上一步骤所产半成品的实际成本结转，也可以按照企业确定的半成品计划成本或定额成本结转。半成品成本按实际成本综合结转时，由于各月所产半成品的实际单位成本不同，因而所耗半成品实际单位成本可根据企业的实际情况，采用先进先出法或加权平均法确定。

（2）逐步分项结转分步法是指将上一生产步骤的半成品成本转入下一生产步骤时，按其原始成本项目，分别记入下一生产步骤生产成本明细账中对应的成本项目中，分项反映各步骤所耗上一步骤所产半成品成本。如果半成品通过半成品库收发，自制半成品明细账也要按照成本项目分别登记。

半成品成本的分项结转一般按照上一步骤所产半成品的实际成本结转。

2. 平行结转分步法

平行结转分步法是指将各生产步骤中应计入相同产成品成本的份额平行汇总，以求得产成品成本的方法。因采用这种方法按生产步骤归集费用时，只计算各步骤应计入产成品成本的份额，不计算和结转半成品成本，因此也称作不计算半成品成本的分步法。

平行结转分步法主要适用于大批量、装配式、多步骤生产企业，如电子产品制造企业。这类企业的生产过程通常是先将各种原材料平行地加工为各种零部件，然后再组装成产成品。由于在这类企业中，各生产步骤所生产的半成品的种类很多，半成品出售的情况较少，在管理上也不需要计算半成品成本，为了简化成本核算工作，可以采用平行结转分步法。在某些连续式、多步骤生产企业，如果各生产步骤所产半成品仅供本企业下一步骤继续加工，不准备对外出售，也可以采用平行结转分步法。

平行结转分步法下的月末在产品为广义的在产品，既包括本步骤正在加工的在产品（狭义的在产品），又包括本步骤已经加工完成，已经转入后续各生产步骤，但尚未最终制成产成品的半成品。

平行结转分步法的半成品实物转移，而其成本不转移，仍保留在产出步骤的成本明细账中，各步骤的生产费用，只是各步骤本身发生的费用，没有上一步骤转入的费用。比如，当材料是一次投料时，除第一步骤生产费用中包括所耗用的直接材料、直接人工和制造费用外，其他各步骤只有本步骤发生的直接人工和制造费用。

第二节　逐步结转分步法

一、逐步结转分步法的计算程序

采用分步法计算产品成本，一般应先按照产品品种及其生产步骤设置基本生产明细账，然后按照直接费用直接计入、间接费用分配计入的原则归集和分配各生产步骤的成本，再计算最终完工产品成本。但由于各生产步骤成本计算和结转方式的不同，逐步结转分步法和平行结转分步法的成本计算的具体程序是不相同的。

采用逐步结转分步法，其成本计算的具体程序是：归集第一生产步骤发生的各种生产费用，计算第一生产步骤所产半成品成本，并将其转入第二生产步骤；归集第二生产步骤发生的各种费用，加上第一生产步骤转入的半成品成本，计算第二生产步骤所产半成品成本，并将其转入第三生产步骤；依次计算直至最后生产步骤计算出完工产品成本。在设有半成品仓库的企业，还应在半成品仓库和有关生产步骤（生产半成品和领用半成品的生产步骤）之间，随着半成品实物的收入（生产完工验收入库）和发出（生产领用），进行半成品成本的转移。

逐步结转分步法的成本计算程序示意图如图 8-1 所示。

图 8-1　逐步结转分步法成本计算程序示意图

二、逐步结转分步法举例

逐步结转分步法的重要特点就是按生产步骤逐步计算并结转半成品成本，除第一步骤外，其他生产步骤的生产费用都包括上步骤转来的费用。

（一）逐步综合结转分步法

【例 8-1】 某工厂大量生产甲产品，设有第一、第二、第三三个基本生产车间，甲产品需顺序经过三个车间加工，其中，第一车间生产的产品为甲产品的 A 半成品，A 半成品完工后全部直接交给第二车间继续加工为甲产品的 B 半成品，B 半成品完工后全部交半成品仓库，第三车间从半成品仓库领用 B 半成品继续加工为甲产品产成品，甲产品完工后全部交产成品仓库。该厂根据实际情况，采用逐步结转分步法计算甲产品成本，成本结转方式为半成品按实际成本综合结转。对经过半成品仓库收发的 B 半成品增设了“自制半成品——B 半成品”明细科目，半成品仓库发出的 B 半成品成本采用加权平均法计算。该厂对产品成本按直接材料、直接人工、制造费用分设了专栏。生产甲产品的原材料在第一车间生产开始时一次投入，第二、三车间转入或领用的半成品也分别于本车间生产开始时一次投入。企业采用约当产量法分配每步骤的完工产品（半成品）成本和在产品成本。

2008 年 7 月第一车间 A 半成品、第二车间 B 半成品、第三车间甲产品月初在产品成本和本月发生的生产费用如表 8-1 所示，本月各生产车间产量记录如表 8-2 所示。

表 8-1　生产费用资料

产品：甲产品　　2008 年 7 月　　单位：元

项目	第一车间（A 半成品）	第二车间（B 半成品）	第三车间（甲产品）
月初在产品成本	10 000	26 000	47 050
其中：直接材料或半成品	6 000	15 500	32 300
直接人工	2 500	7 500	8 000
制造费用	1 500	3 000	6 750
本月发生生产费用	80 900	54 600	92 500
其中：直接材料	57 000		
直接人工	16 100	32 800	50 500
制造费用	7 800	21 800	42 000

表 8-2　产量记录

产品：甲产品　　2008 年 7 月

项目	第一车间（A 半成品）	第二车间（B 半成品）	第三车间（甲产品）
月初在产品（件）	50	70	60
本月投产或上步骤转入（件）	300	270	290
本月完工转入下步骤或入半成品库（件）	270	280	300
月末在产品（件）	80	60	50
月末在产品完工程度	50%	50%	50%

本月半成品仓库 B 半成品收发和结存情况为：月初结存 50 件，总成本为 26 800 元，本月第二车间入库 280 件，第三车间领用 290 件。

根据上述资料，进行产品成本计算的程序如下。

1. 开设产品生产成本明细账（成本计算单）

以甲产品及其所经过的生产步骤为成本核算对象设置第一车间 A 半成品、第二车间 B 半成品、第三车间甲产品的产品生产成本明细账（成本计算单）。

2. 计算第一车间本月所产 A 半成品的实际成本

第一车间为生产甲产品的第一生产步骤，没有上步骤转入费用，只需将 A 半成品月初在产品成本和本月发生生产费用记入第一车间产品生产成本明细账（成本计算单）后，即可采用约当产量法分配 A 半成品和在产品费用，计算出 A 半成品的实际总成本。

第一车间产品生产成本计算单如表 8-3 所示。

根据计算结果，第一车间本月完工转入下一步骤的半成品成本为 72 900 元，因为没有经过半成品仓库的收发，半成品成本可以在两个生产步骤产品生产成本明细账之间直接结转，不必编制结转完工半成品的会计分录。

表 8-3　第一车间产品成本计算单

产品名称：A 半成品　　　完工产品：270 件　　　在产品：80 件　　　完工程度：50%

2008 年 7 月

项目	直接材料	直接人工	制造费用	合计
月初在产品成本(元)	6 000	2 500	1 500	10 000
本月本步骤发生生产费用(元)	57 000	16 100	7 800	80 900
生产费用合计(元)	63 000	18 600	9 300	90 900
本月完工产品数量(件)	270	270	270	
月末在产品数量(件)	80	80	80	
月末在产品完工程度	100%	50%	50%	
月末在产品约当产量(件)	80	40	40	
约当总产量(件)	350	310	310	
费用分配率(元/件)	180	60	30	
本月完工 A 半成品成本(元)	48 600	16 200	8 100	72 900
月末在产品成本(元)	14 400	2 400	1 200	18 000

3. 计算第二车间本月所产 B 半成品的实际成本

第二车间为生产甲产品的第二生产步骤，在归集本步骤生产费用时，应加上上一步骤转入的 A 半成品的成本。同样，也是采用约当产量法分配 B 半成品和在产品费用，计算出 B 半成品的实际总成本。第二车间产品生产成本计算单如表 8-4 所示。

表 8-4　第二车间产品成本计算单

产品名称：B 半成品　　　完工产品：280 件　　　在产品：60 件　　　完工程度：50%

2008 年 7 月

项目	半成品	直接人工	制造费用	合计
月初在产品成本(元)	15 500	7 500	3 000	26 000
本月本步骤发生生产费用(元)		32 800	21 800	54 600
本月上步骤转入生产费用(元)	72 900			72 900
生产费用合计(元)	88 400	40 300	24 800	153 500
本月完工产品数量(件)	280	280	280	
月末在产品数量(件)	60	60	60	
月末在产品完工程度	100%	50%	50%	
月末在产品约当产量(件)	60	30	30	
约当总产量(件)	340	310	310	
费用分配率(元/件)	260	130	80	
本月完工 B 半成品成本(元)	72 800	36 400	22 400	131 600
月末在产品成本(元)	15 600	3 900	2 400	21 900

根据成本计算结果和完工半成品入库单，编制结转本月完工入库B半成品成本的会计分录如下。

借：自制半成品——B半成品　　　131 600

　贷：生产成本——基本生产成本——第二车间(B半成品)　　　131 600

4. 计算第三车间本月所产甲产品的实际成本

(1) 计算第三车间本月领用B半成品成本。

因第三车间从半成品仓库领用B半成品，故需先计算本月第三车间领用B半成品成本。企业采用加权平均法计算领用半成品的成本，自制半成品明细账如表8-5所示。

表8-5　自制半成品明细账

产品：B半成品　　　2008年7月

2008		凭证号数	摘要	收入		发出		结存	
月	日			数量(件)	金额(元)	数量(件)	金额(元)	数量(件)	金额(元)
		略	月初余额					50	26 800
			本月入库	280	131 600				
			本月领用			290	139 200	40	19 200
			本月合计	280	131 600	290	139 200	40	19 200

表8-5中，本月发出B半成品的加权平均单价和成本计算如下。

$$\text{B半成品的加权平均单价}=\frac{26\ 800+131\ 600}{50+280}=480(\text{元})，$$

本月领用B半成品的成本$=290\times480=139\ 200$(元)。

根据计算结果，编制结转第三车间领用B半成品成本的会计分录如下。

借：生产成本——基本生产成本——第三车间(甲产品)　　　139 200

　贷：自制半成品——B半成品　　　139 200

(2) 第三车间生产费用在完工产品和月末在产品之间的分配。

第三车间为生产甲产品的最后生产步骤，在归集本步骤生产费用时，应加上从半成品仓库领用的B半成品的成本。同样，也是采用约当产量法分配本月完工甲产品和月末在产品费用，计算出甲产品的实际总成本。第三车间产品生产成本计算单如表8-6所示。

表8-6　第三车间产品成本计算单

产品名称：甲产品　　完工产品：300件　　在产品：50件　　完工程度：50%

2008年7月

项目	半成品	直接人工	制造费用	合计
月初在产品成本(元)	32 300	8 000	6 750	47 050
本月本步骤发生生产费用(元)		50 500	42 000	92 500
本月领用半成品成本(元)	139 200			139 200
生产费用合计(元)	171 500	58 500	48 750	278 750

续表

项目	半成品	直接人工	制造费用	合计
本月完工产品数量(件)	300	300	300	
月末在产品数量(件)	50	50	50	
月末在产品完工程度	100%	50%	50%	
月末在产品约当产量(件)	50	25	25	
约当总产量(件)	350	325	325	
费用分配率(元/件)	490	180	150	
本月完工甲产品成本(元)	147 000	54 000	45 000	246 000
月末在产品成本(元)	24 500	4 500	3 750	32 750

根据计算结果和完工产品入库单,编制结转本月完工入库甲产品成本的会计分录如下。

借:库存商品——甲产品　　246 000

　　贷:生产成本——基本生产成本——第三车间(甲产品)　　246 000

(二) 成本还原

1. 成本还原的意义

从例 8-1 可以看出,采用逐步结转分步法综合结转半成品成本时,各步骤耗用上一步骤的半成品成本,是以“半成品”(或“直接材料”)项目综合反映在下一步骤产品生产成本明细账(成本计算单)中,成本核算工作虽然比较简单,但不能提供按原始成本项目反映的成本资料。特别是在生产步骤较多的情况下,逐步综合结转以后,表现在产成品成本中的绝大部分费用都是“半成品”费用,而直接材料和制造费用只是最后一个步骤的费用,不能反映产品成本结构的实际情况。为了正确反映产品成本的构成,并进行成本对比和分析,就需要将产成品成本中的“半成品”项目的成本进行成本还原。

成本还原是将完工产品成本的“半成品”项目的综合成本,逆序逐步分解为原始的直接材料、直接人工和制造费用等成本项目的过程。

2. 成本还原的步骤

第一步,从最后一个步骤开始,把各步骤所耗上一步骤半成品的综合成本,按上一步骤所产半成品的成本结构,逐步分解、还原成原始成本项目成本。

第二步,将各步骤还原后的相同成本项目加以汇总。

3. 成本还原举例

【例 8-2】 例 8-1 中第三车间本月完工入库甲产品 300 件,实际总成本为 246 000 元,其中,所耗第二车间所产 B 半成品成本 147 000 元。这是一个综合成本,需要进行成本还原,计算过程如下。

(1) 对甲产品所耗 B 半成品进行成本项目还原。

根据第二车间所产 B 半成品的成本构成,对第三车间本月完工甲产品所耗 B 半成品成本 147 000 元进行成本项目还原，还原结果如表 8-7 所示。

表 8-7 半成品成本还原计算表

半成品名称：B 半成品　　2008 年 7 月

项目	B 半成品	A 半成品	直接人工	制造费用	合计
本月所耗 B 半成品综合成本(元)	147 000				
本月所产 B 半成品成本(元)		72 800	36 400	22 400	131 600
本月所产 B 半成品成本构成		55.32%	27.66%	17.02%	100%
本月所耗 B 半成品的还原成本(元)	−147 000	81 320	40 660	25 020	

(2) 对甲产品所耗 A 半成品进行成本项目还原。

从表 8-7 可知，对甲产品所耗 B 半成品进行成本项目还原后，仍有 A 半成品成本 81 320元为综合成本，需要按本月所产 A 半成品的成本构成进行成本还原，还原结果如表 8-8 所示。

表 8-8 半成品成本还原计算表

半成品名称：A 半成品　　2008 年 7 月

项目	B 半成品	直接材料	直接人工	制造费用	合计
本月所耗 A 半成品综合成本(元)	81 320				
本月所产 A 半成品成本(元)		48 600	16 200	8 100	72 900
本月所产 A 半成品成本构成		66.67%	22.22%	11.11%	100%
本月所耗 A 半成品的还原成本(元)	−81 320	54 216	18 069	9 035	

(3) 汇总还原后的各成本项目。

成本还原后，将各步骤的相同成本项目相加，就可求得甲产品按成本项目反映的总成本和单位成本。汇总结果如表 8-9 所示。

表 8-9 产品成本还原计算表

产成品名称：甲产品　　2008 年 7 月

成本项目	还原前总成本(元)	还原后总成本(元)	还原后单位成本(元/件)
B 半成品	147 000	0	0
直接材料		54 216+0+0=54 216	180.7
直接人工	54 000	18 069+40 660+54 000=112 729	375.8
制造费用	45 000	9 035+25 020+45 000=79 055	263.5
合　计	246 000	246 000	820

(三) 逐步分项结转分步法

为了与逐步综合结转分步法相比较，逐步分项结转分步法仍采用例 8-1 中工厂的实例。但由于逐步分项结转法下，转入的半成品成本是按原始成本项目反映的，月初在产品成本中的数额与逐步综合结转分步法下(参见表 8-1)是不相同的。在逐步综合结转分步法下,第二、第三车间的月初在产品成本中的半成品成本 15 500 元、32 300 元包含了直接人工和制造费用的综合成本。在逐步分项结转分步法下,第二车间的半成品成本 15 500元中,直接材料、直接人工和制造费用分别为 9 200 元、4 200 元、2 100 元;第三车间的半成品成本 32 300 元中,直接材料、直接人工和制造费用分别为 21 900 元、7 300 元、3 100元。逐步分项结转分步法下,各车间生产费用资料如表 8-10 所示。

表 8-10 生产费用资料

产品:甲产品　　2008 年 7 月　　单位:元

项目		第一车间(A 半成品)	第二车间(B 半成品)	第三车间(甲产品)
月初在产品成本		10 000	26 000	47 050
其中:直接材料	本步骤发生	6 000		
	上步骤转入		9 200	21 900
直接人工	本步骤发生	2 500	7 500	8 000
	上步骤转入		4 200	7 300
制造费用	本步骤发生	1 500	3 000	6 750
	上步骤转入		2 100	3 100
本月发生生产费用		80 900	54 600	92 500
其中:直接材料		57 000		
直接人工		16 100	32 800	50 500
制造费用		7 800	21 800	42 000

根据上述资料和前述工厂资料,进行产品成本计算的程序如下。

1. 开设产品生产成本明细账(成本计算单)

产品生产成本明细账(成本计算单)的开设同逐步综合结转分步法。

2. 计算第一车间本月所产 A 半成品的实际成本

因第一车间的生产是第一生产步骤,没有上一步骤转入费用,其计算过程与逐步综合结转分步法计算过程完全相同,不同的只是生产费用需分项结转到下一生产步骤。为使分项结转计算程序完整,仍列示第一车间产品生产成本计算单,如表 8-11 所示。

表 8-11 第一车间产品成本计算单

产品名称:A 半成品　　完工产品:270 件　　在产品:80 件　　完工程度:50%

2008 年 7 月

项目	直接材料	直接人工	制造费用	合计
月初在产品成本(元)	6 000	2 500	1 500	10 000
本月本步骤发生生产费用(元)	57 000	16 100	7 800	80 900

续表

项目	直接材料	直接人工	制造费用	合计
生产费用合计(元)	63 000	18 600	9 300	90 900
本月完工产品数量(件)	270	270	270	
月末在产品数量(件)	80	80	80	
月末在产品完工程度	100%	50%	50%	
月末在产品约当产量(件)	80	40	40	
约当总产量(件)	350	310	310	
费用分配率(元/件)	180	60	30	
本月完工 A 半成品成本(元)	48 600	16 200	8 100	72 900
月末在产品成本(元)	14 400	2 400	1 200	18 000

3. 计算第二车间本月所产 B 半成品的实际成本

采用逐步分项结转分步法时,从上一步骤转入的直接人工、制造费用,对本步骤而言是已全部投入的,月末在产品应与本月完工半成品同等分配,不需按在产品完工程度折合约当产量。因此,应对每一个成本项目都区分为上步骤转入和本步骤发生,以利于正确计算月末在产品成本。

第二车间产品生产成本计算单如表 8-12 所示,其中上步骤转入费用和本步骤发生费用用斜线隔开表示,对约当产量、费用分配率等也用斜线区分。

表 8-12 第二车间产品成本计算单

产品名称:B 半成品　　完工产品:280 件　　在产品:60 件　　完工程度:50%

2008 年 7 月

项目	直接材料	直接人工	制造费用	合计
月初在产品成本(元)	9 200/	4 200/7 500	2 100/3 000	15 500/10 500
本月本步骤发生生产费用(元)		/32 800	/21 800	/54 600
本月上步骤转入生产费用(元)	48 600/	16 200/	8 100/	72 900/
生产费用合计(元)	57 800/	20 400/40 300	10 200/24 800	88 400/65 100
本月完工产品数量(件)	280/	280/280	280/280	
月末在产品数量(件)	60/	60/60	60/60	
月末在产品完工程度	100%/	100%/50%	100%/50%	
月末在产品约当产量(件)	60/	60/30	60/30	
约当总产量(件)	340/	340/310	340/310	
费用分配率(元/件)	170/	60/130	30/80	
本月完工 B 半成品成本(元)	47 600/	16 800/36 400	8 400/22 400	131 600
月末在产品成本(元)	10 200/	3 600/3 900	1 800/2 400	15 600/6 300

根据成本计算结果和完工半成品入库单，编制结转本月完工入库B半成品成本的会计分录如下。

借：自制半成品——B半成品　　131 600

　　贷：生产成本——基本生产成本——第二车间(B半成品)　　131 600

为了简化工作，如果各成本项目中不区分上步骤转入费用和本步骤发生费用，应当在考虑这两种费用投入的不同情况后，再确定月末在产品各成本项目的完工程度或已完成的定额工时等，以正确将生产费用在本月完工半成品和月末在产品之间进行分配。

4. 计算第三车间本月所产甲产品的实际成本

(1) 计算第三车间本月领用B半成品成本。

因第三车间从半成品仓库领用B半成品，故需先计算本月第三车间领用B半成品成本。逐步分项结转分步法下，自制半成品明细账中的B半成品成本，也应当分成本项目计算。企业采用加权平均法计算领用半成品的项目成本，B半成品期初余额26 800元，其中直接材料、直接人工、制造费用分别为15 100元、6 200元、5 500元。自制半成品明细账如表8-13所示。

表8-13　自制半成品明细账

产品：B半成品　　2008年7月

2008		凭证号数	摘要	数量(件)	金额合计(元)	其中		
月	日					直接材料(元)	直接人工(元)	制造费用(元)
		略	月初余额	50	26 800	15 100	6 200	5 500
			本月入库	280	131 600	47 600	53 200	30 800
			本月领用	290	139 200	55 100	52 200	31 900
			月末结存	40	19 200	7 600	7 200	4 400

表8-13中，本月发出B半成品的各成本项目加权平均单价和成本计算如下。

$$\text{直接材料的加权平均单价}=\frac{15\ 100+47\ 600}{50+280}=190(\text{元}),$$

本月领用B半成品的直接材料 $=290\times190=55\ 100$(元)，

$$\text{直接人工的加权平均单价}=\frac{6\ 200+53\ 200}{50+280}=180(\text{元}),$$

本月领用B半成品的直接人工 $=290\times180=52\ 200$(元)，

$$\text{制造费用的加权平均单价}=\frac{5\ 500+30\ 800}{50+280}=110(\text{元}),$$

本月领用B半成品的制造费用 $=290\times110=31\ 900$(元)，

本月领用B半成品成本 $=55\ 100+52\ 200+31\ 900=139\ 200$(元)。

根据计算结果，编制结转第三车间领用B半成品成本的会计分录如下。

借：生产成本——基本生产成本——第三车间(甲产品)　　139 200

　　贷：自制半成品——B半成品　　139 200

(2) 第三车间生产费用在完工产品和月末在产品之间的分配。

第三车间为生产甲产品的最后生产步骤，在归集本步骤生产费用时，应加上从半成品仓库领用的B半成品的成本。同样，也是采用约当产量法分项目、分上步骤转入和本步骤发生分配本月完工甲产品和月末在产品费用，计算出甲产品的实际总成本。第三车间产品生产成本计算单如表8-14所示。

表8-14　第三车间产品成本计算单

产品名称:甲产品　　完工产品:300件　　在产品:50件　　完工程度:50%

2008年7月

项目	直接材料	直接人工	制造费用	合计
月初在产品成本(元)	21 900/	7 300/8 000	3 100/6 750	32 300/14 750
本月本步骤发生生产费用(元)		/50 500	/42 000	/92 500
本月领用半成品成本(元)	55 100/	52 200/	31 900/	139 200/
生产费用合计(元)	77 000/	50 500/58 500	35 000/48 750	278 750
本月完工产品数量(件)	300/	300/300	300/300	
月末在产品数量(件)	50/	50/50	50/50	
月末在产品完工程度	100%/	100%/50%	100%/50%	
月末在产品约当产量(件)	50/	50/25	50/25	
约当总产量(件)	350/	350/325	350/325	
费用分配率(元/件)	220/	170/180	100/150	
本月完工甲产品成本(元)	66 000/	51 000/54 000	30 000/45 000	246 000
月末在产品成本(元)	11 000/	8 500/4 500	5 000/3 750	24 500/8 250

根据计算结果和完工产品入库单，编制结转本月完工入库甲产品成本的会计分录如下。

借：库存商品——甲产品　　　　246 000

　贷：生产成本——基本生产成本——第三车间(甲产品)　　　　246 000

从计算结果可知，逐步分项结转分步法下，本月完工甲产品300件的实际总成本为246 000元，其中，直接材料、直接人工、制造费用分别为66 000元、105 000元、75 000元。这一结果与逐步综合结转分步法下各成本项目的成本(参见表8-6)是有一定差异的，这是因为无论是进行成本还原时所依据的成本构成，还是在产品的完工程度的确定等都只是相对合理的假定。

第三节　平行结转分步法

一、平行结转分步法的成本计算程序

(一) 平行结转分步法的特点

平行结转分步法是将各生产步骤应计入相同完工产品成本的份额平行汇总，以求得

完工产品成本的方法。平行结转分步法与逐步结转分步法相比较，有以下特点。

（1）各生产步骤不计算半成品成本。各生产步骤只归集本步骤耗费的材料费用、人工费用和制造费用，不计算半成品成本。不论半成品是否通过仓库收发，都不通过“自制半成品”账户进行金额核算，仅对自制半成品进行数量核算。

（2）各生产步骤之间不结转半成品成本。在生产过程中，上一生产步骤半成品实物转入下一生产步骤继续加工时，自制半成品的成本不随同实物转移而转移，即使通过半成品仓库收发，也不结转半成品成本。

（3）计算各生产步骤应计入完工产品成本的生产费用“份额”。月末将各生产步骤归集的生产费用，在完工产品成本与月末广义在产品之间进行分配，以确定各生产步骤应计入完工产品成本的生产费用的“份额”。广义在产品由两部分组成：一是各个生产步骤正在生产中的在产品，也就通常所指的在产品，即是狭义的在产品；二是本生产步骤已完工并转入后面的生产步骤，已转入半成品库，但尚未形成完工产品的所有半成品。

（二）平行结转分步法的计算程序

采用平行结转分步法，其成本计算具体程序是：首先，归集各生产步骤发生的各种生产费用，但不包括上一步骤转入的半成品成本；其次，将各生产步骤所发生的费用在本月最终完工产成品与月末在产品（广义在产品）之间进行分配，确定各生产步骤应计入产成品成本的份额；最后，将各生产步骤应计入产成品成本的份额直接相加，计算出产成品成本。

平行结转分步法的成本计算程序示意图如图 8-2 所示。

图 8-2　平行结转分步法成本计算程序示意图

二、平行结转分步法的应用

运用平行结转分步法的关键就是要确定各步骤生产费用中应计入产成品成本的份额。采用约当产量法计算应计入产成品成本的份额的计算公式为

$$\text{某步骤应计入产成品成本的份额}=\text{产成品的产量}\times\text{单位产成品耗用该步骤半成品数量}\times\text{该步骤半成品单位成本}$$

上式中“该步骤半成品单位成本”的计算公式为

$$\text{某步骤半成品单位成本（费用分配率）}=\frac{\text{该步骤月初在产品费用}+\text{该步骤本月发生费用}}{\text{完工产成品所耗该步骤半成品数量}+\text{该步骤月末广义在产品约当产量}}$$

上式中“该步骤月末广义在产品约当产量”的计算公式为

$$\text{某步骤月末广义在产品约当产量}=\text{该步骤月末狭义在产品约当产量}+\text{处于后续步骤中的在产品数量之和}。$$

上式中，因只有该步骤的在产品对本步骤而言是在产品，需按投料率或完工程度折算成约当产量，而处于后续步骤的在产品对本步骤而言已为完工半成品，无需再进行折算，直接相加即可。

【例 8-3】 汉发工厂大量生产甲产品，设有第一、第二、第三三个基本生产车间，甲产品需顺序经过三个车间逐步加工，其中，第一车间生产的产品为甲产品的 A 半成品，A 半成品完工后全部直接交给第二车间继续加工为甲产品的 B 半成品，B 半成品完工后全部直接交给第三车间继续加工为甲产品产成品，甲产品完工后全部交产成品仓库。原材料在生产开始时一次投入，一件产成品耗用一件 B 半成品，一件 B 半成品耗用一件 A 半成品。该厂根据实际情况，采用平行结转分步法计算甲产品成本，并采用约当产量法分配每步骤应计入的完工产品（半成品）成本和在产品成本。2008 年 8 月三个车间的月初在产品成本和本月发生的生产费用如表 8-15 所示，本月各步骤产量记录如表 8-16 所示。

表 8-15　生产费用资料

产品：甲产品　　　　2008 年 8 月　　　　单位：元

项目	第一车间（A 半成品）	第二车间（B 半成品）	第三车间（甲产品）
月初在产品成本	22 200	16 500	26 400
其中：直接材料	11 000		
直接人工	7 700	10 000	18 000
制造费用	3 500	6 500	8 400
本月发生生产费用	55 000	38 100	19 800
其中：直接材料	34 000		
直接人工	13 000	25 100	14 000
制造费用	8 000	13 000	5 800

表 8-16　产量记录

产品：甲产品　　　　2008 年 8 月

项目	第一车间（A 半成品）	第二车间（B 半成品）	第三车间（甲产成品）
月初在产品（件）	50	70	80
本月投产或上步骤转入（件）	300	270	280
本月完工转入下步骤或入半成品库（件）	270	280	300
月末在产品（件）	80	60	60
月末在产品完工程度	50%	50%	50%

根据上述资料，进行产品成本计算的程序如下。

1. 开设产品生产成本明细账(成本计算单)

以甲产品及其所经过的生产步骤为成本核算对象设置第一步骤A半成品、第二步骤B半成品、第三步骤甲产品的产品生产成本明细账(成本计算单)。

2. 计算第一、第二、第三步骤生产成本应计入产成品的份额

第一、第二、第三步骤生产成本计算单分别如表8-17、表8-18、表8-19所示。

表8-17　第一车间产品成本计算单

半成品名称：A半成品　　完工产品：270件　　在产品：80件　　完工程度：50%

2008年8月

项目		直接材料	直接人工	制造费用	合计
月初在产品成本(元)		11 000	7 700	3 500	22 200
本月本步骤发生生产费用(元)		34 000	13 000	8 000	55 000
生产费用合计(元)		45 000	20 700	11 500	77 200
本月完工产成品数量(件)		300	300	300	
广义在产品约当产量	本步骤在产品约当产量(件)	80	40	40	
	后续步骤在产品数量(件)	120	120	120	
	广义在产品约当产量(件)	200	160	160	
约当总产量(件)		500	460	460	
费用分配率(元/件)		90	45	25	
应计入产成品成本的份额(元)		27 000	13 500	7 500	48 000
月末在产品成本(元)		18 000	7 200	4 000	29 200

表8-17中，有关数据计算如下：

本步骤在产品直接材料约当产量＝80×100%＝80(件)，

本步骤在产品直接人工、制造费用约当产量＝80×50%＝40(件)，

后续步骤在产品数量＝第二步骤在产品约当产量＋第三步骤在产品约当产量

＝60＋60＝120(件)，

应计入产成品的直接材料费用＝300×90＝27 000(元)，

应计入产成品的直接人工费用＝300×45＝13 500(元)，

应计入产成品的制造费用＝300×25＝7 500(元)。

表8-18　第二车间产品成本计算单

半成品名称：B半成品　　完工产品：280件　　在产品：60件　　完工程度：50%

2008年8月

项目	直接材料	直接人工	制造费用	合计
月初在产品成本(元)		10 000	6 500	16 500

续表

项目		直接材料	直接人工	制造费用	合计
本月本步骤发生生产费用(元)			25 100	13 000	38 100
生产费用合计(元)			35 100	19 500	54 600
本月完工产成品数量(件)			300	300	
广义在产品约当产量	本步骤在产品约当产量(件)		30	30	
	后续步骤在产品数量(件)		60	60	
	广义在产品约当产量(件)		90	90	
约当总产量(件)			390	390	
费用分配率(元/件)			90	50	
应计入产成品成本的份额(元)			27 000	15 000	42 000
月末在产品成本(元)			8 100	4 500	12 600

表 8-18 中,有关数据计算如下：

本步骤在产品直接材料约当产量=60×100%=60(件),

本步骤在产品直接人工、制造费用约当产量=60×50%=30(件),

后续步骤在产品数量=第三步骤在产品数量=60(件),

应计入产成品的直接人工费用=300×90=27 000(元),

应计入产成品的制造费用=300×50=15 000(元)。

表 8-19　第三车间产品成本计算单

产品名称:甲产品　　　　完工产品:300 件　　　　在产品:60 件　　　　完工程度:50%

2008 年 8 月

项目		直接材料	直接人工	制造费用	合计
月初在产品成本(元)			18 000	8 400	26 400
本月本步骤发生生产费用(元)			14 000	5 800	19 800
生产费用合计(元)			32 000	14 200	46 200
本月完工产成品数量(件)			300	300	
广义在产品约当产量	本步骤在产品约当产量(件)		30	30	
	后续步骤在产品数量(件)				
	广义在产品约当产量(件)		30	30	
约当总产量(件)			330	330	
费用分配率(元/件)			96.97	43.03	
应计入产成品成本的份额(元)			29 091	12 909	42 000
月末在产品成本(元)			2 909	1 291	4 200

表 8-19 中，有关数据计算如下：

本步骤在产品直接材料约当产量＝60×100％＝60（件），

本步骤在产品直接人工、制造费用约当产量＝60×50％＝30（件），

应计入产成品的直接人工费用＝300×96.97＝29 091（元），

应计入产成品的制造费用＝300×43.03＝12 909（元）。

3. 根据各生产步骤生产成本计算单编制产品成本汇总计算表

产品成本汇总计算表如表 8-20 所示。

表 8-20　产品成本汇总计算表

产品名称：甲产品　产量：300 件　　2008 年 8 月

项目	直接材料	直接人工	制造费用	合计
第一步骤计入产成品成本的份额（元）	27 000	13 500	7 500	48 000
第二步骤计入产成品成本的份额（元）		27 000	15 000	42 000
第三步骤计入产成品成本的份额（元）		290 901	12 909	42 000
总成本（元）	27 000	64 500	40 500	132 000
单位成本（元/件）	90	215	135	440

根据产品成本汇总计算表和产成品入库单，结转完工产品成本，编制会计分录如下。

借：库存商品——甲产品　　132 000

　贷：生产成本——基本生产成本——第一步骤（甲产品）　　48 000

　　　　　　　　　　　　　　——第二步骤（甲产品）　　42 000

　　　　　　　　　　　　　　——第三步骤（甲产品）　　42 000

本章小结(Summary)

分步法是按照产品的品种及生产每种产品所经过的步骤汇集生产费用，计算各种产品成本及其各步骤成本的一种方法。分步法主要适用于大量、大批、多步骤，且管理上要求按步骤计算成本的企业或车间。其成本计算是定期的，与会计报告期一致，并且生产费用要在完工产品与在产品之间进行分配。分步法按照是否计算半成品成本，又可以分为逐步结转分步法和平行结转分步法。

关键术语(Glossary)

分步法 (process costing)

逐步结转分步法 (sequential process costing)

平行结转分步法 (parallel process costing)

综合结转法 (composite cost carried down)

成本还原 (cost tracing)

分项结转法（line-item cost carried down）

半成品（semi-finished goods）

思考题(Questions)

1. 分步法的适用范围和特点是什么？
2. 比较狭义在产品和广义在产品的含义。
3. 为什么要进行成本还原？如何进行成本还原？
4. 逐步结转分步法与平行结转分步法有何区别？

练习题(Exercises)

一、判断题

1. 在平行结转分步法下，只能采用定额比例法进行产成品和在产品之间的费用分配。（　　）

2. 采用分项逐步结转分步法时，月末在产品应负担的上车间（步骤）转入费用应该等于上车间转入费用除以上车间转入的半成品数，再乘以在产品的约当产量。（　　）

二、单项选择题

1. 半成品成本流转与实物流转相一致，又不需要成本还原的方法是（　　）。
   A. 逐步结转分步法　　B. 综合结转分步法
   C. 分项结转分步法　　D. 平行结转分步法
2. 平行结转分步法（　　）。
   A. 需要进行成本还原　　B. 不需要进行成本还原
   C. 能提供完整的半成品成本资料　　D. 能加强物质和资金的有效管理
3. 某种产品生产分两个步骤，采用逐步结转分步法计算成本。某月第一步骤交库的完工半成品成本为 5 000 元；第二步骤领用的半成品成本为 4 000 元，本月发生的其他生产费用为 6 000 元，月初、月末在产品成本分别为 1 000 元和 800 元。据此计算的该产品产成品成本为（　　）元。
   A. 11 200　　B. 10 800　　C. 10 200　　D. 9 800
4. 采用平行结转分步法，第二生产步骤的广义在产品不包括（　　）。
   A. 第一生产步骤正在加工的在产品　　B. 第二生产步骤正在加工的在产品
   C. 第二生产步骤完工入库的半成品　　D. 第三生产步骤正在加工的在产品
5. 不计算半成品成本的分步法是指（　　）。
   A. 逐步分项结转分步法　　B. 平行结转分步法
   C. 按实际成本综合结转分步法　　D. 按计划成本综合结转分步法

三、多项选择题

1. 采用分步法，作为成本计算对象的生产步骤可以（　　）。
   A. 按实际生产步骤设立

B. 按生产车间设立

C. 按一个车间中的几个生产步骤分别设立

D. 按几个车间合并成的一个生产步骤设立

2. 采用平行结转分步法不能提供(　　)。

A. 按原始成本项目反映的产成品成本资料

B. 所耗上一步骤半成品成本的资料

C. 各步骤完工半成品成本的资料

D. 本步骤应计入产成品成本份额的资料

3. 采用逐步结转分步法,计算各步骤半成品成本的原因是(　　)。

A. 为了计算外售半成品成本

B. 为了与同行业半成品成本对比

C. 为了计算各种产品成本提供所耗同一种半成品成本数量

D. 为了考核与分析各生产步骤等内部单位的生产耗费与资金占用水平

四、计算题

1. 企业分三个步骤生产B产品。半成品通过半成品库收发,第二步骤每投产一件产品,需领用一件第一步骤半成品,第三步骤每投产一件产品,需领用一件第二步骤半成品。4月份的产量记录如表8-21所示。

表8-21　产量记录　　单位:件

	月初在产品(件)	本月投产或上车间转入(件)	转入下车间或完工(件)	完工程度
第一步骤	10	90	80	80%
第二步骤	20	70	78	50%
第三步骤	30	90	110	70%

要求:分别计算各步骤月末狭义在产品和广义在产品的数量。

2. 乙产品生产分三个步骤,分别由三个车间进行,有关资料如表8-22～表8-24所示。

表8-22　第一车间产品成本明细账　　单位:元

项目	原材料	工资及福利费	制造费用	合计
月初在产品成本	4 000	1 200	2 800	8 000
本月生产费用	10 000	1 800	6 200	18 000
生产费用合计				
完工产品成本				
月末在产品成本	6 000	1 000	4 000	11 000

表 8-23　第二车间产品成本明细账　　单位：元

项目	原材料	工资及福利费	制造费用	合计
月初在产品成本	3 000	1 500	500	5 000
本月生产费用		8 000	3 000	
生产费用合计		9 500	3 500	
完工产品成本				
月末在产品成本	4 500	1 600	600	6 700

表 8-24　第三车间产品成本明细账　　单位：元

项目	原材料	工资及福利费	制造费用	合计
月初在产品成本	5 000	2 500	1 500	9 000
本月生产费用		8 000	4 000	
生产费用合计		11 500	5 500	
完工产品成本				
月末在产品成本	4 000	800	800	5 600

前两个步骤生产的半成品全部被下一步骤领用。要求：采用综合结转分步法计算完工产品成本，并进行成本还原。

3. 某企业有三个基本生产车间连续加工甲产品。第一车间生产的甲半成品 A 转入半成品库，第二车间从半成品库中领用甲半成品 A 加工成第二步骤甲半成品 B，第三车间从第二步骤半成品库中领用第二步骤甲半成品 B 加工成甲产成品，该企业采用综合结转分步法计算成本。有关资料如表 8-25～表 8-31 所示。

表 8-25　产量记录　　单位：件

项目	第一车间	第二车间	第三车间
期初结存量	80	120	100
本月投入量	120	120	150
本月完工量	150	219	200
月末结存量	50	21	50

表 8-26　第一车间甲半成品 A 成本计算单　　单位：元

项目	原材料	燃料和动力	工资及福利费	制造费用	合计
月初在产品成本	7 920	444	474	766	9 604
本月费用	11 880	1 664	1 770	2 872	18 186
合计	19 800	2 108	2 244	3 638	27 790
月末转出完工产品					
在产品成本					

表 8-27 自制第一步骤甲半成品 A 明细账

项目	收入			发出			结存		
	数量（件）	单位成本（元/件）	总成本（元）	数量（件）	单位成本（元/件）	总成本（元）	数量（件）	单位成本（元/件）	总成本（元）
月初结存							75	152	11 400
收　入									
发　出									
合　计									

表 8-28 第二车间甲半成品 B 成本计算单　　单位:元

项目	半成品	燃料和动力	工资及福利费	制造费用	合计
月初在产品成本	18 240	674	1 012	1 204	21 130
本月费用		1 253.8	1 879.7	2 238.5	5 372
合　计		1 927.8	2 891.7	3 442.5	8 262
月末转出完工产品					
单位成本					
在产品成本					

表 8-29 自制第二步骤甲半成品 B 明细账

项目	收入			发出			结存		
	数量（件）	单位成本（元/件）	总成本（元）	数量（件）	单位成本（元/件）	总成本（元）	数量（件）	单位成本（元/件）	总成本（元）
月初结存							100	180	18 000
收　入									
发　出									
合　计									

表 8-30 第三车间甲产成品成本计算单　　单位:元

项目	半成品	燃料和动力	工资及福利费	制造费用	合计
月初在产品成本	20 000	1 000	4 000	5 000	30 000
本月费用		2 000	8 800	9 600	
合　计		3 000	12 800	14 600	
月末转出完工产品					
单位成本					
在产品成本					

其中第一车间生产费用按定额比例法计算，有关单位产品定额资料如表 8-31 所示。

表 8-31 第一车间单位产品定额资料

项目	定额消耗	定额工时
完工半成品	45	20
月末在产品	45	8

第二、三车间生产费用按约当产量比例法分配，月末在产品完工程度为 50%。

要求：

(1)完成有关计算表中的计算；

(2) 登记自制半成品明细账，发出半成品成本按加权平均法计算；

(3) 进行成本还原。

4. 某企业生产丙产品经过三个步骤，半成品在各步骤之间直接结转，采用平行结转分步法计算产品成本，原材料在第一步生产开始时一次投入，各步加工中在产品完工程度均按 50%计算，生产费用采用约当产量比例法在完工产品与在产品之间分配，各步骤狭义在产品资料为：第一步骤 30 件，第二步骤 20 件，第三步骤 40 件，其中第三步骤完工产成品 200 件。

要求：采用平行结转分步法计算产品成本，并将计算结果直接填入表 8-32～表 8-35 中。

表 8-32 第一步成本计算表 单位：元

项目	原材料	加工费	合计
月初在产品	800	180	980
本月投入	1 520	370	1 890
完工转出			
月末在产品			

表 8-33 第二步成本计算表 单位：元

项目	原材料	加工费	合计
月初在产品		195	195
本月投入		555	555
完工转出			
月末在产品			

表 8-34 第三步成本计算表 单位：元

项目	原材料	加工费	合计
月初在产品		25	25
本月投入		195	195
完工转出			
月末在产品			

表 8-35　丙产品成本汇总表　　单位：元

项目	原材料	加工费	合计
第一步			
第二步			
第三步			
完工产品成本			
单位成本			

第九章 产品成本计算的辅助方法

学习目标(Learning Objective)

本章介绍了分类法和定额法两种辅助的成本计算方法。通过对本章的学习，要求读者理解分类法和定额法的特点，掌握这两种辅助成本计算方法的计算程序，优、缺点和应用条件，能熟练运用分类法和定额法计算产品成本。

第一节 产品成本计算的分类法

一、分类法概述

（一）分类法的特点

产品成本计算的分类法，又叫系数法，是以产品的类别作为成本核算对象来归集费用，计算出各类产品的实际成本，再在类内产品之间进行成本分配，计算出类内各种产品生产成本的方法。

采用分类法计算产品成本具有以下特点。

(1) 以产品的类别作为成本计算对象，归集类内费用，归集时，直接费用直接计入，间接费用采用一定的分配标准分配计入。

(2) 成本计算期决定于生产特点及管理要求。如果是大批量生产，结合品种法或分步法进行成本计算，则应定期在月末进行成本计算；如果与分批法结合运用，成本计算期可不固定，而与生产周期一致。所以，分类法并不是一种独立的基本成本计算方法。

(3) 月末一般要将各类产品生产费用总额在完成产品和月末在产品之间进行分配。

分类法一般适用于使用同样的原材料，通过基本相同的加工工艺过程，所生产产品的品种、规格、型号繁多，可以按一定的标准予以分类的生产企业或车间，例如：灯泡厂生产的各种不同类别和瓦数的灯泡，针织厂生产的各种不同类别和规格的针织品。

（二）分类法的计算程序

(1) 按产品类别设立生产成本明细账。将产品结构、耗用材料和工艺技术过程基本相同的各种产品合并为一类，有几类产品设几份产品计算单。直接费用直接计入产品计算单，间接费用采用适当的方法计入产品成本计算单。

(2) 按照规定的成本项目汇集生产费用，计算各类产品的总成本。

(3) 采用适当的方法将各类完工产品成本在该类各种不同规格的产品中进行分配，计算类内各产品的总成本和单位成本。

（三）类内各产品成本的分配方法

在选择分配标准时，应选择与产品成本变动密切相关的指标，如质量、体积、定额消耗量、计划成本、定额成本等。分配标准一经确定不应经常变动，以保证核算结果的可比性。

1. 系数分配法

为了简化分配工作，在实际工作中，一般将分配标准折合成系数，按系数分配生产费用，这种方法称为系数分配法，又称标准产量法。

系数分配法的基本步骤为以下 4 步。

（1）选择标准产品。

在同类产品中选择一种产量较大、生产较稳定或规格折中的产品为标准产品，把标准产品的系数定为“1”。

（2）计算确定类内各种产品的系数。

将类内其他各种产品与标准产品比较，分别求出其他产品与标准产品的比例，即系数，其计算公式为

$$某产品系数=\frac{该产品的分配标准}{标准产品的分配标准}。$$

（3）计算出总系数。

每一种产品的系数确定后，将类内各种产品的实际产量分别乘以该种产品的系数，折算为总系数，总系数又称为标准产量，计算公式为

$$总系数=\sum 类内每种产品的实际产量\times 该产品的系数。$$

（4）计算费用分配率，算出类内各种产品的成本。

以总系数作为分配标准，计算出费用分配率后，即可计算出类内各种产品的实际总成本和单位成本，计算公式为

$$费用分配率=\frac{应分配成本总额}{各种产品总系数之和}，$$

$$某种产品应分配费用=该产品的总系数\times 费用分配率。$$

2. 定额比例法

如果企业定额基础较好，各项消耗定额比较齐全、准确和稳定，某类产品的总成本可以按该类内各种产品的定额比例进行分配，这种按定额比例进行分配的方法，通常称为定额比例法。其计算公式为

$$某类产品某项费用分配率=\frac{该类完工产品该项费用总额}{\sum 该类内各种产品该项费用的定额成本(或定额耗用量)}，$$

$$类内某种产品某项费用的实际成本。=类内该种产品该项费用的定额成本(或定额消耗量)\times 该类产品该项费用分配率。$$

（四）分类法的优、缺点

分类法的优点是按产品类别归集费用、计算成本，可以简化成本核算工作，能在产品

品种、规格繁多的情况下，分类考核分析产品成本的水平。既能提供各种产品的成本信息，又能提供各类产品的成本信息，便于企业对各类产品成本进行考核和分析。

分类法的缺点是，由于类内各产品是按一定标准分配计算出来的，计算结果带有一定的假定性。如果类别成本增加或减少，则该类内产品成本就同增或同减相应幅度，形成类内产品之间成本的平均化，一定程度上影响了成本计算的准确性。

（五）副产品成本的计算

副产品是工业企业在使用同种原材料生产主要产品的过程中附带生产出来的非主要产品，或利用生产中废料加工而成的产品。

副产品和主要产品是企业在同一生产过程中生产出来的。但由于副产品是伴随主产品的生产附带出来的，与主产品比较，一般价值较低，成本计算通常采用简化的方法。

副产品成本的计算采用分类法的原理，将主、副产品合并为一类，设置产品成本计算单，用以归集费用、计算成本。将副产品按照一定的方法计价，从总成本中扣除，以扣除的成本作为主要产品的成本。

副产品的计价方法主要有两种：一是按照售价减去销售税金和合理的销售利润后的余额计价；二是按照副产品的固定价格计价，从总成本的原材料项目中扣除。

【例 9-1】 汉利公司生产甲产品的同时，还生产出乙副产品，2008 年 6 月共发生费用 80 000 元，其中直接材料 45 000 元，直接人工 25 000 元，制造费用 10 000 元。生产甲产品 500 件，乙副产品 100 千克。乙副产品每千克售价 60 元，单位税金 5 元，单位销售费用 2 元，单位产品利润 2 元。假定副产品成本直接从材料成本项目中扣除。

乙副产品成本＝100×(60－5－2－2)＝5100(元)。

主、副产品成本计算如表 9-1 所示。

表 9-1　主、副产品成本计算表

2008 年 6 月　　　　单位:元

项目	直接材料	直接人工	制造费用	合计
生产费用合计	45 000	25 000	10 000	80 000
乙副产品成本	5 100			5 100
甲产品总成本	39 900	25 000	10 000	74 900

二、分类法的应用

【例 9-2】 武东公司生产 A、B、C 三种产品，由于三种产品所耗用原材料和生产工艺相近，同属公司甲类产品。采用分类法计算成本，2008 年 6 月发生的生产费用，已经按成本计算的一般程序分配计入各类产品成本计算单。采用系数法计算类内各产品的完工成本。

以 B 产品为标准产品，计算类内各产品系数如表 9-2 所示。

表 9-2 产品系数计算表

产品名称	产品产量(件)①	原材料			工时		
		材料定额②	各产品系数③=②/15	总系数④=①×③	定额工时(小时)⑤	各产品系数⑥=⑤/10	总系数⑦=①×⑥
A 产品	400	21	1.4	560	15	1.5	600
B 产品	1 200	15	1.0	1 200	10	1.0	1 200
C 产品	500	18	1.2	600	12	1.2	600
甲类合计				2 360			2 400

A 产品原材料项目系数$=\frac{21}{15}=1.4$，

C 产品原材料项目系数$=\frac{18}{15}=1.2$，

A 产品加工费项目系数$=\frac{15}{10}=1.5$，

C 产品加工费项目系数$=\frac{12}{10}=1.2$。

计算类内各种产品的完工成本如表 9-3 所示。

表 9-3 产品成本计算表

产品:甲类产品　　2008 年 6 月

项目	原材料费用总系数①	原材料分配金额(元)②=①×分配率	定额工时总系数③	人工费用分配金额(元)④=③×分配率	制造费用分配金额(元)⑤=④×分配率	成本合计(元)⑥=②+④+⑤
费用分配率		150		20	8	
A 产品	560	84 000	600	12 000	4 800	100 800
B 产品	1 200	180 000	1 200	24 000	9 600	213 600
C 产品	600	90 000	600	12 000	4 800	106 800
甲类合计	2 360	354 000	2 400	48 000	19 200	421 200

材料成本分配率$=\frac{354\ 000}{2\ 360}=150$(元)，

A 产品原材料成本=560×150=84 000(元)，

人工费用成本分配率$=\frac{48\ 000}{2\ 400}=20$(元)，

A 产品工资及福利费成本=600×20=12 000(元)，

制造费用分配率$=\frac{19\ 200}{2\ 400}=8$(元)，

A 产品制造费用成本=600×8=4 800(元)。

第二节 产品成本计算的定额法

一、定额法概述

（一）定额法的特点

定额法是以产品的定额成本为基础，加减实际脱离现行定额的差异、材料成本差异和定额变动差异，计算产品实际成本的一种方法。采用定额法计算产品成本时，实际成本的计算公式为：

产品实际成本＝定额成本＋脱离定额差异＋材料成本差异＋定额变动差异。

定额成本是根据现行的消耗定额和费用定额计算出来的。定额成本的制定依据主要是产品的现行工艺规程、产品的各种消耗定额（如材料消耗定额、生产工时等）、计划价格（如材料计划单价、计划工资率等）和制造费用预算。定额成本项目与实际成本项目一致，便于和实际成本进行比较和考核。

采用定额法计算产品成本具有以下特点：

（1）事先制定产品的消耗定额、费用定额和定额成本；

（2）分别核算符合定额的费用和脱离定额的差异；

（3）月末以定额成本为基础，加减各种差异，计算出产品的实际成本。

（二）定额法的计算程序

（1）按照企业生产工艺特点和管理要求，确定成本计算对象及成本计算的基本方法。

（2）根据有关定额标准，计算各成本项目的定额费用，编制产品定额成本计算表。

（3）生产费用发生时，将实际费用分为定额成本和定额成本差异两部分，分别编制凭证，予以汇总。

（4）按确定的成本计算基本方法，汇集、结转各项费用的定额成本差异，并按一定标准在完工产品与在产品之间进行分配。

（5）将产品定额成本加减所分得的差异，求得产品实际成本。

（三）定额法的优、缺点和应用条件

定额法是将产品的定额成本制定工作、成本核算工作和成本分析工作有机地结合在一起，将事前制定定额、事中控制定额、事后分析定额执行情况结合起来的一种成本核算方法。

定额法提供了定额成本资料和成本差异资料。其优点是加强了成本的日常控制，为企业定期进行成本分析提供了重要依据，便于企业及时修订各项定额。其缺点是与其他成本计算方法相比，工作量大，既要核算定额成本，也要核算实际成本，通过定额成本与实际成本确定各成本项目的脱离定额差异，又通过定额成本和各种差异，计算出产品的实际成本。而且与其他成本计算方法相比，定额法的适用范围较窄，要求企业必须具备健全的定额管理制度、定型的产品和稳定的消耗定额。

定额法适用于已制定了一整套完整的定额管理制度，产品定型，各项生产费用消耗

定额比较稳定、健全、准确，以及财务会计人员的业务水平较高的大批、大量、装配式、机械制造工业。

二、定额成本法的应用

（一）定额成本的计算

（1）制定各项消耗定额，如各种原材料消耗定额、生产工时消耗定额。

（2）在各项消耗定额的基础上，将其与相应的计划价格相乘计算出各成本项目的费用定额，计算公式为：

原材料费用定额＝产品原材料消耗定额×原材料计划单价，

生产工资费用定额＝产品生产工时定额×计划小时工资率，

制造费用定额＝产品生产工时定额×计划小时费用率，

$$计划小时工资率=\frac{预计某车间全年生产工人工资总额}{预计该车间全年定额工时总数},$$

$$计划小时费用率=\frac{预计某车间全年制造费用总额}{预计该车间全年定额工时总数}。$$

（3）将各项成本项目的费用定额相加得出单位产品定额成本，计算公式为：

单位产品定额成本＝原材料费用定额＋生产工资费用定额＋制造费用定额。

【例9-3】 汉利公司根据现有的生产消耗水平和管理要求制定出生产甲产品的定额资料为：单位产品耗用A材料100公斤，A材料计划单价为50元，单位产品耗用B材料70公斤，B材料计划单价为30元，单位产品耗用生产工时30小时，计划小时工资率为20元/工时，计划小时制造费用35元/工时。该公司甲产品定额成本计算如下：

单位产品直接材料定额成本＝100×50＋70×30 ＝7 100(元)，

单位产品直接人工定额成本＝30×20 ＝600(元)，

单位产品制造费用定额成本＝30×35 ＝1 050(元)，

单位产品定额成本＝7 100＋ 600＋1 050 ＝8 750(元)。

（二）核算脱离定额差异

按定额成本计算实际成本主要是确定三个差异：脱离定额差异、定额变动差异、材料成本差异。在发生生产费用时，应为符合定额的费用和脱离定额的差异分别编制定额凭证和差异凭证，并在有关的费用分配表和明细账中分别予以登记。为了更好地控制成本，找出成本差异产生的原因，脱离定额差异根据成本项目分为原材料脱离定额差异、人工费脱离定额差异和制造费用脱离定额差异。

1. 脱离定额差异的计算

（1）原材料脱离定额差异（量差）的计算。

原材料脱离定额差异＝原材料计划价格费用－原材料定额费用

＝实际消耗量×材料计划单价－定额消耗量×材料计划单价

＝（实际消耗量－定额消耗量）×材料计划单价（量差）。

原材料脱离定额差异的计算方法一般有限额法、切割核算法和盘存法等。

1）限额法。所谓限额法，就是车间向仓库领料时采用限额领料制度。在该制度下，凡符合定额的原材料应根据限额领料单领发，凡超过限额的领发或领用代用材料，又未办理追加限额手续的，则应另行填制差异凭证。差异凭证的签发必须经过一定的审批手续。代用材料的领用、废料的利用等还应经过技术部门的鉴定。代用材料超过或少于原规定材料的数量，才作为定额差异。若车间月末有余料，还应办理退料手续。退料单也应视为差异凭证，它与限额领料单中的原材料余额一样，都是脱离定额的节约差异。

2）切割核算法。对于那些贵重的材料，以及经常大量使用的原材料，通常要在准备车间经过切割以后，才投入生产。这样，可以采用整批分割法来组织日常的定额差异的核算。这就是说，一批材料进行分割，要把分割后材料的数量乘上定额，求得分割后材料的定额耗用量，与材料实际耗用量相比较，其差额就是定额差异。

3）盘存法。在按限额法或整批分割法计算材料定额差异有困难时，也可用定期盘存法来计算差异。例如，领用油漆，不可能限额发料，但可采用定期盘存法来计算差异。定期盘存法就是按一定的间隔日数，对生产中余存材料进行盘点，根据材料领用数和盘点所确定的余额，算出一定时期材料实际耗用量，以实际耗用量和这一期内产品的数量乘上耗用定额所求得的定额耗用量相比较，算出材料的定额差异。

【例 9-4】 汉南公司生产甲产品，某月期初在产品 60 台，本月完工产量 500 台，期末在产品数量 120 台，原材料系开工时一次投入，单位产品材料消耗定额为 10 千克，材料计划单价为 4 元/千克。本月材料限额领料凭证登记数量为 5 600 千克，材料超限额领料凭证登记数量为 400 千克，期初车间有余料 100 千克，期末车间盘存余料为 300 千克。要求计算本月产品的原材料定额费用及脱离定额差异。

甲产品本月投产数量＝500＋120－60＝560(台)，

原材料定额消耗量＝560×10＝5 600(千克)，

原材料实际消耗量＝5 600＋400＋100－300＝5 800(千克)，

原材料脱离定额差异＝(原材料实际消耗量－原材料定额消耗量)×材料计划单价

＝(5 800－5 600)×4＝800(元)。

（2）人工费脱离定额差异的计算。

计件工资制下，生产工人工资属于直接计入费用，其脱离定额差异的计算与原材料脱离定额差异的计算相似。

计时工资制下，生产工人工资属于间接计入费用，其脱离定额差异不能在平时按照产品直接计算，只有在月末实际生产工人工资确定以后，才可按以下公式计算：

$$\text{某产品生产工资脱离定额的差异} = \text{该产品实际生产工资} - \text{该产品定额生产工资} = \frac{\text{该产品实际}}{\text{生产工时}} \times \frac{\text{实际小时}}{\text{工资率}} - \frac{\text{该产品实际完成的}}{\text{定额生产工时}} \times \frac{\text{计划小时}}{\text{工资率}},$$

$$\text{实际小时工资率} = \frac{\text{某车间实际生产工人工资总额}}{\text{该车间实际生产工时总数}},$$

$$\text{计划小时工资率} = \frac{\text{某车间计划产量的定额生产工人工资总额}}{\text{该车间计划产量定额生产工时总数}},$$

$$\frac{\text{某产品实际完}}{\text{成的定额工时}} = \left(\frac{\text{该产品本月完}}{\text{工产品产量}} + \frac{\text{月末在产品}}{\text{约当产量}} - \frac{\text{月初在产品}}{\text{约当产量}}\right) \times \frac{\text{单位产品}}{\text{工时定额}}。$$

【例 9-5】 汉立公司生产甲产品，单位产品的工时定额为 4 小时，某月实际完工产品产量为 1 500 件。月末在产品数量为 200 件，完工程度为 80%；月初在产品数量为 100 件，完工程度为 60%。计划工时人工费为 3 元，实际的生产工时为 6 200 小时，实际工时人工费为 3.1 元。

要求：计算甲产品人工费的定额费用脱离定额差异。

甲产品人工费脱离定额差异 ＝甲产品实际生产工资－定额生产工资

＝实际生产工时×实际小时工资率－实际完成的定额生产工时×计划小时工资率

＝6 200×3.1－(1 500＋200×80%－100×60%)×4×3

＝19 220－19 200＝20(元)。

(3) 制造费用脱离定额差异的计算。

制造费用通常与计时工资一样，属间接计入费用，其脱离定额差异不能在平时按照产品直接计算，只有在月末按照以下公式计算：

$$\text{某产品制造费用脱离定额差异}=\text{该产品制造费用实际分配额}-\text{该产品实际完成定额工时}\times\text{计划小时制造费用分配率}$$。

【例 9-6】 汉立公司某月实际发生的制造费用为 29 250 元，计划小时制造费用分配率为 6 元，单位甲产品定额工时为 10 小时，实际投产 500 件。

要求：计算甲产品制造费用的定额费用脱离定额差异。

$$\text{某产品制造费用脱离定额差异}=\text{该产品制造费用实际分配额}-\text{该产品实际完成定额工时}\times\text{计划小时制造费用分配率}$$

＝29 250－500×10×6＝－750(元)。

2. 定额变动差异的计算

定额变动差异是指由于修订消耗定额或生产耗费的计划价格而产生的新、旧定额之间的差额。定额成本的修订一般在月初、季初或年初定期进行，但在定额变动的月份，月初在产品的定额成本仍然按照旧的定额计算，因此需要按新定额计算月初在产品的定额变动差异，用以调整月初在产品的定额成本。

定额变动的计算应分别按成本项目进行，其计算公式为：

月初在产品定额变动差异＝(新定额－旧定额)×月初在产品中定额变动的零部件数量。

为简化计算工作，可按以下公式计算：

月初在产品定额变动差异 ＝按旧定额计算的月初在产品费用×(1－定额变动系数)，

$$\text{定额变动系数}=\frac{\text{按新定额计算的单位产品费用}}{\text{按旧定额计算的单位产品费用}}$$。

【例 9-7】 汉立公司生产的甲产品从某月 1 日起实行新的材料消耗定额，人工费和制造费用定额不变。单位产品新的材料费用定额为 4 500 元，旧的材料费用定额为 4 653 元。甲产品月初在产品按旧定额计算的材料费用为 94 750 元。

要求：计算月初甲产品定额变动差异。

$$\text{定额变动系数}=\frac{\text{按新定额计算的单位产品费用}}{\text{按旧定额计算的单位产品费用}}$$

$$=\frac{4\ 500}{4\ 653}=0.97。$$

月初在产品定额变动差异＝按旧定额计算的月初在产品费用×（1－定额变动系数）

＝94 750×（1－0.97）＝2 842.5（元）。

月初在产品定额变动差异通常表现为月初在产品价值的降低，即贬值。此时，应从月初在产品定额费用中扣除该项差异，加入本月产品成本中；反之，则月初在产品增值的差异应加入月初在产品定额费用中，同时，从本月产品成本中扣除同等金额。

3. 材料成本差异的计算

在定额法下，原材料的日常核算一般按计划成本进行，原材料脱离定额差异只是以计划单价反映的消耗量上的差异（量差），未包括价格因素。因此，月末计算产品的实际原材料费用时，需计算所耗原材料应分摊的成本差异，即所耗原材料的价格差异（价差）。其计算公式为：

某产品应分配的原材料成本差异

＝（该产品原材料定额成本＋原材料脱离定额差异）×材料成本差异率

＝实际消耗量×材料计划单价×材料成本差异率。

【例 9-8】 汉立公司生产甲产品某月所耗用的原材料成本为 495 000 元，材料脱离定额的差异为节约的 10 000 元，本月材料成本差异率为－1.2%。

要求：计算甲产品本月应负担的材料成本差异。

甲产品应分配的原材料成本差异

＝（495 000－10 000）×（－1.2%）＝－5 820（元）。

在实际工作中，材料成本差异的计算和分配是通过编制耗用材料汇总表或材料成本差异分配表进行的。

4. 产品实际成本计算

前面分别核算出了产品的定额成本和各种差异。如果某种产品既有完工产品，又有期末在产品，则应在完工产品和期末在产品之间分配有关差异，一般情况下只需分配脱离定额差异，定额、定额变动差异和材料成本差异不需分配，全部由完工产品负担。

产品实际成本的计算过程如下。

（1）分别计算出完工产品和期末在产品的定额成本。

完工产品各项目定额成本＝完工产品数量×各项目定额成本，

$$\frac{期末在产品各}{项目定额成本}=\frac{本月生产费用}{各项目定额成本}-\frac{完工产品各项}{目定额成本}。$$

（2）根据完工产品和在产品定额成本比例分配差异，一般只分配脱离定额差异。

$$脱离定额差异分配率=\frac{期初脱离定额差异+本月脱离定额差异}{完工产品定额成本+期末在产品定额成本},$$

完工产品分配的差异＝完工产品定额成本×分配率。

（3）根据完工产品定额成本和完工应负担的各种差异确定完工产品的实际成本。

【例 9-9】 某厂甲产品采用定额法计算成本。某月有关甲产品原材料费用的资料如下：

(1) 月初在产品定额费用为 1 400 元，月初在产品脱离定额的差异为节约 20 元，月初在产品定额费用调整为降低 20 元，定额变动差异全部由完工产品负担；

(2) 本月定额费用为 5 600 元，本月脱离定额的差异为节约 400 元；

(3) 本月原材料成本差异为节约 2%，材料成本差异全部由完工产品负担；

(4) 本月完工产品的定额费用为 6 000 元。

要求：

(1) 计算月末在产品原材料定额费用；

(2) 分配原材料脱离定额差异；

(3) 计算本月原材料费用应分配的材料成本差异；

(4) 计算本月完工产品和月末在产品成本应负担的原材料实际费用。

计算过程如下。

(1) $\text{月末在产品原材料定额费} = \text{月初在产品定额费用} \pm \text{月初在产品定额费用调整额} + \text{本月定额费用} - \text{月初在产品定额费用调整额}$

$= 1\,400 - 20 + 5\,600 - 6\,000 = 980$(元)。

(2) 原材料脱离定额差异合计 = 月初在产品脱离定额的差异 + 本月脱离定额的差异

$= -20 - 400 = -420$(元)，

$$\text{原材料脱离定额差异分配率} = \frac{\text{月初在产品原材料脱离定额差异} + \text{本月脱离定额差异}}{\text{完工产品原材料定额成本} + \text{月末在产品原材料定额成本}}$$

$$= \frac{-420}{6\,000 + 980} \times 100\% = -6.02\%,$$

完工产品应负担原材料脱离定额差异

$= 6\,000 \times (-6.02\%) = -361.2$(元)，

月末在产品应负担原材料脱离定额差异

$= -420 - (-361.2) = -58.8$(元)。

(3) 本月所耗原材料应分配的材料成本差异

=(本月所耗原材料定额费用 + 原材料脱离定额差异) × 材料成本差异率

$= (5\,600 - 400) \times (-2\%) = -104$(元)。

(4) $\text{本月完工产品原材料实际费用} = \text{完工产品原材料定额费用} + \text{完工产品应负担原材料脱离定额差异} + \text{原材料成本差异} + \text{月初在产品定额变动差异}$

$= 6\,000 + (-361.2) + (-104) + 20 = 5\,554.8$(元)，

月末在产品原材料实际费用

= 月末在产品原材料定额费用 + 月末在产品应负担原材料脱离定额差异

$= 980 + (-58.8) = 921.2$(元)。

定额法下完工产品负担的实际人工费用和制造费用的核算与原材料费用基本相同。

本章小结(Summary)

分类法相对于品种法、分步法和分步法三种基本的成本核算方法而言，是成本计算的一种辅助方法。分类法以产品的类别作为成本计算对象，按类归集生产费用先计算各

类完工产品成本，然后再按一定的标准分配计算各类产品中各种产品成本。分配类内各种产品的标准选择是根据产品的生产工艺特点来确定的，分配方法可采用定额比例法或系数分配法。

副产品是工业企业使用同种原材料，在生产主要产品的过程中附带生产出来的非主要产品，或利用生产中废料加工而成的产品。副产品成本计算可以采用较简单的分配标准（方法）在其与主产品之间适当分配取得。

定额法是以制定的产品的定额成本作为目标成本，在实际生产成本发生时，将实际发生的成本与定额成本进行比较，揭示差异原因。定额成本法是以产品的定额成本为基础，加减实际脱离现行定额的差异、材料成本差异和定额变动差异，计算产品实际成本的一种方法。定额成本法不仅是一种成本核算的辅助方法，而且是一种直接进行成本管理的成本控制方法，适用于定额管理制度健全、消耗定额稳定的企业。

关键术语(Glossary)

分类法（group method）
副产品（by-product）
定额成本（quota cost）
定额成本制度（quota costing system）
脱离定额差异（variance from quota）
材料脱离定额差异（material variance quota）
人工脱离定额差异（labor variance quota）
制造费用脱离定额差异（manufacturing overhead variance from quota）
材料成本差异（material costs difference）
定额变动差异（variance from quota change）

思考题(Questions)

1. 简述分类法的概念及特点。
2. 简述分类法的计算程序。
3. 系数分配法的分配步骤是什么？
4. 简述副产品成本计算的特点。
5. 简述定额成本法的概念及特点。
6. 简述定额法的计算程序。
7. 什么是定额成本？如何制定定额成本？
8. 什么是脱离定额差异？如何计算脱离定额差异？
9. 什么是定额变动差异？如何计算定额变动差异？

练习题(Exercises)

一、判断题

1. 分类法不需要分产品品种计算成本,因而产品成本明细账可按类别设置。(　　)

2. 产品的定额成本与计划成本的相同之处在于,它们均是以产品生产耗费的消耗定额和计划价格为依据确定的目标成本。(　　)

二、单项选择题

1. 下列关于副产品成本计算,不正确的是(　　)。
   A. 如果比重较大,将主、副产品视同联产品采用分类法计算
   B. 如果比重不大,采用与分类法相类似的方法计算,然后将副产品按一定方法计价,从该类产品总成本中扣除,余额为主要产品成本
   C. 可以按照售价减去税金和正常销售利润后的余额对副产品计价
   D. 副产品成本一般按合计数从该类产成品的“制造费用”项目中扣除

2. 不能采用分类法及与其相类似的方法进行成本计算的产品是(　　)。
   A. 联产品　　B. 等级产品　　C. 主、副产品　　D. 零星产品

3. 下列各项中,属于分类法优点的是(　　)。
   A. 能提高成本计算的正确性　　B. 能加强成本控制
   C. 能分品种掌握产品成本水平　　D. 能简化产品成本的计算

4. 某企业采用分类法计算产品成本,类内三种产品的材料费用定额为:甲产品为80 000元,乙产品为100 000元,丙产品为120 000元,其中乙产品为标准产品,则甲产品的材料费用系数为(　　)。
   A. 1.2　　B. 1　　C. 0.8　　D. 1.25

5. A产品的某些零件从本月初起修订原材料费用定额。A产品每件产品旧的原材料费用定额为20元,新的原材料费用定额为16元。A产品上月末在产品的原材料定额费用为5 000元。据此计算得本月初的在产品定额变动差异为(　　)元。
   A. 1 250　　B. −1 250　　C. 1 000　　D. −1 000

6. 在定额法下,当消耗定额提高时,月初在产品的定额成本调整数和定额变动差异数(　　)。
   A. 都是正数　　B. 都是负数
   C. 前者是正数,后者是负数　　D. 前者是负数,后者是正数

三、多项选择题

1. 在主、副产品合为一类进行成本计算的情况下,如果副产品的售价不能抵偿其销售费用,则副产品成本的计算方法不应采用(　　)。
   A. 不计算副产品成本　　B. 副产品成本按实际成本计算
   C. 副产品成本按计划成本计算　　D. 副产品成本按定额成本计算

2. 在品种规格繁多且可按一定标准划分为若干类别的企业或车间中,能够应用分类法计算成本的产品生产类型有(　　)。

A. 大量、大批、单步骤生产　　B. 大量、大批、多步骤生产
C. 单件、小批、单步骤生产　　D. 单件、小批、多步骤生产

3. 采用分类法，某类产品中各种产品之间分配费用的标准可以选用(　　)。
A. 定额消耗量　　B. 定额费用
C. 产品售价　　D. 相对固定的系数

4. 系数法是(　　)。
A. 一种成本计算的基本方法　　B. 分类法的一种
C. 一种间接费用分配法　　D. 一种简化的分类法

5. 采用定额成本法是为了(　　)。
A. 提高成本计算的正确性　　B. 简化成本计算工作
C. 加强定额管理　　D. 加强成本控制

6. 限额法下，某种材料实际领料金额小于限额领料金额的差异即该种材料脱离定额差异的充分条件有(　　)。
A. 投产数量等于规定的产品数量　　B. 投产数量小于规定的产品数量
C. 车间期初、期末均没有余料　　D. 车间期初、期末余料的数量相等

四、计算题

1. 企业将其大量生产的D、E、F三种产品作为一类(乙种建材)按分类法计算成本(以E产品作为标准产品)。该类产品6月份的成本明细账如表9-4所示。

表9-4　产品成本明细账

产品类别:乙种建材　　　　2008年5月　　　　单位:元

项目	月初在产品成本	本月生产费用	生产费用合计	完工产品成本	月末产品成本
原材料	1 560	50 404			1 200
工资及福利费	1 360	39 190			1 000
制造费用	1 420	46 010			1 100
成本合计	4 340	135 604			3 300

D、E、F三种产品的材料消耗定额及计划单价、工时定额和本月产量记录如表9-5所示。

表9-5　材料消耗定额等资料

产品	材料X		材料Y		工时定额(小时)	产量(件)
	消耗定额(千克)	计划单价(元)	消耗定额(千克)	计划单价(元)		
D	15	4	6	3	9	150
E	20	2	5	12	12	80
F	24	5	3	3	18	60

要求：

(1) 完成产品成本明细账；

(2) 填列类内各种产品成本计算表。

2. 某厂用同样的原材料和相同的生产工艺生产 A、B、C 三种不同规格的甲产品。为了简化核算工作，将 A、B、C 三种规格的甲产品归为一类。该类产品某月完工产品成本情况及相关资料如表 9-6 所示。

表 9-6　本月完工产品成本情况

摘要	原材料(元)	工资及福利费(元)	制造费用(元)	合计(元)
完工产品成本	48 000	37 500	12 500	98 000
规格	实际产量(件)	原材料费用系数	工时消耗定额(小时)	
A 规格	100	1	40	
B 规格	200	1.1	60	
C 规格	120	1.5	75	

要求：将该类产品完工成本在类内产品之间进行分配，求出总成本和单位成本，并将计算结果填入成本计算表。

3. 企业按定额法计算 A 产品成本，某月份该种产品材料费用如表 9-7 所示。

表 9-7　产品材料费用

单位：元

项目	月初在产品			本月生产费用		完工产品定额成本
	定额成本	脱离定额	定额变动	定额成本	脱离定额	
材料	10 000	642	100	93 000	−2 700	87 000

本月份材料成本差异为节约 1%，材料成本差异和月初在产品定额变动差异全部由完工产品成本负担。

要求：

(1) 计算月末在产品的定额成本；

(2) 计算完工产品及月末在产品所耗材料的实际费用。

4. 企业按定额法计算甲产品成本，某月份该种产品的材料费用如下：月初在产品定额成本 23 800 元，脱离定额差异为不利差异 1 190 元，定额调整差异为降低 238 元。本月份发生定额费用 478 238 元，脱离定额差异为节约差异 6 208 元。本月份材料成本差异为超支 0.1%，月末在产品的定额成本为 22 000 元，材料成本差异和月初在产品定额变动差异全部由完工产品成本负担。

要求：

(1) 计算月初在产品定额变动差异；

(2) 计算完工产品定额成本；

(3) 计算完工产品和月末在产品所耗材料的实际费用。

第十章　标准成本法与作业成本法

学习目标(Learning Objective)

通过设定各种标准，可以在事后分析各个作业利用资源的效率，有效地控制成本，而作业成本法要发挥最大的功能，必须引入标准成本法的思想，使作业标准化。通过本章的学习，读者应了解和掌握标准成本的含义、种类和标准成本的制定，熟悉成本差异的计算与分析方法，了解作业成本法下成本计算方法和作业成本法的优、缺点。

第一节　标准成本法

20 世纪初期，随着泰勒制在企业管理中的广泛应用，会计如何为企业生产和提高工作效率服务开始成为企业关注的问题。于是标准成本、差异分析等与泰勒制紧密联系的技术被引入了会计领域。第二次世界大战以后，随着目标管理的兴起，标准成本法与目标管理相结合，形成了一种被普遍使用的成本核算和控制方法。

一、标准成本制度的含义及特点

（一）标准成本制度的含义

标准成本制度是以预先运用技术测定等科学方法制定的标准成本为基础，将实际发生的成本与标准成本进行比较，核算和分析成本差异的一种成本计算方法，也是加强成本控制、评价经济业绩的一种成本控制制度。标准成本制度产生于 20 世纪 20 年代的美国，是泰勒科学管理思想在成本会计中的具体体现。起初，它只是一种比较简单的统计分析方法，随着不断的发展和完善，现在这一制度已经纳入到复式簿记中，成为西方企业普遍采用的一种成本计算方法。

（二）标准成本制度的特点

标准成本制度的核心是按标准成本记录和反映产品成本的形成过程和结果，并借以实现对成本的控制。标准成本制度具有以下特点。

(1) 标准成本制度只计算各种产品的标准成本，不计算各种产品的实际成本。

标准成本制度尽管与成本计算结合在一起，但它计算的产品成本并不是产品的实际成本，而是实际数量的标准成本，所以它更多的是被用来加强成本控制，在本质上是一种成本管理方法，与其他成本计算方法存在着本质上的区别。

(2) 实际成本与标准成本发生的各种差异，都分别设置了各种差异账户进行归集，以便对成本进行日常控制和考核。

标准成本制度并不是单纯的一种成本计算方法，而是一种将成本计算和成本控制相结合，由制定标准成本、计算和分析成本差异，以及处理成本差异三个环节组成的完整系统。实际成本与标准成本发生的各种差异，应分别设置各种差异账户进行归集，以达到成本管理和控制的目的。常见的差异账户有“直接材料用量差异”、“直接材料价格差异”、“直接人工效率差异”、“直接人工工资率差异”、“变动制造费用效率差异”、“变动制造费用开支差异”、“固定制造费用产能差异”和“固定制造费用预算差异”等。

二、标准成本的含义及分类

（一）标准成本的含义

标准成本是按照已经达到的生产技术水平，在有效经营条件下应当发生的合理成本，是一种事先预定的目标成本。标准成本有两种含义。一种含义是单位产品的标准成本，又称成本标准，它是根据单位产品的标准消耗量和标准单价计算出来的，即：单位产品标准成本＝单位产品标准消耗量×标准单价。另一种含义是指实际产量的标准，它是根据产品实际产量和成本标准计算出来的，即：标准成本＝实际产量×成本标准。

（二）标准成本的分类

在标准成本法下，事先要根据本企业生产某一种产品的工艺技术过程和内外业务条件，为材料、人工和制造费用等每一个成本项目制定标准成本。标准成本主要有以下两种分类。

(1) 标准成本按其适用的期间分类，可分为现行标准成本和基本标准成本。

现行标准成本是指在当期的条件下，通过有效经营应该能够达到的一种标准成本。由于现代社会的生产技术、经营情况变化很快，为了与之相适应，现行标准成本要根据当期具体情况进行修订，它相当于定额成本。

基本标准成本是指指标一经确定之后，只要生产的基本条件没有重大变化，就不予变动的一种标准成本，也称固定标准成本或尺度标准成本。

(2) 标准成本按其所依据的生产技术和经营水平分类，可分为现实标准成本、基础标准成本和理想标准成本。

现实标准成本是根据适用期预计的耗费量、耗费价格和经营能力利用程度等条件制定的，切合适用期实际情况的一种标准成本。它在制定时，不仅考虑了适用期的实际情况，还考虑了一部分理论上不应当发生，但实际上还不能完全避免的成本或损失。它和当期的实际成本具有较强的可比性，可直接评价当期工作业绩。现实标准成本与前面提到的现行标准成本相同，只是分类角度不同。

基础标准成本是根据正常的工作效率、正常的经营能力利用程度和正常价格等条件制定的标准成本。所谓基础是指排除了企业经营活动中发生的异常情况，以过去较长时期实际数额的平均值，即企业较长时间所达到的平均水平为依据。它一般用来估计未来的成本变动趋势，用过去但不适用现时条件的成本标准来衡量各期成本，难以评估现时的成本管理业绩和成本控制的有效性。

理想标准成本是指在最优的生产条件下，利用现有的规模和设备所达到的最低成本。它只有在生产经营管理处于最佳状态时才能达到，所以在理论上是可能的，但在实践中难以达到，因此很少采用。

三、标准成本的制定

标准成本是由会计部门会同采购部门、劳动工资部门、行政管理部门、技术部门、具体生产经营部门等有关责任部门，在对企业生产经营的具体条件进行认真分析研究的基础上共同制定的。在一般情况下，企业为了衡量实际成本水平，评价工作效率，往往采用现实成本标准，按成本项目分别确定。

（一）直接材料的成本标准

(1) 单位产品用量标准的确定，以企业已经达到的生产条件下，形成产品实体的材料数量与在正常范围内允许发生的损耗，及不可避免的废品所消耗的材料数量为依据。

(2) 直接材料价格标准是指取得某种材料所应支付的单位材料价格，包括买价和采购费用。

直接材料标准成本＝材料的价格标准×单位产品的用量标准。

（二）直接工资的成本标准

(1) 单位产品工时标准是指企业已经达到的生产条件下，生产某单位产品所需的标准工作时间，包括工艺过程的时间，必要的间歇或停工时间，及不可避免的废品损失时间。

(2) 小时工资分配率标准是指按现行工资标准确定的每一单位工作时间的工资率。确定每项工作的工资率，应指出该项工作的具体内容和所需工人的等级。

直接人工标准成本＝小时工资率标准×单位产品的工时标准。

（三）制造费用的成本标准

在变动成本法前提下，制造费用可分为变动制造费用和固定制造费用，其成本标准都是按用量标准和分配率乘积计算的，用量标准一般采用工时表示。制造费用的成本标准按部门分别编制，然后汇总计算整个产品的变动制造费用和固定制造费用标准成本。

1. 变动制造费用成本标准

$$变动制造费用分配率标准=\frac{变动制造费用预算}{生产能量}。$$

变动制造费用预算，可根据年内预计产量所需各项变动制造费用，逐项预计之后汇总计算。生产能量是指企业充分利用现有生产能力所能达到的最高产量。通常，为综合表达多种产品的产量，生产能量标准用直接人工小时（即完成最高产量所需的工时）来表示。

$$单位工时变动制造费用标准分配率=\frac{变动制造费用预算总额}{直接人工（或机器）标准总工时},$$

$$单位工时变动制造费用的标准成本=\begin{matrix}单位产品直接人工\\（或机器）标准工时\end{matrix}\times\begin{matrix}单位工时变动\\制造费用标准分配率\end{matrix},$$

变动制造费用成本标准＝单位产品工时标准×变动制造费用分配率标准。

2. 固定制造费用成本标准

$$固定制造费用分配率标准=\frac{固定制造费用预算}{生产能量},$$

固定制造费用预算应按固定制造费用的具体项目逐项预计后汇总。

$$单位工时固定制造费用标准分配率=\frac{固定制造费用预算总额}{直接人工(或机器)标准总工时},$$

$$单位工时固定制造费用的标准成本=\begin{matrix}单位产品直接人工\\(或机器)标准工时\end{matrix}\times\begin{matrix}单位工时固定制造\\费用标准分配率\end{matrix},$$

固定制造费用成本标准=单位产品工时标准×固定制造费用分配率标准。

【例 10-1】 某企业生产甲产品，直接耗用两种材料，A 材料的标准消耗量为 150 千克，标准单价为 3.50 元；B 材料的标准消耗量为 210 千克，标准单价为 2.4 千克。甲产品的单位标准工时为 500 小时，小时标准费用率为：直接工资 1.25 元，固定制造费用 0.84 元，变动制造费用 0.95 元。

根据上述资料，计算甲产品的单位标准成本如下：

直接材料的标准成本=150×3.5+210×2.4=1 029(元)，

直接人工的标准成本=500×1.25=625(元)，

变动制造费用标准成本=500×0.95=475(元)，

固定制造费用标准成本=500×0.84=420(元)，

甲产品的标准成本=1 029+625+420+475=2 549(元)。

四、成本差异的种类

在标准成本制度下，成本差异是指在一定时期生产一定数量产品所发生的实际成本与标准成本之间的差额，其中标准成本是一种目标成本。成本差异是反映实际成本脱离预定目标程度的信息，为了消除这种差异，要对产生的成本差异进行分析，指出原因并明确对策。

成本差异主要分为直接材料成本差异、直接人工成本差异和制造费用差异三种，如图 10-1 所示。

- 种类
  - 直接材料成本差异
  - 直接人工成本差异
  - 制造费用差异
    - 变动制造费用差异
    - 固定制造费用差异——固定成本差异

（直接材料成本差异、直接人工成本差异、变动制造费用差异}变动成本差异）

图 10-1 成本差异分类

五、直接材料成本差异计算与分析

(一) 直接材料成本差异计算

直接材料成本差异是指一定产量产品的直接材料实际成本与直接材料标准成本的差异，其计算公式为：

直接材料实际成本＝实际产量×单位实际成本
＝实际产量×单位实际用量×实际单价，
直接材料标准成本＝实际产量×单位标准成本
＝实际产量×单位标准用量×标准单价，
直接材料价格差异＝实际产量×实际单耗×(实际单价－标准单价)，
直接材料用量差异＝实际产量×标准单价×(实际单耗－标准单耗)，
直接材料成本差异＝直接材料实际成本－直接材料标准成本
＝直接材料价格差异＋直接材料用量差异。

各量之间的关系如图 10-2 所示。

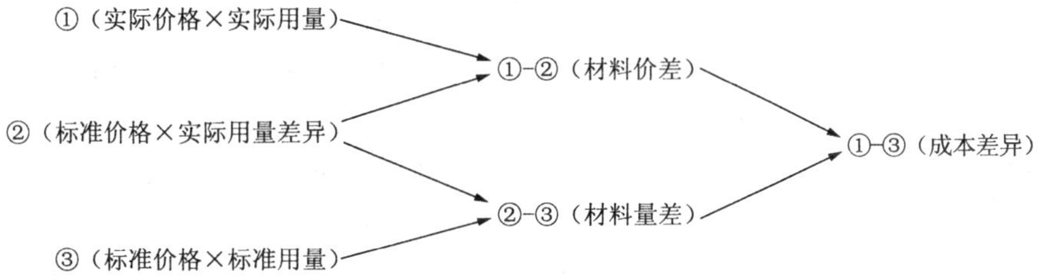

图 10-2　直接材料成本差异的计算

【例 10-2】 某公司生产甲产品需使用一种直接材料 A。某期生产甲产品 200 件，耗用材料 A 900 千克，A 材料的实际价格为每千克 100 元。假设 A 材料的标准价格为每千克 110 元，单位甲产品的标准用量为每 5 千克 A 材料。则 A 材料的成本差异计算过程如下：

A 材料价格差异＝(100－110)×900＝－9 000(元)，　　(有利差异)
A 材料用量差异＝110×(900－1 000)＝－11 000(元)，　　(有利差异)
A 材料成本差异＝100×900－110×5×200＝－20 000(元)　　(有利差异)
＝－9 000＋(－11 000)＝－20 000(元)。　　(有利差异)

（二）直接材料成本差异分析

1. 直接材料价格差异分析

直接材料价格差异一般应由采购部门负责。影响价格差异的因素有：

(1) 材料价格变动；
(2) 临时追加材料订货量导致材料成本发生变化；
(3) 材料采购量增加或减少的变动；
(4) 购进材料质量发生变动；
(5) 材料的运输方式或交货方式变动等。

2. 直接材料用量差异分析

直接材料用量差异一般应由生产部门负责。影响用量差异的因素有：

(1) 生产人员不按规范运作，产生废料或原材料耗用量超标；
(2) 材料本身质量问题；

（3）生产人员技术熟练程度的变化；

（4）生产设备效率的增减变化等。

对直接材料形成的价格差异和用量差异的原因和责任应具体分析，只有这样，才能使责任落实到部门或个人，进一步改进工作。

六、直接人工成本差异计算与分析

（一）直接人工成本差异计算

直接人工成本差异是指一定产量产品的直接人工实际成本与直接人工标准成本之间的差额，其计算公式为：

直接人工实际成本＝实际产量×单位实际成本
＝实际产量×单位实际工时×实际单价（单位实际工资率），

直接人工标准成本＝实际产量×单位标准成本
＝实际产量×单位标准工时×标准单价，

直接人工工资率差异＝实际产量×单位实际工时×（实际工资分配率－标准工资分配率），

直接人工效率差异＝实际产量×标准工资分配率×（单位实际工时－单位标准工时），

直接人工成本差异＝直接人工实际成本－直接人工标准成本
＝直接人工工资率差异＋直接人工效率差异。

各量之间的关系图如图 10-3 所示。

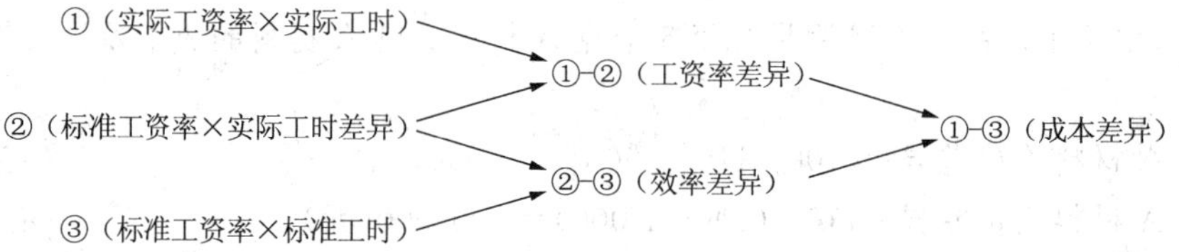

图 10-3　直接人工成本差异的计算

【例 10-3】 公司某期生产甲产品 200 件，实际耗用人工 8 000 小时，实际工资总额 80 000元，平均每工时 10 元。假设标准工资率为 9 元，单位产品的工时耗用标准为 28 小时。则直接人工成本差异计算过程如下：

直接人工工资率差异＝（10－9）×8 000＝8 000（元），　（不利差异）

直接人工效率差异＝9×（8 000－5 600）＝21 600（元），　（不利差异）

直接人工成本差异＝10×8 000－9×200×28＝29 600（元）　（不利差异）
＝ 8 000＋21 600＝29 600（元）。　（不利差异）

（二）直接人工成本差异分析

1. 直接人工效率差异分析

直接人工效率差异的产生可能有多种原因，如工作环境的好坏、生产工作计划安排的恰当与否、生产设备运转的状态、生产对象供应的及时程度等，这些原因产生的差异应由生产部门负责。但是如果是非生产部门可控制的，则应由有关部门负责。

2. 直接人工工资率差异分析

直接人工工资率差异主要是由于具体安排工作时，没有“按才定位”，如升级或降级使用不同等级的工人而引起的，这通常应由安排工人工作的主管人员负责，相应地直接涉及直接人工工资率差异的单位或部门，包括人力资源部门、设备管理部门和其他有关部门。

七、制造费用差异的计算

（一）变动制造费用成本差异计算

变动制造费用成本差异是指一定产量产品的实际变动制造费用与标准变动制造费用之间的差额。变动制造费用差异是由生产过程中多种因素综合影响的。造成变动制造费用开支差异的因素有间接材料价格变化、间接人工工资调整、间接人工的人数过多等；影响变动制造费用效率差异的因素有工人劳动情绪不佳、作业计划安排不当、设备故障较多等。变动制造费用成本差异的计算公式为：

变动制造费用实际成本＝实际产量×单位实际成本
＝实际产量×单位实际工时×实际单价(单位产品实际分配率)，
变动制造费用标准成本＝实际产量×单位标准成本
＝实际产量×单位标准工时×标准单价(单位工时标准价格)，
变动制造费用开支差异＝实际产量×单位实际工时×(实际分配率－标准分配率)，
变动制造费用效率差异＝实际产量×标准分配率×(单位实际工时－单位标准工时)，
变动制造费用成本差异＝变动制造费用实际成本－变动制造费用标准成本
＝变动制造费用开支差异＋变动制造费用效率差异。

【例 10-4】　某公司某期生产甲产品 200 件，实际耗用人工 8 000 小时，实际发生变动制造费用 20 000 元，变动制造费用实际分配率为每直接人工工时 2.5 元。假设变动制造费用标准分配率为 3 元，标准耗用人工 6 000 小时。则变动制造费用差异计算过程如下：

变动制造费用开支差异＝(2.5－3)×8 000＝－4 000(元)，　　(有利差异)
变动制造费用效率差异＝3×(8 000－6 000)＝6 000(元)，　　(不利差异)
变动制造费用成本差异＝20 000－3×6 000＝2 000(元)　　(不利差异)
＝－4 000＋6 000＝2 000(元)。　　(不利差异)

【例 10-5】　某企业生产某种产品，会计上采用标准成本制度，某月份实际生产该产品 7 200 件，有关数据如表 10-1 所示。

表 10-1　本月生产产品相关资料

成本项目	单位标准成本		单位实际成本	
	标准用量	标准单价	实际用量	实际单价
直接材料	1.5 千克/件.	2 元/千克	1.8 千克/件	1.9 元/千克
直接人工	1 小时/件	5 元/小时	0.8 小时/件	5.5 元/小时
变动制造费用	1 小时/件	3.5 元/小时	0.8 小时/件	3.4 元/小时

企业采用标准成本制度，直接材料、直接人工和变动制造费用的成本差异计算与验算过程如下。

（1）直接材料成本差异计算。

直接材料实际成本＝实际产量×单位实际成本＝实际产量×单位实际用量×实际单价
＝7 200×1.8×1.9＝24 624（元），

直接材料标准成本＝实际产量×单位标准成本＝实际产量×单位标准用量×标准单价
＝7 200×1.5×2＝21 600（元）。

其中：

直接材料价格差异＝实际产量×实际单耗×（实际单价－标准单价）
＝7 200×1.8×（1.9－2）＝－1 296（元），（有利差异）

直接材料用量差异＝实际产量×标准单价×（实际单耗－标准单耗）
＝7 200×2×（1.8－1.5）＝4 320（元），（不利差异）

直接材料成本差异＝直接材料实际成本－直接材料标准成本
＝直接材料价格差异＋直接材料用量差异
＝24 624－21 600＝3 024（元）
＝－1 296＋4 320＝3 024（元）。（不利差异）

（2）直接人工成本差异计算。

直接人工实际成本＝实际产量×单位实际成本＝实际产量×单位实际工时×实际单价
＝7 200×0.8×5.5＝31 680（元），

直接人工标准成本＝实际产量×单位标准成本＝实际产量×单位标准工时×标准单价
＝7 200×1×5＝36 000（元）。

其中：

直接人工工资率差异＝实际产量×单位实际工时×（实际工资分配率－标准工资分配率）
＝7 200×0.8×（5.5－5）＝2 880（元），（不利差异）

直接人工效率差异＝实际产量×标准工资分配率×（单位实际工时－单位标准工时）
＝7 200×5×（0.8－1）＝－7 200（元），（有利差异）

直接人工成本差异＝直接人工实际成本－直接人工标准成本
＝直接人工工资率差异＋直接人工效率差异
＝31 680－36 000＝－4 320（元）
＝2 880－7 200＝－4 320（元）。（有利差异）

（3）变动制造费用成本差异计算。

变动制造费用实际成本＝实际产量×单位实际成本
＝实际产量×单位实际工时×实际单价
＝7 200×0.8×3.4＝19 584（元），

变动制造费用标准成本＝实际产量×单位标准成本
＝实际产量×单位标准工时×标准单价
＝7 200×1×3.5＝25 200（元）。

其中：

变动制造费用开支差异＝实际产量×单位实际工时×(实际分配率－标准分配率)

＝7 200×0.8×(3.4－3.5)＝－576(元)，　　(有利差异)

变动制造费用效率差异＝实际产量×标准分配率×(单位实际工时－单位标准工时)

＝7 200×3.5×(0.8－1)＝－5 040(元)，　　(有利差异)

变动制造费用成本差异＝变动制造费用实际成本－变动制造费用标准成本

＝变动制造费用开支差异＋变动制造费用效率差异

＝19 584－25 200＝－5 616(元)

＝－576－5 040＝－5 616(元)。　　(有利差异)

（二）固定制造费用成本差异计算

固定制造费用成本差异，是指一定期间的实际固定制造费用与标准固定制造费用之间的差额。其中，预算差异影响因素有资源价格变动，资源数量变动以及某些固定成本如差旅费、折旧费、职业培训费等因管理上的变化而发生变化；能力差异则反映计划生产能力的利用程度，可能是由于产销量达不到一定规模造成的，不能说明固定费用的超支或节约。

1. 两因素分析法

（1）固定制造费用预算差异，指固定制造费用的实际金额与固定制造费用预算金额之间的差额。在考核与分析中，不考虑业务量的变动，以原定的预算数额作为标准，实际数超过预算数即为耗量过多。

（2）固定制造费用产能差异，指固定制造费用预算数与固定制造费用标准数之间的差额，即实际业务量的标准工时与生产能量的差额，用标准分配率计算的金额。它反映未能充分利用现有生产能力而造成的损失，因为即使固定制造费用与预算数一致，只要实际业务量与预算业务量有出入，按原定标准分配率分配依旧会产生多分配或少分配的情况，生产能力利用差异只要通过业务量就能控制。

如果预计业务量等于应耗的标准业务量，则无生产能力利用差异；预计业务量大于应耗的标准业务量(按实际产量计算)，则生产能力利用差异为不利差异，表示计划生产能力尚未充分利用；预计业务量小于应耗的标准业务量(按实际产量计算)，则生产能力利用差异为有利差异，表示计划生产能力得到充分利用。

2. 三因素分析法

三因素分析法与两因素分析法相比，只是将其中的产能差异分解为效率差异与生产能力利用差异(闲置能量差异)，如图 10-4 所示。

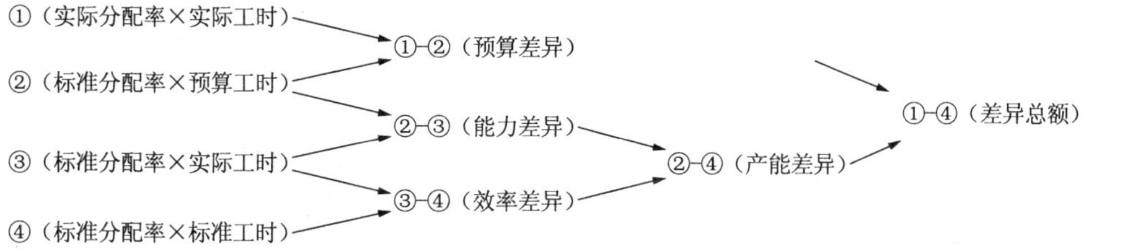

图 10-4　固定制造费用成本差异的计算

(1) 固定制造费用效率差异是指将实际工时的标准固定制造费用同对应标准工时的标准固定制造费用之间的差额,即实际工时脱离标准工时形成的差异。

(2) 固定制造费用生产能力利用差异是指固定制造费用预算额与实际工时的标准固定制造费用之间的差额,它反映了实际工时未达到标准能量而形成的闲置能力差异。

【例 10-6】 某企业实际生产甲产品 500 件,预计生产甲产品 600 件,经过两个部门加工,有关数据如表 10-2 所示。

表 10-2　甲产品生产相关资料

部门名称	单位标准成本			实际成本		
	耗用工时（小时/件）	分配率（元/小时）	标准成本（元/件）	耗用工时（小时）	实际成本（元）	实际分配率（元/小时）
A 部门	2.5	4	10	900	2700	3
B 部门	1.2	3	3.6	800	3600	4.5

用三因素分析法计算固定制造费用成本差异,其计算过程如下。

固定制造费用实际成本=2 700+3 600=6 300(元),

固定制造费用标准成本=实际产量×单位标准成本

=500×(10+3.6)=6 800(元),

固定制造费用成本差异=固定制造费用实际成本−固定制造费用标准成本

=6 300−6 800=−500(元)。

其中:

固定制造费用预算差异=实际分配率×实际工时−标准分配率×预算工时

=(3×900+4.5×800)−(4×600×2.5+3×600×1.2)

=6 300−8 160=−1 860(元),　　(有利差异)

固定制造费用能力差异=标准分配率×预算工时−标准分配率×实际工时

=8 160−(4×900+3×800)

=8 160−600=2 160(元),　　(不利差异)

固定制造费用效率差异=标准分配率×实际工时−标准分配率×标准工时

=4×900+3×800−(4×500×2.5+3×500×1.2)

=6 000−6 800=−800(元),　　(有利差异)

固定制造费用成本差异=固定制造费用实际成本−固定制造费用标准成本

=6 300−6 800=−500(元),

=固定制造费用预算差异+固定制造费用能力差异

+固定制造费用效率差异

=−1 860+2 160−800=−500(元)。　　(有利差异)

【例 10-7】 某企业生产一种产品,某月共生产该产品 900 件,实际发生变动制造费用 3 990 元,固定制造费用 2 945 元,耗用工时 1 900 小时;该企业生产能量为 2 000 小时,固定制造费用预算为 3 000 元,变动制造费用预算为 4 000 元,单位产品工时标准为2 小时/件。

变动制造费用和固定制造费用成本差异计算过程如下(其中,固定制造费用分别采用两因素和三因素分析法进行分析)。

(1) 变动制造费用成本差异计算。

$$单位实际工时=\frac{实际耗用工时量}{实际产量}=\frac{1\ 900}{900}(小时/件),$$

单位标准工时=2(小时/件),

$$单位实际分配率=\frac{实际成本}{实际耗用工时量}=\frac{3\ 990}{1\ 900}=2.1(元/小时),$$

$$单位标准分配率=\frac{预算成本}{预计耗用工时量}=\frac{4\ 000}{2\ 000}=2(元/小时),$$

变动制造费用实际成本=3 990(元),

变动制造费用标准成本=实际产量×单位标准成本

=实际产量×单位标准工时×标准单价

=900×2×2=3 600(元)。

其中:

变动制造费用开支差异=实际产量×单位实际工时×(实际分配率-标准分配率)

$$=900\times\frac{1\ 900}{900}\times(2.1-2)=190(元),\qquad(不利差异)$$

变动制造费用效率差异=实际产量×标准分配率×(单位实际工时-单位标准工时)

$$=900\times2\times\left(\frac{1\ 900}{900}-2\right)=200(元),\qquad(不利差异)$$

变动制造费用成本差异=变动制造费用实际成本-变动制造费用标准成本

=变动制造费用开支差异+变动制造费用效率差异

=3 990-3 600=390(元)

=190+200=390(元)。　　　　(不利差异)

(2) 固定制造费用成本差异计算。

$$单位实际工时=\frac{实际耗用工时量}{实际产量}=\frac{1\ 900}{900}(小时/件),$$

单位标准工时=2(小时/件),

$$单位实际分配率=\frac{实际成本}{实际耗用工时量}=\frac{2\ 945}{1\ 900}=1.55(元/小时),$$

$$单位标准分配率=\frac{预算成本}{预计耗用工时量}=\frac{3\ 000}{2\ 000}=1.5(元/小时),$$

固定制造费用实际成本=2 945(元),

固定制造费用标准成本=实际产量×单位标准成本

=实际产量×单位标准工时×标准单价

=900×2×1.5=2 700(元)。

其中:

1) 采用两因素分析法计算如下。

固定制造费用预算差异=实际分配率×实际工时-标准分配率×预算工时

=1.55×1 900−1.5×2 000

=2 945−3 000=−55(元)，　　(不利差异)

固定制造费用产能差异=标准分配率×预算工时−标准分配率×标准工时

=1.5×2 000−1.5×900×2

=3 000−2 700=300(元)，　　(不利差异)

固定制造费用成本差异=固定制造费用实际成本−固定制造费用标准成本

=固定制造费用预算差异+固定制造费用产能差异

=2 945−2 700=245(元)

=−55+300=245(元)。　　(不利差异)

2）采用三因素分析法计算如下。

固定制造费用预算差异=实际分配率×实际工时−标准分配率×预算工时

=1.55×1 900−1.5×2 000

=2 945−3 000=−55(元)，　　(不利差异)

固定制造费用能力差异=标准分配率×预算工时−标准分配率×实际工时

=1.5×2 000−1.5×1 900

=3 000−2 850=150(元)，　　(不利差异)

固定制造费用效率差异=标准分配率×实际工时−标准分配率×标准工时

=1.5×1 900−1.5×900×2

=2 850−2 700=150(元)，　　(不利差异)

固定制造费用成本差异=固定制造费用实际成本−固定制造费用标准成本

=固定制造费用预算差异+固定制造费用能力差异

+固定制造费用效率差异

=2 945−2 700=245(元)

=−55+150+150=245(元)。　　(不利差异)

八、期末成本差异的账务处理

期末对成本差异的结转和处理主要有两种方法:直接处理法和递延法。直接处理法是指将本期发生的各种成本差异全部转入“产品销售成本”账户，由本期的销售产品负担，并全部从损益表的销售收入项下扣减，不再分配给期末在产品和期末库存产成品。递延法是指将本期的各种成本差异按标准成本的比例分配给期末在产品、期末产成品和本期已销售产品。由于递延法较复杂，而且不便于本期成本差异分析和控制。目前，西方企业一般采用直接处理法。

【例 10-8】 某企业生产某产品，实际产量 800 件。标准成本资料如下:直接材料费用，单位产品标准消耗量为 2 千克/件，标准单件 1 元/千克;直接工资费用，单位产品工时标准为 1.5 小时/件，标准工资率为 2 元/小时;变动制造费用预算为 1 500 元，固定制造费用预算为 1 200 元。企业生产预计产量为 1 000 件，实际成本资料如下:直接材料费用，共消耗材料 1 650 千克，实际成本 1 815 元，共采购 1 700 千克材料，单价为 1.05 元/千克;直接工资费用，共耗用工时 1 250 小时，实际支付工资 2 625 元;变动制造费用实际成本 1 500 元，固定制造费用实际成本 1 125 元。

根据以上资料进行成本差异分析和账务处理，其中固定制造费用采用三因素分析法进行分析。其计算过程和账务处理过程如下。

(1) 成本差异分析。

1) 直接材料成本差异计算过程如下。

$$单位实际用量=\frac{实际耗用量}{实际产量}=\frac{1\ 650}{800}(千克/件),$$

标准单耗=2(千克/件)，

$$实际单价=\frac{实际成本}{实际耗用量}=\frac{1\ 815}{1\ 650}=1.1(元/千克),$$

标准单价=1(元/千克)，

$$\begin{aligned}直接材料实际成本&=实际产量\times单位实际成本=实际产量\times单位实际用量\times实际单价\\&=800\times\frac{1\ 650}{800}\times1.1=1\ 815(元),\end{aligned}$$

$$\begin{aligned}直接材料标准成本&=实际产量\times单位标准成本=实际产量\times单位标准用量\times标准单价\\&=800\times2\times1=1\ 600(元)。\end{aligned}$$

其中：

$$\begin{aligned}直接材料价格差异&=实际产量\times实际单耗\times(实际单价-标准单价)\\&=800\times\frac{1\ 650}{800}\times(1.1-1)=165(元), \qquad (不利差异)\end{aligned}$$

$$\begin{aligned}直接材料用量差异&=实际产量\times标准单价\times(实际单耗-标准单耗)\\&=800\times1\times\left(\frac{1\ 650}{800}-2\right)=50(元), \qquad (不利差异)\end{aligned}$$

$$\begin{aligned}直接材料成本差异&=直接材料实际成本-直接材料标准成本\\&=直接材料价格差异+直接材料用量差异\\&=1\ 815-1\ 600=215(元)\\&=165+50=215(元)。 \qquad (不利差异)\end{aligned}$$

2) 直接人工成本差异计算过程如下。

$$单位实际工时=\frac{实际耗用工时量}{实际产量}=\frac{1\ 250}{800}(小时/件),$$

单位标准工时=1.5(小时/件)，

$$单位实际分配率=\frac{实际成本}{实际耗用工时量}=\frac{2\ 625}{1\ 250}=2.1(元/小时),$$

单位标准分配率=2(元/小时)，

$$\begin{aligned}直接人工实际成本&=实际产量\times单位实际成本=实际产量\times单位实际工时\times实际单价,\\&=800\times\frac{1\ 250}{800}\times2.1=2\ 625(元),\end{aligned}$$

$$\begin{aligned}直接人工标准成本&=实际产量\times单位标准成本=实际产量\times单位标准工时\times标准单价\\&=800\times1.5\times2=2\ 400(元)。\end{aligned}$$

其中：

直接人工工资率差异=实际产量×单位实际工时×(实际工资分配率-标准工资分配率)

$=800\times\frac{1\ 250}{800}\times(2.1-2)=125$(元)，　　(不利差异)

直接人工效率差异=实际产量×标准工资分配率×(单位实际工时-单位标准工时)

$=800\times2\times(\frac{1\ 250}{800}-1.5)=100$(元)，　　(不利差异)

直接人工成本差异=直接人工实际成本-直接人工标准成本，

=直接人工工资率差异+直接人工效率差异，

=2 625-2 400=225(元)，

=125+100=225(元)。　　(不利差异)

3) 变动制造费用成本差异计算过程如下。

单位实际工时$=\frac{\text{实际耗用工时量}}{\text{实际产量}}=\frac{1\ 250}{800}$(小时/件)，

单位标准工时=1.5(小时/件)，

单位实际分配率$=\frac{\text{实际成本}}{\text{实际耗用工时量}}=\frac{1\ 500}{1\ 250}=1.2$(元/小时)，

单位标准分配率$=\frac{\text{预算成本}}{\text{预计耗用工时量}}=\frac{1\ 500}{1\ 000\times1.5}=1$(元/小时)，

变动制造费用实际成本=实际产量×单位实际成本

=实际产量×单位实际工时×实际单价

$=800\times\frac{1\ 250}{800}\times1.2=1\ 500$(元)，

变动制造费用标准成本=实际产量×单位标准成本

=实际产量×单位标准工时×标准单价

=800×1.5×1=1 200(元)。

其中：

变动制造费用开支差异=实际产量×单位实际工时×(实际分配率-标准分配率)

$=800\times\frac{1\ 250}{800}\times(1.2-1)=250$(元)，　　(不利差异)

变动制造费用效率差异=实际产量×标准分配率×(单位实际工时-单位标准工时)

$=800\times1\times(\frac{1\ 250}{800}-1.5)=50$(元)，　　(不利差异)

变动制造费用成本差异=变动制造费用实际成本-变动制造费用标准成本

=变动制造费用开支差异+变动制造费用效率差异

=1 500-1 200=300(元)

=250+50=300(元)。　　(不利差异)

4) 固定制造费用成本差异计算过程如下。

单位实际工时$=\frac{\text{实际耗用工时量}}{\text{实际产量}}=\frac{1\ 250}{800}$(小时/件)，

单位标准工时=1.5(小时/件)，

$$单位实际分配率=\frac{实际成本}{实际耗用工时量}=\frac{1\ 125}{1\ 250}=0.9(元/小时),$$

$$单位标准分配率=\frac{预算成本}{标准耗用工时量}=\frac{1\ 200}{1\ 000\times1.5}=0.8(元/小时),$$

固定制造费用实际成本＝实际产量×单位实际成本

＝实际产量×单位实际工时×实际单价

$$=800\times\frac{1\ 250}{800}\times0.9=1\ 125(元),$$

固定制造费用标准成本＝实际产量×单位标准成本

＝实际产量×单位标准工时×标准单价

$=800\times1.5\times0.8=960(元)$。

其中(三因素分析法)：

固定制造费用预算差异＝实际分配率×实际工时－标准分配率×预算工时

$$=0.9\times800\times\frac{1\ 250}{800}-0.8\times1\ 000\times1.5$$

$=1\ 125-1\ 200=-75(元)$，　　　　(有利差异)

固定制造费用能力差异＝标准分配率×预算工时－标准分配率×实际工时

$$=0.8\times1\ 000\times1.5-0.8\times800\times\frac{1\ 250}{800}$$

$=1\ 200-1\ 000=200(元)$，　　　　(不利差异)

固定制造费用效率差异＝标准分配率×实际工时－标准分配率×标准工时

$$=0.8\times800\times\frac{1\ 250}{800}-0.8\times800\times1.5$$

$=1\ 000-960=40(元)$，　　　　(不利差异)

固定制造费用成本差异＝固定制造费用实际成本－固定制造费用标准成本

＝固定制造费用预算差异＋固定制造费用能力差异

＋固定制造费用效率差异

$=1\ 125-960=165(元)$

$=-75+200+40=165(元)$。　　　　(不利差异)

(2) 账务处理。

1) 原材料的账务处理过程如下。

① 原材料购进。

借:原材料	1 700	
材料价格差异	85	
贷:应付账款		1 785

② 原材料领用。

借:基本生产成本	1 600	
材料用量差异	50	
贷:原材料		1 650

(2) 工资费用的账务处理过程如下。

借:基本生产成本	2 400	
直接人工工资率差异	125	
直接人工效率差异	100	
贷:应付职工薪酬		2 625

3）变动制造费用的账务处理过程如下。

借:基本生产成本	1 200	
变动制造费用开支差异	250	
变动制造费用效率差异	50	
贷:变动制造费用		1 500

4）固定制造费用的账务处理过程如下。

借:基本生产成本	960	
固定制造费用生产能力利用差异	200	
固定制造费用效率差异	40	
贷:固定制造费用预算差异		75
固定制造费用		1 125

第二节 作业成本法

随着企业经营环境的日益复杂,企业管理已经进入战略管理时代。成本控制是企业管理活动中永恒的主题,企业要想有效地实施成本控制,就要运用先进的成本计算方法和管理理念,建立起与之相结合的科学合理的成本核算与成本控制系统,让企业的管理者清楚地掌握公司的成本构架、盈利情况和决策的正确方向,成为企业内部决策的关键支持,从根本上改善企业成本状况,从而真正实现有效的成本控制。作业成本系统作为一种重要的战略支持系统,它所提供的大量相关、准确的成本信息能在很大程度上帮助管理者实施战略管理。

一、作业成本法的含义与原则

（一）作业成本法的含义

作业成本法是产生于20世纪80年代末期的一种先进成本管理方法,由哈佛商学院的Kaplan教授和宾夕法尼亚大学的Cooper教授提出。这种方法把企业经营过程划分成一系列作业(各种活动),通过对于作业成本的计量间接计算出产品的成本。作业成本法认为,产品消耗作业、作业消耗资源,生产导致作业发生、作业导致成本发生,而作业是成本管理的重点。

作业成本法又叫作业成本计算法或作业量基准成本计算法,是以作业为核心,确认和计量耗用企业资源的所有作业,将耗用的资源成本准确地计入作业,然后选择成本动因,将所有作业成本分配给成本计算对象(产品或服务)的一种成本计算方法。作业成本法是建立在"作业"这一基本概念上的,作业是成本计算的核心和基本对象,产品成本或服务成本是全部作业的成本总和，是实际耗用企业资源成本的终结。

（二）作业成本法核算体系构建的原则

1. 成本效益的原则

做任何事情都要考虑到成本和成本所能带来的效益，在作业成本核算系统的设计过程中就始终要考虑到这个问题，在选择作业中心的时候要时刻注意成本效益的原则，避免为了片面地追求核算结果的精确性而不考虑经济性的行为。

2. 简单易行的原则

作业成本核算的原理并不复杂，思路也很明确，但是相对于传统的成本核算方法，其所需要的数据量和核算步骤要复杂得多。这样，作业成本核算系统的设计必须简单易行，对于需要作业判断的地方，定要给出简洁明晰的标准，避免因操作人员的判断失误导致最终计算结果的偏差。

3. 稳定性和灵活性相结合的原则

在激烈的市场竞争环境下，企业为了适应其所生存和发展的环境，必将会根据市场情况和自身的经营情况适时地调整自己的经营战略和经营方式。这样，企业的产品线和组织结构就会发生一些变化。这就需要我们在设计作业成本核算系统的时候考虑到企业将来可能会发生的变化，并且说明在各种可能的情况发生时作业成本核算系统需要作出何种相应的变化。

二、作业成本法的计算程序

作业成本法在计算产品成本时，将着眼点从传统的“产品”转移到“作业”上，以作业为核算对象，首先根据作业对资源的消耗情况将资源的成本分配到作业，再由作业依成本动因追踪到产品成本的形成和积累过程，由此而得出最终产品成本。

根据作业成本计算的基本思想，作业成本法的计算程序可归纳为以下几个步骤。

（一）直接成本费用的归集

直接成本包括直接材料、直接人工及其他直接费用，其计算方法与传统的成本计算方法一样。直接材料易于追溯到成本对象上，通常在生产成本中占有较大的比重，它计算得正确与否，对于产品成本的高低和成本的正确性有很大影响。为了加强控制，促进节约，保证费用归集的正确性，对直接材料从数量到价格等各个方面，都必须按成本核算的原则和要求认真对待。直接人工是直接用于产品生产而发生的人工费用。

（二）作业的鉴定

在采用作业成本核算系统之前，首先要分析确定构成企业作业链的具体作业，这些作业受业务量而不是产出量的影响。作业的确定是作业成本信息系统成功运行的前提条件。作业的鉴定与划分是设计作业成本核算系统的难点与重点，作业划分得当，能确保作业成本信息系统的正确度与可操作性。炼油生产中根据不同的加工过程划分不同的生产装置，因此核算系统是以装置划分的作业。

（三）成本库费用的归集

在确定了企业的作业划分之后，就需要以作业为对象，根据作业消耗资源的情况，归集各作业发生的各种费用，并把每个作业发生的费用集合分别列作一个成本库。作业成本法可以大大提高制造费用分配的准确度，但并不可以完全准确地分配制造费用。

（四）成本动因的确定

成本动因即为引起成本发生的因素。为各成本库确定合适的成本动因，是作业成本法成本库费用分配的关键。在通常情况下，一个成本库有几个成本动因，有的成本动因与成本库费用之间存在弱线性相关性，有的成本动因与成本库费用之间存在着强线性关系。这一步的关键就在于为每一成本库选择一个与成本库费用存在强线性关系的成本动因。

（五）成本动因费率计算

成本动因费率是指单位成本动因所引起的制造费用的数量。成本动因费率的计算公式为：

$$成本动因费率=\frac{成本库费用}{成本库成本动因总量}，即\ R=\frac{C}{D}。$$

式中 R——成本库的成本动因费率；

C——成本库的费用；

D——成本库的成本动因总量。

（六）成本库费用的分配

计算出成本动因费率后，根据各产品消耗各成本库的成本动因数量进行成本库费用的分配，每种产品从各成本库中分配所得的费用之和，即为每种产品的费用分配额。

（七）产品成本的计算

生产产品的总成本，即生产产品所发生的直接成本与制造费用之和，计算公式为：

总成本＝直接材料＋直接人工＋制造费用。

【例 10-9】 某制造企业生产 A、B 两种产品，有关资料如下。

（1）A、B 两种产品 2007 年 1 月份的有关成本资料如表 10-3 所示。

表 10-3 有关成本资料

产品名称	产量(件)	单位产品机器小时(小时)	直接材料单位成本(元)	直接人工单位成本(元)
A	100	1	50	40
B	200	2	80	30

（2）该企业每月制造费用总额为 50 000 元，与制造费用相关的作业有 4 个，有关资料如表 10-4 所示。

表 10-4 相关作业资料

作业名称	成本动因	作业成本(元)	作业动因数	合计
质量检验	检验次数	4 000	A:5 次，B:15 次	20 次
订单处理	生产订单份数	4 000	A:30 份，B:10 份	40 份

续表

作业名称	成本动因	作业成本(元)	作业动因数	合计
机器运行	机器小时数	40 000	A:200 小时,B:800 小时	1 000小时
设备调整准备	调整准备次数	2 000	A:6 次,B:4 次	10 次
合　计		50 000		

根据以上资料采用作业成本法进行计算和评价,其计算过程和评价过程如下。

(1) 用作业成本法计算 A、B 两种产品的单位成本。

1) 计算成本动因率。

$$质量检验成本动因率=\frac{4\ 000}{20}=200(元/次),$$

$$订单处理成本动因率=\frac{4\ 000}{40}=100(元/份),$$

$$机器运行成本动因率=\frac{40\ 000}{1\ 000}=40(元/小时),$$

$$调整准备成本动因率=\frac{2\ 000}{10}=200(元/次)。$$

2) 用作业成本法计算 A 产品的单位成本。

A 产品分配的作业成本$=200\times5+100\times30+40\times200+200\times6=13\ 200$(元),

$$A产品单位作业成本=\frac{13\ 200}{100}=132(元/件),$$

A 产品单位成本$=50+40+132=222$(元/件)。

3) 用作业成本法计算 B 产品的单位成本。

B 产品分配的作业成本$=200\times15+100\times10+40\times800+200\times4=36\ 800$(元),

$$B产品单位作业成本=\frac{36\ 800}{200}=184(元/件),$$

B 产品单位成本$=80+30+184=294$(元/件)。

(2) 以机器小时作为制造费用的分配标准,采用传统成本计算法计算 A、B 两种产品的单位成本。

1) 计算制造费用分配率。

$$制造费用分配率=\frac{50\ 000}{1\ 000}=50(元/小时)。$$

2) 用传统成本法计算 A 产品的单位成本。

A 产品分配成本$=50\times200=10\ 000$(元),

$$A产品单位制造费用=\frac{10\ 000}{100}=100(元/件),$$

A 产品单位成本$=50+40+100=190$(元/件)。

3) 用传统成本法计算 B 产品的单位成本。

B 产品分配成本$=50\times800=40\ 000$(元),

$$B产品单位制造费用=\frac{40\ 000}{200}=200(元/件),$$

B产品单位成本=80+30+200=310(元/件)。

(3) 根据上述计算结果,对作业成本法进行评价。

作业成本法通过对生产经营情况和成本的发生情况的分析,合理地确定作业,使得按作业归集的成本更具有同质性。这样,不同的作业成本可采用不同的动因进行分配,使费用分配与分配标准之间更具有因果关系,成本核算的结果因此也更为准确。

三、作业成本法的优点和缺点

(一) 作业成本法的优点

通过比较作业成本法与传统的成本计算方法可以发现,作业成本法有以下优点。

1. 提供了相对准确的成本信息

传统的成本计算法提供的是企业最终产品的成本相关信息,由于制造费用计算的笼统性,当产品成本中制造费用比重较大时,成本信息的可利用价值就相对较差。而作业成本法拓宽了成本计算的范围,不但提供了产品成本,还提供了作业成本、动因成本信息,为成本控制和相关决策提供了价值资料。作业成本法从成本对象与资源耗费的因果关系着手,根据资源动因将间接费用分配到作业,再按作业动因将作业计入成本对象,从而揭示了资源与成本对象真正的"一对一"的本质联系,克服了传统成本计算假定的缺陷。

2. 提高产品的竞争力

传统的成本管理模式只注重商品投产后与生产过程相关的成本管理,忽视了投产前商品开发与设计的成本管理,不利于提高企业商品的市场竞争力。作业成本法特别重视商品设计、研究开发和质量成本管理,力求科学合理地配置相对有限的企业资源,不断改进商品设计、工艺设计以及企业价值链的构成,从而提高了企业商品的市场竞争力,能适应现代企业在激烈的市场竞争中的发展需要。

3. 便于企业绩效考核

作业成本法关注那些成本增加和复杂化的因素,揭示在产品之间分配间接成本时"苦乐不均"所产生的后果。它将成本控制的焦点更多地集中于作业的发生、产品的设计,而不是产品的产量。它以产品的各项作业作为责任和控制中心,促进成本分配的精细化,有助于成本的管理和控制。在评价作业时,通过各作业层所提供的有价值的成本信息,明确增值作业与非增值作业、高效作业与低效作业,评价个人或作业中心的责任履行情况,提高增值作业效率,力图规避无效作业。

(二) 作业成本法的缺点

就作业成本法本身来看,还存在许多方面的缺点,这主要表现在以下几个方面。

1. 在成本动因的选择上有一定的主观性

在成本计算过程中,需要确认资源和作业,需要设立作业成本库,并为每一作业成本库选择最佳的成本动因,以便全面而精确地将各项作业耗费分配到消耗这些作业的产品成本中。在这一过程中,难免带有一定的主观性,尤其是所选择的成本动因,并不总是客观的和可验证的,有些甚至很难进行恰当选择。

2. 没有合并对同类生产能力的计量

由于作业成本法是基于作业来分配成本的，资源的成本首先是被归集到作业中，然后再分配到成本目标当中。作业所消耗的各种资源具有不同的计量单位，将成本归集到作业时难以反映资源消耗的数量，只能将被耗用资源的价值（金额）归集到作业中。因此，运用作业成本法既无法看出资源的利用效果，也不能反映各种生产能力之间的差异，无法采取实际行动改进生产管理。

3. 没有直接表示出资源要素之间的相互关系

由于资源的种类数量庞大，采取“资源——作业——产品”的成本传递路径会使资源与作业之间的关系十分庞杂。资源归集到作业之后，只反映了资源要素与该作业的关系，但该资源的全部产出量与其费用却失去了联系，而且不同资源要素之间的关系也不能得到直接反映。

本章小结(Summary)

本章主要介绍了标准成本的含义、种类，标准成本的制定，成本差异的计算与分析方法，以及作业成本法下成本计算方法和作业成本法的优、缺点。

随着企业经营环境的日益复杂，企业管理已经进入战略管理时代，良好的成本管理是企业永远的追求目标，企业应根据自身条件选择适当的成本核算管理方法。成本控制是对整个生产经营过程中各项费用的发生进行引导和限制，使之能按预定的计划进行的一种管理活动。

标准成本制度是成本控制体系的重要内容之一。标准成本控制就是通过比较实际成本和预先制定的标准成本之间的差异，分析并追究产生差异的原因和责任，据此采取有效措施，实现标准成本。标准成本通常按制造成本制定，即分别制定直接材料、直接人工和制造费用的标准成本，而对于非制造成本，一般采取编制预算的方法实行预算控制。

作业成本法是与企业战略实施紧密相连的。作业成本系统作为一种重要的战略支持系统，它所提供的大量相关、准确的成本信息能在很大程度上帮助管理者实施战略管理，提高企业的竞争能力。

关键术语(Glossary)

标准成本（standard cost）
标准成本制度（standard costing system）
理想标准成本（ideal standard cost）
正常标准成本（normal standard cost）
现实标准成本（actual standard cost）
作业成本（activity cost）
作业成本法（activity-based costing）

作业中心（activity center）

思考题(Questions)

1. 标准成本有哪几类？
2. 直接材料、直接人工、变动性制造费用和固定性制造费用的标准成本如何确定？
3. 标准成本法的账务处理有何特点？
4. 简述作业成本法的计算程序。
5. 作业成本法的优、缺点各有哪些？

练习题(Exercises)

一、判断题

1. 标准成本法的核心是按标准成本记录和反映产品成本的形成过程和结果，以实现对产品成本的控制。(　　)

2. 一般而言，直接材料价格差异应由采购部门负责，直接材料用量差异应由负责控制用料的生产部门负责。(　　)

3. 成本差异是指产品实际成本与标准成本的差额，凡是实际成本小于标准成本的差异数，即称为有利差异。(　　)

4. 在标准成本系统中，直接材料的价格标准是指预计下年度实际需要支付的材料市价。(　　)

5. 利用三因素法分析固定制造费用差异时，固定制造费用闲置能量差异是根据生产能量工时与实际产量标准工时的差额，乘以固定制造费用标准分配率计算得出的。(　　)

6. 作业成本法认为引起成本产生的原因不仅是产品产量，还有被消耗的作业。(　　)

7. 作业成本计算法是资源——作业——产品，传统成本计算法是资源——成本——产品。(　　)

8. 成本动因是驱动或产生成本、费用的各种因素，它通常可分为两种：资源动因和作业动因。(　　)

9. 作业成本法是传统成本计算方法的一种，其主要特点是先按资源动因分配费用，计算各作业中心成本，再按作业动因分配作业成本，计算产品成本。(　　)

10. 作业成本法以成本动因作为分配成本的基础，因此它能提供比传统成本法更为精确的成本信息。(　　)

二、单项选择题

1. 某企业实际生产 100 件甲产品共耗用直接材料 500 公斤，单位产品直接材料标准耗用量应为 4.5 公斤，材料标准价格为 10 元/公斤，实际价格为 11 元/公斤，则该产品直接材料的用量差异为(　　)。

A. 550 元　　B. 42 元　　C. 500 元　　D. 5 500 元

2. 采用三差异法计算固定制造费用差异时，可将“能量差异”进一步分为(　　)两部分。

A. 能力差异和预算差异　　B. 能力差异和效率差异

C. 预算差异和效率差异　　D. 以上任何两种差异

3. 通常应对不利的材料价格差异负责的部门是(　　)。

A. 质量控制部门　　B. 采购部门　　C. 生产部门　　D. 产品设计部门

4. 在标准成本差异分析中，材料价格差异是根据实际数量与价格脱离标准的差额计算的，其中实际数量是指材料的(　　)。

A. 采购数量　　B. 入库数量　　C. 领用数量　　D. 耗用数量

5. 下列各项中，属于直接人工标准工时组成内容的是(　　)。

A. 由于设备意外故障产生的停工工时

B. 由于更换产品产生的设备调整工时

C. 由于生产作业计划安排不当产生的停工工时

D. 由于外部供电系统故障产生的停工工时

6. 下列变动成本差异中，无法从对生产过程的分析中找出产生原因的是(　　)。

A. 变动制造费用效率差异　　B. 变动制造费用耗费差异

C. 材料价格差异　　D. 直接人工差异

7. 作业成本法的成本计算是以(　　)为中心。

A. 产品　　B. 作业　　C. 费用　　D. 资源

8. 下列属于增值作业的是(　　)。

A. 原材料储存作业　　B. 原材料等待作业

C. 包装作业　　D. 质量检查作业

9. 下列项目中，不属于按受益对象分类的作业是(　　)。

A. 单位水平作业　　B. 协调平衡作业　　C. 批次水平作业　　D. 工厂维持作业

10. 在作业成本法下通常难以找到合适的成本动因来将(　　)作业所消耗的资源分配至产品。

A. 车间管理　　B. 直接人工　　C. 质量检验　　D. 机器调试

三、多项选择题

1. 制定标准成本的用量标准包括(　　)。

A. 产品直接材料消耗总量　　B. 单位产品直接人工总量

C. 产品直接人工总量　　D. 单位产品直接人工工时

2. 标准成本按其所依据的生产技术和经营水平分类，可分为(　　)。

A. 理想标准成本　　B. 正常标准成本　　C. 现实标准成本　　D. 基础标准成本

3. 直接人工成本差异包括(　　)。

A. 人工效率差异　　B. 费用开支差异　　C. 工资率差异　　D. 用量差异

4. 下列成本差异中，通常不属于生产部门责任的有(　　)。

A. 直接材料价格差异　　B. 直接人工工资率差异

C. 直接人工效率差异　　D. 变动制造费用效率差异

5. 影响变动制造费用效率差异的原因有(　　)。

A. 工人劳动情绪不佳　　B. 作业计划安排不当

C. 加班或使用临时工　　D. 设备故障较多

6. 作业按所完成的职能可以分为(　　)。

A. 后勤作业　　B. 协调、平衡作业　C. 质量作业　　D. 变化作业

7. 成本动因选择主要考虑的因素有(　　)。

A. 成本计量

B. 成本动因与所耗资源成本的相关程度

C. 成本库

D. 成本中心

8. 下列关于作业成本法的说法正确的有(　　)。

A. 作业成本法有利于成本预测和决策

B. 作业成本法有利于分析成本升降的原因

C. 作业成本法有利于完善成本责任管理

D. 作业成本法有利于提高成本信息质量,完全克服传统成本分配的主观因素影响

9. 作业成本法适用于具有以下特征的企业(　　)。

A. 间接生产费用比重较大　　B. 企业规模大、产品品种多

C. 作业环节多且易辨认　　D. 计算机技术较高

10. 作业成本法与传统成本法相比(　　)。

A. 有较多的间接成本库　　B. 按成本动因分配生产费用

C. 提供较精确的成本信息　　D. 成本决策相关性较强

四、计算题

1. 某产品的变动制造费用标准成本为:工时消耗 3 小时,变动制造费用小时分配率为 5 元。某月生产产品 500 件,实际使用工时 1 400 小时,实际发生变动制造费用 7 700 元。

要求:

(1)分析计算变动制造费用的开支差异和效率差异;

(2) 进行相关账务处理。

2. 某产品某月成本资料如下。单位产品标准成本如表 10-5 所示。

表 10-5　单位产品标准成本

成本项目	单位标准成本		
	标准用量	标准单价	标准成本(元/件)
直接材料	50 千克/件	9 元/千克	450
直接人工	45 小时/件	4 元/小时	180
变动制造费用	45 小时/件	3 元/小时	135
固定制造费用	45 小时/件	2 元/小时	90

本企业该产品正常生产能量为1 000小时，制造费用均按人工工时分配。

本月实际产量20件，实际耗用材料900千克，实际人工工时950小时，实际成本如表10-6所示。

表10-6 实际成本资料

单位：元

项目	金额
直接材料	9 000
直接人工	3 325
变动制造费用	2 375
固定制造费用	2 850
合计	17 550

要求：计算本月份生产该产品的有关成本差异（固定制造费用采用三因素法）。

3. 某服装制造企业采用作业成本法核算产品成本。该企业某月发生直接材料成本32 000元，其中甲产品耗用18 000元，乙产品耗用14 000元；直接人工成本19 000元，其中甲产品应负担11 000元，乙产品应负担8 000元；制造费用56 000元。经分析该企业的作业情况如表10-7所示。

表10-7 作业情况

作业中心	资源分配（元）	成本动因	动因量	
			甲产品	乙产品
材料整理	14 000	处理材料批数（次）	10	30
质量检验	10 000	检验次数（次）	10	15
机器调试	20 000	调试次数（次）	80	120
使用机器	12 000	机器小时数（小时）	20	80

要求：

(1)计算各作业中心的动因率；

(2) 假定该企业当月的产量为甲产品500件，乙产品400件，期初、期末在产品为零，计算这个月的完工产品总成本和完工产品单位成本；

(3) 编制有关费用归集、分配和完工产品入库的分录。

4. 某钟表制造公司采用作业成本法计算分配间接费用，2007年5月份，该企业有关资料如表10-8所示。

表10-8 相关作业资料

作业	成本动因	成本（元）	作业水平	
			时钟	手表
生产准备	准备次数	70 000	30次	20次
材料管理	零件数	20 000	15件	25件
包装与运输	运输数量	45 000	5 000公里	7 000公里

要求：

(1)用作业成本法计算分配每种产品的间接费用总额；

(2) 以人工工时作为分配基础计算分配各产品的间接费用总额，假定装配每只时钟的小时数是 0.5 小时，装配每只手表的小时数是 1 小时，时钟的生产量为 5 000 只，手表为 7 000 只。

5. 某公司生产甲、乙两种产品，直接材料按各产品领料单直接计入各产品生产成本，直接人工成本按各产品直接人工小时分配。公司经常调整两种产品的生产安排，同时对设备进行调整，公司单设设备调整作业中心，设备调整费用随调整次数而变化。两种产品生产所用的设备基本类似，使用率较高且接近，故设备及厂房等固定资产按直线法计提折旧后，折旧费在各产品之间按机器工作小时分配。设备维修费用按产品的机器工作小时分配，产品质量检验费用按产品检验次数分配。动力消耗作为独立作业按机器小时分配。其他作业与产品人工小时相关。2007 年 8 月份，该公司与产品相关的作业与费用资料如表 10-9、表 10-10 所示。

表 10-9　产量及作业资料

项目	甲产品	乙产品	合计
产量(件)	5 000	2 000	7 000
直接人工(小时)	20 000	10 000	30 000
机器(小时)	16 000	9 000	25 000
检验次数(次)	25	35	60
设备调整次数(次)	20	30	50

表 10-10　成本费用资料　　单位：元

项目	甲产品	乙产品	合计
直接材料	60 000	20 000	80 000
直接人工			75 000
制造费用			170 000
其中：设备调整			30 000
检验成本			21 000
折旧费用			36 000
维修费用			9 000
动力费用			50 000
其他作业			24 000
成本总计			325 000

上述资料中，设备维护与修理被合并为同质作业，费用汇集在设备维修成本库。其他各项作业的费用发生时计入相应的成本库。

要求：根据上述资料采用作业成本法计算甲、乙产品的生产成本。

第十一章　成本报表与成本分析

学习目标(Learning Objective)

通过本章学习，了解企业编制成本报表的作用，了解成本报表的种类，熟悉成本报表的编制要求，掌握商品产品成本表、主要产品单位成本表及各费用表的编制方法，掌握成本分析的方法。

第一节　成本报表的概述

一、成本报表的概念和作用

（一）成本报表的概念

成本报表主要是根据日常成本核算资料定期编制，用以反映企业成本水平，分析和考核企业在一定时期内成本计划执行情况的会计报表。根据我国现行企业会计制度，在企业会计报表体系中，成本报表不作为企业向外报送的会计报表，它主要是为满足企业内部管理需要而设置的内部会计报表。因而，成本报表的种类、格式和内容均可由企业根据其生产经营特点和管理要求自行确定。

成本报表作为企业内部报表具有以下特点。

1. 灵活性

成本报表是服务于企业经营管理目的的报表，可以根据企业对成本管理的要求灵活设置，并且不受外界因素的影响。因此，成本报表的种类、格式、指标项目、编制时间、报送程序和范围都可以根据企业的需要自行规定，并随着生产条件的变化、管理要求的提高，随时进行修改和调整，具有较大的灵活性。

2. 多样性

成本报表是企业在特定的生产环境下，结合自身的生产特点和管理要求而编制的。不同企业的生产特点和成本管理要求不同，这就决定了不同企业编制的成本费用报表在种类、格式、指标项目以及指标计算口径上必然有所不同，因而呈现多样性。

3. 综合性

成本报表要同时满足财会部门、各级生产技术部门和计划管理部门等对成本管理的需要，对这些职能部门而言不仅要求提供用于事后分析的材料，还要求提供事前计划、事中控制所需要的大量信息。因此，成本报表不仅要设置货币指标，还需要设置反映成本消耗的多种形式的实物量指标，不仅包括会计核算提供的指标，还包括统计核算、业务核算提供的指标，这些指标实质上是会计核算资料与技术经济资料的有机结合，由于成本报表所提供的信息具有广泛性，因此其具有综合性的特点。

（二）成本报表的作用

1. 反映企业报告期内产品成本水平

产品成本是反映企业生产技术经营成本成果的一项综合指标，企业在一定时期内的物质消耗、劳动效率、工艺水平、生产经营管理水平，都会直接或间接地在产品成本中综合地体现出来。通过编制成本报表能够及时地发现企业在生产、技术、质量、管理等方面取得的成绩和存在的问题，不断总结经验，提高企业经济效益。

2. 反映企业成本计划的完成情况

成本报表中所反映的各项产品成本指标，对掌握企业一定时期的成本水平，分析和考核产品成本计划情况及加强成本管理具有重要作用。

3. 为制订成本计划提供依据

计划年度的成本计划是在报告年度产品成本实际水平的基础上，结合报告年度成本计划执行情况，考虑计划年度中可能出现的有利因素和不利因素而制订的，所以本期报表所提供的资料，是制订下期成本计划的重要参考依据。各管理部门还可以根据成本报表的资料对未来时期的成本进行预测，为企业制定正确的经营决策及时提供相关而有用的数据。

4. 为企业的成本决策提供信息

对成本报表进行分析，可以发现成本管理工作中存在的问题，揭示成本差异对产品成本升降的影响程度，从而把注意力集中在那些不正常的、对成本有重要影响的关键性差异上，查明原因和责任，以便采取有针对性的措施，促使成本水平的不断降低，为企业挖掘降低成本的潜力指明方向。

二、成本报表的种类

成本报表属于内部报表，主要是为满足企业内部经营管理的需要而编制的，不对外公开。因此，成本报表的种类、格式、项目、编制方法和程序、编制日期、具体报送对象，国家都不作统一规定，而由企业根据自己生产经营和管理的需要自行决定。不仅企业之间各不相同，就是同一企业在不同时期也可能设置不同的内部成本报表。一般情况下，成本报表具有种类多、编报迅速、涉及面广、与企业生产工艺过程联系紧密等特点。

（一）成本报表按其反映的内容分类

1. 反映成本计划执行情况的报表

这类报表主要有商品产品成本表、主要产品单位成本表和制造费用明细表。通过它们可以揭示企业为生产某种产品所付出的成本是否达到了预定的要求。在报表中可将报告期实际成本水平与计划成本水平、历史成本水平以及同行业成本水平进行比较，以反映成本管理工作的成效，并为深入进行成本分析、挖掘成本降低的潜力提供资料。

2. 反映费用支出情况的报表

这类报表主要有管理费用明细表、销售费用明细表和财务费用明细表。通过它们可以了解到企业在一定时期内费用支出的总额及其构成的情况，了解到费用支出的合理程度和变动趋势，以便企业管理部门正确制订费用预算，考核各项消耗和支出指标的完成情况，明确各有关部门和人员的经济责任。

3. 反映生产经营情况的报表

这类报表有生产情况表、材料耗用表、材料差异分析表等。这类报表属于专题报表，主要反映生产中影响产品生产成本的某些特定的重要问题，一般依据实际需要灵活设置。

（二）成本报表按编报的时间分类

成本报表在报送内容上虽不像财务报表那样规范，尤其在报送时间上具有灵活性，但主要报表仍可按编报时间分为年报、季报、月报、旬报、周报、日报等报表。

三、成本报表的编制要求

为了提高成本信息的质量，充分发挥成本报表的作用，成本报表的编制应符合下列基本要求。

（一）真实性

成本报表的真实性要求指标数字必须真实可靠，能如实反映企业实际发生的成本费用，不能任意估计，更不允许弄虚作假、篡改数字。因此，成本报表必须根据审核无误的账簿资料编制，不得随意使用估计或推算的数据。

（二）重要性

成本报表的重要性要求对于重要的项目（如重要的成本、费用项目），在成本报表中应单独列示，以显示其重要性；对于次要的项目，可以合并反映。这样做，可以突出重点，使成本报表使用者一目了然，抓住要领，以避免事无巨细、不分轻重缓急地罗列许多项目和数字，令人眼花缭乱，不得要领。

（三）准确性

成本报表的准确性要求成本报表的指标数字要计算正确，不漏记错记，不疏忽失误，且取数应准确真实，不得以计划数、估计数、定额数代替实际数；各种成本报表之间、主表和附表之间、各项目之间，凡是有勾稽关系的数字，应互相一致；本期报表与上期报表之间有关的数字应相互衔接。

（四）完整性

成本报表的完整性要求成本报表的种类应齐全，应填列的报表指标和文字说明必须全面，表内项目和表外补充资料，不论是根据账簿资料直接填列还是分析计算填列，都应当完整无缺，不得任意取舍。此外，还应注意保持各成本报表计算口径一致，计算方法如有变动，应在附注中说明。对不定期报送的主要成本报表，还应有分析说明生产成本和费用升降情况、原因、措施的文字材料。

（五）及时性

成本报表有些定期编制，有些不定期编制，无论是定期编制还是不定期编制，都要求及时编制，及时反馈。所谓编报及时是指根据企业管理部门的需要迅速提供各种成本报表。只有这样，才能及时地对企业成本完成情况进行检查和分析，从中发现问题，及时采取措施加以解决，以充分发挥成本报表的应有作用。要做到这一点，要求企业不仅要做好日常成本核算工作，还要注意整理、收集有关的历史成本资料等。

第二节 成本报表的编制

一、商品产品成本表的的编制

商品产品成本表是反映企业在报告期内生产的全部商品产品总成本和单位成本的会计报表。编制商品产品成本表是为了考核企业全部商品产品成本的执行情况以及可比产品成本降低任务的完成情况，以便分析成本增减变化的原因，指出可进一步降低产品成本的途径。

商品产品成本表按可比产品和不可比产品分别反映其单位成本和总成本。可比产品是指以前年度或上年度曾经生产过的产品；不可比产品是指以前年度或上年度未正常生产过的产品。对可比产品而言，因需要同上年度实际成本作比较，所以表中不仅要列示本期的计划成本和实际成本，而且还要列示按上年实际平均单位成本计算的总成本。对不可比产品而言，因没有上年的实际单位成本可比，所以只列示计划成本和实际成本。商品产品成本表格式如表 11-1 所示。该报表编制方法如下：

(1)“产品名称”栏按企业规定的主要商品产品的品种分别列示，每项注明各品种的名称、规格和计量单位；

(2)“实际产量”栏数字应根据成本计算单等资料所记录的本月和从年初起到本月止的各种主要商品产品实际产品填列；

(3)“单位成本”栏数字应按上年度或以前年度报表资料、本期成本计划资料和本期实际成本资料分别填列；

(4)“本月总成本”栏数字按本月商品产量分别乘以上年实际平均单位成本、本月计划单位成本和本月实际成本的积填列；

(5)“本年累计总成本”栏数字应按自年初到本月末止的本年累计产量分别乘以上年实际平均单位成本、本年计划单位成本和本年累计实际平均单位成本的积填列；

(6) 补充资料中，可根据计划、统计和会计等有关资料计算后填列，其中，可比产品的成本降低额和可比产品的成本降低率，可以按下列公式计算后填写。

$$\begin{matrix}\text{可比产品}\\\text{成本降低额}\end{matrix}=\begin{matrix}\text{按上年实际平均单位成}\\\text{本计算的可比产品成本}\end{matrix}-\begin{matrix}\text{本年可比产品}\\\text{实际总成本}\end{matrix},$$

$$\text{可比产品成本降低率}=\frac{\text{可比产品成本降低额}}{\text{按上年实际平均单位成本计算的可比产品成本}}\times 100\%。$$

表 11-1 商品产品成本表

2009 年 12 月

产品名称	计量单位	实际产量		单位成本(元)				本月总成本(元)			本年累计总成本(元)		
		本月	本年累计	上年实际平均	本年计划	本月实际	本年累计实际平均	按上年实际平均单位成本计算	按本年计划单位成本计算	本月实际	按上年实际平均单位成本计算	按本年计划单位成本计算	本年实际
		1	2	3	4	5=9/1	6=12/2	7=1×3	8=1×4	9	10=2×3	11=1×3	12
可比产品合计								43 050	40 600	37 025	467 200	448 400	417 000
其中:甲	件	30	320	1 010	970	880	900	30 300	29 100	26 400	323 200	310 400	288 000
乙	件	25	300	510	460	425	430	12 750	11 500	10 625	153 000	138 000	129 000
不可比产品合计									10 800	10 440		102 000	100 300
其中:丙	件	18	170		600	580	590		10 800	10 440		102 000	100 300
产品成本合计									51 400	47 465		550 400	517 300

补充材料:1. 可比产品成本降低额 59 200 元;2. 可比产品成本降低率 12.43%;

3. 计划成本降低额 33 100 元;4. 计划成本降低率 6%。

根据表 11-1 的资料计算如下:

可比产品成本降低额=476 200－417 000=59 200(元),

$$可比产品成本降低率=\frac{59\ 200}{476\ 200}\times 100\%=12.43\%。$$

二、主要产品单位成本表的编制

主要产品单位成本表是反映企业一定时期内主要产品生产成本水平、变动情况及构成情况的成本报表。由于商品产品成本表中各主要产品的成本只列示总数,无法根据表格分析成本情况,因此要编制本报表作为商品产品成本表的补充报表。通过该报表,可以反映出主要产品单位成本的变动,并可分析产品成本变动的原因。主要产品单位成本表的格式如表 11-2 所示。

本报表的特点是按产品的成本项目分别反映产品单位成本及各成本项目的历史先进水平、上年实际平均、本年计划、本月实际和本年累计实际平均的成本资料。

编制主要产品单位成本表是为了考核各种主要产品单位成本计划的执行情况,了解单位成本的构成,分析各个成本项目的变化及其原因,以便找出差距,挖掘潜力,降低成本。本报表的编制方法如下:

(1) 基本部分的产品名称、规格、计量单位、产量,根据有关产品成本计算单填列;

(2) 各成本项目的历史先进水平的数字,根据企业的成本历史资料填列;

表 11-2　主要产品单位成本表

2009 年 12 月

产品名称	规格	计量单位	产量		直接材料(元)					直接人工(元)					制造费用(元)					产品单位成本(元)				
			本月实际	本年累计实际	历史先进水平	上年实际平均	本年计划	本月实际	本年累计实际平均	历史先进水平	上年实际平均	本年计划	本月实际	本年累计实际平均	历史先进水平	上年实际平均	本年计划	本月实际	本年累计实际平均	历史先进水平	上年实际平均	本年计划	本月实际	本年累计实际平均
1	2	3	4	5	6	7	8	9	10	11	12	13	14	15	16	17	18	19	20	21	22	23	24	25
甲		件	30	320	60	70	66	61	62	10	13	12	10	11	12	18	19	16	17	82	101	97	87	90
乙		件	20	200	79	82	81	80	81	32	35	34	34	34	19	21	20	20	20	130	138	135	134	135
丙		件	18	150	40	43	42	41	41	68	72	70	70	71	18	20	20	21	20	126	135	132	132	132

(3) 各成本项目的上年实际平均单位成本的数字,根据上年度的成本资料填列;

(4) 各成本项目的本年计划单位成本的数字,根据本年计划资料填列;

(5) 各成本项目的本期实际单位成本的数字,根据实际成本资料填列;

(6) 各成本项目的本年累计实际平均单位成本的数字,根据本年各项目总成本除以累计产量后的商数填列。

三、制造费用明细表的编制

制造费用明细表是反映企业在一定时期内为组织和管理生产所发生费用总额和各明细项目数额的报表。利用该报表可以考核企业制造费用的构成和变动情况。

制造费用明细表中费用明细项目的划分,可参照财政部有关制度的规定,也可根据企业的具体情况增减,但不宜经常变动,以保持各报告期之间相关数据的可比性。若本年度内对某些明细项目的划分作了修改使得计算结果与上年不一致时,应将上年度有关报表的对应明细项目按照本年度划分标准进行调整,并在表后的附注中以文字说明。

制造费用明细表按照其费用明细项目反映企业在本期内实际发生的各项费用。该表按费用项目分上年实际、本年计划、本年实际进行反映。通过本年实际与上年实际的比较,可了解制造费用各项目的变动情况,从动态上研究其特征及发展规律;通过本年实际与本年计划的比较,可以反映制造费用计划完成情况及节约或超支的原因。制造费用明细表的格式如表 11-3 所示。

表中"本年实际"栏应根据制造费用明细账中有关数字填列,"上年实际"栏应根据上年制造费用明细表的有关数字填列,"本年计划"栏应根据本年计划资料填列。

期间费用明细表的格式和编制方法与制造费用明细表基本相同,这里不再重复。

表 11-3　制造费用明细表

2009 年 12 月　　单位:元

项目	行次	上年实际	本年计划	本年实际
职工薪酬	1	17 000	15 390	21 090
折旧费	2	20 000	20 000	22 500
修理费	3	11 000	12 900	10 850
办公费	4	1 400	1 800	1 360
水电费	5	7 000	7 000	7 200
机物料消耗	6	6 500	6 600	6 360
劳动保护费	7	30 000	30 000	27 900
季节性停工损失	8			
保险费	9			
其　他	10			
合计		92 900	93 690	97 360

四、其他成本报表的编制

(一) 产品销售费用明细表

产品销售费用明细表是反映工业企业在报告期内发生的产品销售费用及其构成情况的报表。该表一般按照费用项目分别反映各项费用的计划数、上年同期实际数、本月实际数和本年累计实际数。产品销售费用明细表的一般格式如表 11-4 所示。

表 11-4　产品销售费用明细表

2009 年 12 月　　单位:元

费用项目	本年计划数	上年同期实际数	本月实际数	本年累计实际数
包装费	38 000	3 200	3 100	37 600
运输费	51 000	4 010	4 160	5 070
装卸费	35 400	2 860	2 980	34 600
保险费	22 700	1 820	1 970	22 670
广告费	38 100	3 280	3 340	37 980
其他	41 000	3 600	3 760	41 800
合计	226 200	18 770	19 310	179 720

产品销售费用明细表中的"本年计划数"应根据产品销售费用计划数来填列,"上年同期实际数"应根据上年同期本表的本月实际数填列,"本月实际数"应根据产品销售费用明细账的本月合计数填列,"本年累计实际数"应根据产品销售费用明细账的本月末累计数填列。如果管理上需要,也可以根据产品销售费用的分月计划,在本表中加列"本月计划数"一栏。

（二）管理费用明细表

管理费用明细表是反映企业在报告期内发生的管理费用及其构成情况的报表。该表一般按照费用项目分别反映各项费用的本年计划数、上年同期实际数、本月实际数和本年累计实际数。管理费用明细表的一般格式如表 11-5 所示。

表 11-5　管理费用明细表

2009 年 12 月　　单位:元

费用项目	本年计划数	上年同期实际数	本月实际数	本年累计实际数
工资	20 000	1 757	1 709	19 962
福利费	3 400	299	291	3 393
折旧费	16 300	1 365	1 340	16 055
工会经费	7 850	665	650	7 855
业务招待费	18 750	1 519	1 572.5	18 790
办公费	8 550	6 920.5	712.5	8 505
印花税	10 850	920	905	10 390
房产税	5 080	480	489	5 842
土地使用税	5 200	435	435	5 255
无形资产摊销	11 950	990	965	11 995.5
职工教育经费	14 950	1 253	1 238	14 940
劳动保险费	6 750	605	565	6 755
其他	11 850	1 599.5	1 659	13 911.5
合计	141 480	18 808	12 531	143 619

在管理费用明细表中,“本年计划数”应根据管理费用计划数来填列,“上年同期实际数”应根据上年同期本表的本月实际数填列,“本月实际数”应根据管理费用明细账的本月合计数填列,“本年累计实际数”应根据管理费用明细账的本月末累计数填列。如果管理上需要,也可以根据管理费用的分月计划,在本表中加列“本月计划数”一栏。

（三）财务费用明细表

财务费用明细表是反映企业在报告期内发生的财务费用及其构成情况的报表。本表一般按照费用项目分别反映各项费用的本年计划数、上年同期实际数、本月实际数和本年累计实际数。财务费用明细表的一般格式如表 11-6 所示。

表 11-6 财务费用明细表

2009 年 12 月 单位:元

费用项目	本年计划数	上年同期实际数	本月实际数	本年累计实际数
利息支出	51 600	3 146	3 356	51 700
汇兑损失	32 600	2 838	2 791	34 640
手续费	3 020	295	315	3 008
其他支出	25 700	3 163	2 947	25 764
合计	112 920	9 442	9 409	115 112

在财务费用明细表中,“本年计划数”应根据财务费用计划数来填列,“上年同期实际数”应根据上年同期本表的本月实际数填列,“本月实际数”应根据财务费用明细账的本月合计数填列,“本年累计实际数”应根据财务费用明细账的本月末累计数填列。如果财务上需要,也可以根据财务费用的分月计划,在本表中加列“本月计划数”一栏。

第三节 成本报表的分析

一、成本分析的作用

成本分析是为了满足企业各管理层次了解成本状况及进行经营决策的需要,以成本核算资料为基础,结合其他有关的核算、计划和统计资料,采用一定的方法解剖成本变动的原因、经营管理问题及业绩的管理活动。

通过成本分析,可以考核企业成本计划的执行情况,评价企业过去的成本管理工作;可以揭示问题和差距,促使企业挖掘降低成本的潜力,寻求降低成本的途径和方法;可以认识和掌握成本变动的规律,从中总结成本管理的经验和教训,提高企业经营管理水平;可以为企业编制成本管理计划、预算和进行经营决策提供依据;可以检查企业成本管理行为的合理性、合法性,从而促进企业更好地贯彻执行有关成本管理的法规和制度;可以划清成本管理的经济责任,了解各项成本管理责任制度是否健全,促进企业完善成本管理责任。

二、成本报表的分析方法

成本报表的分析方法是进行成本分析的重要手段,运用得当将对成本分析的整个过程带来有利影响。

(一) 比较分析法

比较分析法是将分析期的实际数同某些选定的基准数进行对比来揭示实际数与基准数之间的差异,借以了解成本管理中的成绩和问题的一种分析方法。

比较的基数由于分析的目的不同而有所不同,一般有计划数、定额数、前期实际数、以往年度同期实际数以及本企业的历史先进水平和国内外同行业的先进水平等。

将实际数与计划数或定额数对比，可以揭示计划或定额的执行情况，但在分析时还应检查计划或定额本身是否既先进又切实可行，因为实际数与计划数或定额数之间的差异，除了实际工作的原因以外，还可能由于计划或定额太保守或不切实际；将本期实际数与前期实际数或以往年度同期实际数对比，可以考究成本的发展变化情况；将本期实际数与本企业的历史先进水平对比，将本企业实际数与国内外同行业的先进水平对比，可以发现与先进水平之间的差距，从而学习先进，赶上和超过先进。

在运用比较分析法时，必须注意指标的内容、计划标准、时间长短和计算方法的可比性，考虑所处的环境等客观条件。

（二）比率分析法

比率分析法是通过计算各项指标之间的相对数，即比率来考察成本活动的相对效益的一种分析方法。比率分析法主要有相关指标比率分析法和结构比率分析法两种。

相关指标比率分析法是通过计算两个性质不同但又相关的指标的比率并将实际数与计划数（或前期实际数）进行对比分析的一种方法。例如，将成本指标与反映生产、销售等生产经营成果的产值、销售收入、利润指标相比求出产值成本率、销售成本率、成本利润率，并将实际数与基数进行比较，就可以反映企业经济效益的好坏。

结构比率分析法是通过计算某项指标的各组成部分占总体的比重进行数量分析的方法。例如，将构成产品成本的各个成本项目同产品成本总额相比，计算其占成本的比重，确定成本的构成比率，以反映产品成本的构成情况。将不同时期的成本构成比率相比较，就可以观察产品成本构成的变动情况，掌握经济活动情况及其对产品成本的影响。

（三）因素分析法

因素分析法是将某一综合性指标分解为若干相互联系的因素，并分别计算、分析每个因素对综合性指标影响程度的分析方法。因素分析法按其综合指标中各构成因素的相互关系，又可分为简单因素分析和复杂因素分析。简单因素分析指综合指标的各构成因素之间没有直接的关系，分析某一因素的变动对综合指标的影响时，排除其他因素不至于造成错误的分析结果。复杂因素分析指综合指标的各构成因素之间有一定的连带关系，分析某一因素的变动对综合指标变动的影响时，排除了其他任何一个因素，都将会造成错误的分析结果。在此种情况下通常可以采用连环替代法或差额计算法进行分析。

连环替代法是从数值上测定各个相互联系的因素对有关经济指标的差异影响程度的一种分析方法，其基本分析程序为：

(1) 确定分析指标由哪几个因素组成，并确定各个因素与指标的关系，如加减关系、乘除关系等，用计算公式加以表述；

(2) 按照公式以基数为基础加以计算，得出结果；

(3) 按照公式中所列因素的同一顺序，逐次以各因素的实际数替换其基数，每次替换后实际数就被保留下来，有几个因素就替换几次，直到所有因素都变成实际数为止，每次替换后都求出新的计算结果；

(4) 每次替换后所得的结果，与其相邻的前一次计算结果相比较，两者的差额就是某一因素变动对综合指标变动的影响程度；

(5) 计算各因素变动影响差额的代数和，这个代数和应等于被分析指标实际数与基数的总差异额。

假定某成本指标 N 受 A、B、C 三个因素影响，关系式为 $N=ABC$。因此，其计划成本与实际成本指标可以分别列示如下：

计划成本 $N_0=A_0\times B_0\times C_0$，

实际成本 $N_1=A_1\times B_1\times C_1$，

差异额 $G=N_1-N_0$。

计算程序是：

(1)第一次替代，假定 A 变，B、C 保持计划成本不变，则 $N_2=A_1\times B_0\times C_0$，$(N_2-N_0)$就表示 A 因素变动的影响；

(2)第二次替代，假定 B 变，A 已变，C 保持不变，则 $N_3=A_1\times B_1\times C_0$，$(N_3-N_2)$就表示 B 因素变动的影响；

(3)第三次替代，假定 C 变，A、B 已变，则实际成本 $N_1=A_1\times B_1\times C_1$，$(N_1-N_3)$就表示 C 因素变动的影响；

(4)最后，将 A、B、C 三个因素变动的影响额相加，则

$$(N_2-N_0)+(N_3-N_2)+(N_1-N_3)=N_1-N_0=G。$$

现举例说明连环替代法的运用，相关资料如表 11-7 所示。

表 11-7　材料费用分析资料表

项目	计划数	实际数
产品产量(件)	100	110
单位产品材料消耗量(千克)	8	7
材料单价(元)	5	6
材料费用(元)	4 000	4 620

材料费用的实际数超过计划数 620 元，形成这一差异的因素有产品产量、单位产品材料消耗量和材料单价。运用连环替代法，就可以确定各因素变化对其差异的影响额，计算过程如下。

计划指标：100×8×5=4 000(元)
第一次替代：110×8×5=4 400(元)　+400元，由于产量增加
第二次替代：110×7×5=3 850(元)　−550元，由于材料节约
第三次替代：110×7×6=4 620(元)　+770元，由于单价提高
+620元，合计

差额计算法是连环替代法的一种简化形式。它是利用各个因素的实际数与基数之间函数的差额，直接计算各个因素对综合指标差异的影响数值的一种方法。它所应用的原理和连环替代法相同，只是在计算程序上不同。其特点是根据已确定的影响某项综合经济指标的各个因素及其替换顺序，逐个将各因素的实际数与基数之差，乘以函数关系式中排列在该因素前面各因素的实际数和排在该因素后面各个因素的基数，所得乘积就是该因素变动对综合经济指标的影响程度。可用如下公式表示。

A 因素变动发生的影响为：

$(A_1 - A_0) \times B_0 \times C_0 = N_2 - N_0$。

B 因素变动发生的影响为：

$A_1 \times (B_1 - B_0) \times C_0 = N_3 - N_2$。

C 因素变动发生的影响为：

$(N_2 - N_0) + (N_3 - N_2) + (N_1 - N_3) = N_1 - N_0 = G$。

三、商品产品成本表的分析

这种分析是一种总括性的分析。在实际工作中，可根据需要按产品类别、成本项目类别等方法进行分析。

（一）按产品类别分析全部商品产品成本计划的完成情况

这种分析主要是根据全部商品产品成本表的资料，分别确定可比产品、不可比产品和全部商品产品成本的降低额和降低率。其计算公式为：

$$成本降低额 = 计划总成本 - 实际总成本 = \sum[实际产量 \times (计划单位成本 - 实际单位成本)]，$$

$$成本降低率 = \frac{成本降低额}{\sum(实际产量 \times 计划单位成本)} \times 100\%。$$

现以兴汉公司为例进行商品产品成本的分析，相关资料如表 11-8 所示。

表 11-8　商品产品成本表

编制单位：兴汉公司　　　　2009 年度

产品名称	计量单位	产量		单位成本（万元）			计划总成本（万元）（计划产量）		本年总成本（万元）（实际产量）		
		计划	实际	上年实际	本年计划	本年实际	按上年实际平均单位成本计算	按本年计划单位成本计算	按上年实际平均单位成本计算	按本年计划单位成本计算	按本年实际单位成本计算
		1	2	3	4	5	6	7	8	9	10
一、可比产品											
甲产品	件	140	140	23.68	23	22.32	3 315.2	3 220	3 315.2	3 220	3 124.8
乙产品	件	90	100	50.54	50.52	54.76	4 548.6	4 546.8	5 054	5 052	5 476
小　计							7 863.8	7 766.8	8 369.2	8 272	8 600.8
二、不可比产品											
丙产品	件	70	280		1.74			121.8		487.2	490
全部商品产品成本								7 888.6		8 759.2	9 090.8

根据表11-8中的资料编制成本分析表，如表11-9所示。

表11-9　商品产品生产成本分析表

产品名称	计划总成本(万元)	实际总成本(万元)	降低额(万元)	降低率(%)
一、可比产品				
其中：甲产品	3 220	3 124.8	+95.2	+2.96
乙产品	5 052	5 476	−424	−8.39
二、不可比产品				
其中：丙产品	487.2	490	−2.8	−0.57
全部商品	8 759.2	9 090.8	331.6	−3.79

从表11-9可以看出，该企业全部商品产品总成本实际比计划增加了331.6万元，上升了3.79%，说明企业全部商品产品成本完成得相当不好。除甲产品的成本有一定下降外，乙产品和丙产品的成本都较计划有所增加，特别是乙产品较计划增加了424万元，上升了8.39%，为此，应进一步分析乙产品成本上升的主要原因。

（二）按成本项目分析商品产品成本计划的完成情况

此项分析是将全部商品产品的总成本按成本项目汇总，将实际总成本与计划总成本对比，确定每个成本项目的降低额和降低率。

现以兴汉公司为例进行分析，相关资料如表11-10所示。

表11-10　商品产品成本分析表

成本项目	商品产品成本(万元)		降低指标	
	计划成本	实际成本	降低额(万元)	降低率(%)
直接材料	4 554.78	5 039.80	−485.02	−10.65
直接人工	2 277.39	2 250.40	+26.99	+1.19
制造费用	1 927.03	1 800.60	+126.43	+6.56
生产成本合计	8 759.20	9 090.80	−331.60	−3.79

从表11-10可以看出，该公司总成本实际比计划增加了331.60万元，上升了3.79%，但从三个成本项目中可以看出直接工资实际比计划下降了1.19%，制造费用下降了6.56%，但直接材料比计划增加了485.02万元，上升了10.65%，这说明总成本与计划相比上升是由于直接材料成本上升所致，为此，下一步应重点分析直接材料上升的原因。

（三）可比产品计划完成情况分析

在全部商品产品成本中，可比产品成本一般都占有相当大的比重，因此，在分析商品产品总成本之后，还必须对可比产品成本进行分析。

可比产品成本降低计划是以上年实际平均单位成本为依据确定的，具体包括降低额和降低率两个指标。可比产品成本降低计划完成情况分析，就是将可比产品的实际降低额（按实际产量计算）、降低率与计划降低额（按计划产量计算）、降低率进行比较，来检查是否完成成本降低任务。

现根据表 11-8 和表 11-9 资料计算降低额和降低率，并填入可比产品成本降低计划完成情况分析表，如表 11-11 所示。

表 11-11　可比产品成本降低计划完成情况分析表

可比产品名称	计划成本降低任务		实际成本降低情况	
	降低额(万元)	降低率(%)	降低额(万元)	降低率(%)
甲	95.2	2.87	190.4	5.74
乙	1.8	0.04	−422	−8.35
合计	97	1.23	231.6	−2.77

表 11-11 中有关数据计算如下：

$$\text{计划成本降低额} = \sum[\text{计划产量} \times (\text{上年实际单位成本} - \text{本年计划单位成本})]$$
$$= 140 \times (23.68 - 23) + 90 \times (50.54 - 50.52)$$
$$= 97(\text{万元}),$$

$$\text{计划成本降低率} = \frac{\text{计划成本降低额}}{\sum(\text{计划产量} \times \text{上年实际单位成本})} \times 100\%$$
$$= \frac{97}{140 \times 23.68 + 90 \times 50.54} = 1.233\ 5\%,$$

$$\text{实际成本降低额} = \sum[\text{实际产量} \times (\text{上年实际单位成本} - \text{本年实际单位成本})]$$
$$= 140 \times (23.68 - 22.32) + 100 \times (50.54 - 54.76)$$
$$= -231.6(\text{万元}),$$

$$\text{实际成本降低率} = \frac{\text{实际成本降低额}}{\sum(\text{实际产量} \times \text{上年实际单位成本})} \times 100\%$$
$$= \frac{-231.6}{140 \times 23.68 + 100 \times 50.54} = -2.77\%。$$

从表 11-11 可知，该公司可比产品成本降低任务完成情况相当不好，实际成本降低额为−231.6 万元，不但未完成计划降低额，而且还有很大的上升。分品种来看，甲产品实际降低额、降低率超额完成了计划，但乙产品的实际降低额和降低率都未完成计划，成本还有较大的上升，应进一步分析其原因。

（四）可比产品成本降低计划完成情况的因素分析

影响可比产品成本降低计划完成情况的因素主要有产量、产品品种结构和单位成本。

1. *产量因素*

产量变动必然会直接影响成本降低额。但当产品品种结构和产品单位成本不变时，产量变动不会影响成本降低率，因为当品种结构不变时，说明各种产品的产量计划完成率都相同，在计算成本降低率时，因分子、分母都具有相同的产量增减比例而不变。产品产量变动对成本降低额影响的计算公式如下：

$$\text{产量变动对成本降低额的影响} = \left[\begin{array}{l}\sum(\text{实际产量} \times \text{上年实际单位成本}) \\ -\sum(\text{计划产量} \times \text{上年实际单位成本})\end{array}\right]$$

×计划成本降低率。

根据表 11-8 的资料计算得：

$$产量变动对成本降低额的影响=[(140\times23.68+100\times50.54)-(140\times23.68+90\times50.54)]\times1.2335\%=6.23(万元)。$$

2. 产品品种结构因素

由于各种产品成本降低率不同，当产品产量不是同比例增长时，就会使降低额和降低率同时发生变动。如果提高成本降低率大的产品在全部可比产品中的比重，就会使成本降低额绝对值增大，并使成本降低率相对值增大；相反，则会减小成本降低额的绝对额和降低率的相对值。产品品种结构变动对成本降低额和降低率的影响计算公式为：

$$产品品种结构变动对成本降低额的影响=\sum(实际产量\times上年实际单位成本)-\sum(实际产量\times计划单位成本)-\sum(实际产量\times上年实际单位成本)\times计划成本降低率，$$

$$产品品种结构变动对成本降低率的影响=\frac{产品品种结构变动对成本降低额的影响}{\sum(实际产量\times上年实际单位成本)}\times100\%。$$

根据表 11-8 和表 11-11 的资料计算得：

$$产品品种结构变动对成本降低额的影响=(140\times23.68+100\times50.54)-(140\times23+100\times50.52)-(140\times23.68+100\times50.54)\times1.2335\%=-6.03(万元)，$$

$$产品品种结构变动对成本降低率的影响=\frac{-6.03}{8369.2}\times100\%=-0.07\%。$$

3. 单位成本因素

可比产品成本降低计划和实际完成情况，都是以上年单位成本为基础计算的。这样，各种产品单位成本实际比计划降低或升高，必然引起成本降低额和降低率实际比计划相应地升高或降低。产品单位成本的变动与成本降低额和降低率的变动呈反方向。计算公式为：

$$产品单位成本变动对成本降低额的影响=\sum[实际产量\times(计划单位成本-实际单位成本)]，$$

$$产品单位成本变动对成本降低率的影响=\frac{产品单位成本变动对成本降低额的影响}{\sum(实际产量\times上年实际单位成本)}\times100\%。$$

根据表 11-10 的资料计算如下：

$$产品单位成本变动对成本降低额的影响=140\times(23-22.32)+100\times(50.52-54.76)=-328.8(万元)，$$

$$产品单位成本变动对成本降低率的影响=\frac{-328.8}{8369.2}\times100\%=-3.93\%。$$

从以上计算可知，该公司未完成成本降低任务的主要原因是单位成本上升所致，由于单位成本上升，使成本上升了 328.8 万元，因此，公司应进一步分析影响单位成本的因素。

四、主要产品单位成本表的分析

产品单位成本分析，通常是选择最主要的或成本水平升降幅度较大的产品，深入研究其单位成本以及各个成本项目的计划完成情况，寻求进一步降低成本的具体途径和方法。

（一）主要产品单位成本计划完成情况分析

产品单位成本计划完成情况分析，应采用比较分析法，计算单位成本实际比计划、比上期、比历史先进水平的升降情况，然后着重对某些产品进一步按成本项目对比研究其成本变动情况，查明影响单位成本升降的原因。

从商品产品成本计划完成情况（见表 11-9）和可比产品成本计划完成情况分析中可以看出乙产品单位成本实际比计划有较大的上升，可将比作为深入分析的重点。现以兴汉公司为例，对乙产品单位成本进行分析，如表 11-12 所示。

表 11-12　乙产品单位成本表　　单位：万元

成本项目	历史先进水平	上年实际平均	本年计划	本期实际	本年累计实际平均
直接材料	29.75	36.51	36.70	40.80	40.92
直接人工	6.96	7.8	7.8	7.81	7.81
制造费用	5.82	6.23	6.02	6.01	6.03
产品生产成本	42.53	50.54	50.52	54.71	54.76
主要技术经济指标	用量	用量	用量	用量	用量

从表 11-12 可以看出，兴汉公司乙产品的单位成本较计划、较上年、较历史先进水平都有上升，且上升幅度较大，乙产品的单位成本较计划增加了 4.24 万元，上升了 8.39%，较上年增加了 4.22 万元，上升了 8.35%，乙产品单位成本上升的主要原因是直接材料上升。因此公司应对材料上升的原因进行因素分析，看其是单位产品材料消耗量上升所致，还是材料采购价格上升或其他原因引起的。

（二）主要产品单位成本的成本项目分析

为了进一步分析单位成本升降的原因，还必须按成本项目进行分析。

1. 直接材料费用分析

从表 11-12 可以看出乙产品的材料费用超过了本年计划、上年平均以及历史先进水平，因此应将其作为重点分析。

影响产品单位产品材料费用的因素有产量、单位产品的材料消耗和材料单价，可用因素分析法计算这三个因素变动对直接材料费用的影响，具体分析可参见本章因素分析法中的例子。

在对直接材料进行综合分析之后，还必须进一步分析材料消耗量和价格这两个影响因素，只有这样，才能揭示直接材料发生变动的原因。

(1) 影响直接材料消耗量的原因分析。

影响直接材料消耗量变动的原因较多，主要包括以下几种。

1) 产品设计的改进。在保证或提高产品功能的前提下，改进产品设计能减少材料的消耗量。

2) 材料质量的变化。质量高的材料，可以减少材料消耗量，反之，则会增加材料的消耗量。

3) 加工操作技术的变化。加工操作技术高，可以充分利用材料的边角余料，从而减少材料消耗量。

4) 代用材料的变化。以单价低廉的材料代替昂贵的材料，以国产材料代替进口材料，是减少材料用量、节约材料费用的有效措施。

5) 加强材料管理。回收利用废料，避免材料损失浪费也能相对地减少材料用量。

6) 材料的配比。

(2) 影响直接材料价格变动的原因分析。

影响直接材料价格的原因主要包括以下几点：

1) 采购价格；

2) 运输费用，如运输距离的远近、运输方式的不同；

3) 运输途中的损耗；

4) 采购部门的管理水平；

5) 有关税金；

6) 材料采购批量的大小等。

2. 直接工资分析

直接工资费用的分析必须结合工资制度来进行，因为工资制度的不同，会导致影响直接工资的因素不同。

在计件工资制度下，影响单位成本中工资费用的因素是计件单价；在计时工资制度下，产品单位成本中的费用受工时数和小时工资率变动的影响。现以兴汉公司为例进行分析，有关资料如表 11-13 所示。

表 11-13　工资分析资料表

项目	计划	实际	差异
单位产品耗用工时(小时/件)	400	410	+10
小时工资单位(元/小时)	0.60	0.50	−0.10
单位产品的工资费用(元)	240	205	−35

根据表 11-13 的资料，可以计算单位产品工时数量变动和小时工资单位变动对工资费用的影响。

单位产品工时数量变动影响=(实际工时数量−计划工时数量)×计划小时工资单价

=(410－400)×0.6=6(元)，

小时工资单价变动影响=(实际小时工资单价－计划小时工资单价)×实际工时数量

=(0.50－0.60)×410=－41(元)，

单位产品工资费用变动合计=单位产品工时数量变动影响+小时工资单价变动影响

=6+(－41)=－35(元)。

从上面的计算中可以看出，甲产品单位成本中工资费用实际比计划降低35元，主要是由于小时工资单价降低。

在以上分析的基础上，还应该进一步分析影响工时数量变动和生产工人工资总额变动的原因。

(1) 影响工时变动的原因分析。

影响工时变动的原因主要包括以下几点：

1) 生产组织，企业生产调度合理对提高劳动生产率、减少工时有很大的影响；

2) 材料的质量和规格；

3) 生产工艺和操作方法；

4) 生产工作质量；

5) 设备性能和保养；

6) 工人技术熟练程度和劳动态度。

(2) 影响生产工人工资总额变动的原因分析。

生产工人工资总额的高低直接影响小时工资率的高低，影响生产工人工资变动的原因主要包括以下几点：

1) 企业的工资制度、奖励制度；

2) 企业产品的特点；

3) 企业的物质技术条件、企业工人的素质、企业的管理水平等。

3. 制造费用分析

产品单位成本中制造费用的分析，通常与计时工资制度下直接人工费用的分析类似，先要分析单位产品所耗工时变动和每小时制造费用变动这两个因素对制造费用变动的影响，然后查明这两个因素变动的具体原因。

对影响每小时制造费用的原因分析，主要是通过分析制造费用总额对比实际数和计划数来进行。现以兴汉公司为例，说明制造费用总额的分析，如表11-14所示。

表11-14　制造费用明细表

编制单位：兴汉公司　　　　2009年12月

项目	本年实际(万元)	本年计划(万元)	降低额(万元)	降低率(%)
1. 职工薪酬	668.07	651.95		
2. 折旧费	80.42	30.80		
3. 修理费	38.97	28.97		
4. 办公费	50.51	40.72		
5. 水电费	282.89	261.72		

续表

项目	本年实际(万元)	本年计划(万元)	降低额(万元)	降低率(%)
6. 机物料消耗	60.18	68.92		
7. 劳动保护费	22.51	20.4		
8. 租赁费	25.81	34.64		
9. 差旅费				
10. 保险费	7.24	7.02		
11. 其他	42.48	40.81		
制造费用合计	1 279.08	1 185.95	−93.13	−7.85

从表 11-14 可以看出，兴汉公司制造费用本年较上年增长了 93.13 万元，增长了 7.85%，对此应结合产量的增长加以分析，看其是否合理。此外，从各费用项目来看，公司各项费用都有一定的上升。其中，办公费、水电费和修理费等所占数额较大，公司应重点加以关注。

本章小结(Summary)

本章主要阐述了成本报表是通过表格的形式对企业发生的成本费用进行归纳和总结，为企业的内部管理提供所需的会计信息。通过成本报表为企业制订成本计划提供依据，反映成本计划的完成情况，为企业降低成本指明方向。编制成本报表时应做到数字准确、内容完整、编报及时。同时，在报表格式的设置和明细项目的设置方面应将会计制度的要求与企业的实际需要相结合，充分考虑成本报表的专题性、指标的实用性和报表格式的针对性。为了揭示企业为生产一定产品所付出的成本是否达到预定的要求，通常需要编制商品产品成本表、主要产品单位成本表和制造费用明细表等。

成本分析的方法通常有比较分析法、比率分析法、因素分析法等。通过比较分析可揭示成本的差异；通过因素分析可挖掘成本升降的原因。成本分析的内容包括全部商品产品成本计划完成情况分析、可比产品成本降低任务完成情况分析、主要产品单位成本分析。全部商品产品成本计划完成情况分析是从企业的全局上看其生产的所有产品实际成本是否达到计划水平，可以分别从产品种类、成本项目等几个方面进行分析，为进一步深入分析指明方向。可比产品成本降低计划完成情况分析主要是检查其计划降低指标是否完成，分析影响计划降低指标完成的原因。影响可比产品成本计划降低指标的原因主要有产量因素、产品品种结构因素和单位成本因素，其中当产品品种结构和产品单位成本不变时，产量变动不影响降低率。主要产品单位成本的分析是成本分析工作的逐步深化。

关键术语(Glossary)

成本报表(cost statement)

成本分析(cost analysis)

趋势分析(trend analysis)

因素分析法 (cause-and-effect analysis)

思考题(Questions)

1. 什么是成本报表？简述成本报表的作用。
2. 试述编制成本报表的一般要求。
3. 企业成本报表有哪几种？各成本报表的目的是什么？
4. 进行成本分析的主要目的是什么？
5. 成本分析中常用的方法有哪些？这些方法的特点是什么？
6. 影响商品产品成本计划完成情况的因素有哪些？
7. 成本降低额和成本降低率是如何计算的？

练习题(Exercises)

一、单项选择题

1. 可比产品成本降低额与降低率之间的关系是(　　)。

A. 成反比　　B. 成正比　　C. 同方向变动　　D. 无直接关系

2. 企业成本报表(　　)。

A. 是对外报送的报表

B. 是对内编报的报表

C. 由有关部门规定哪些指标对外公布,哪些指标不对外公布

D. 根据债权人和投资人的要求,确定哪些指标指标对外公布,哪些指标不对外公布

3. 经济技术指标变动对产品成本的影响主要表现在对(　　)指标的影响。

A. 产品总成本　　B. 产品单位成本

C. 产品产量　　D. 产品总成本和产品产量

4. 主要产品单位成本的计划完成情况分析,通常首先采用(　　)进行分析。

A. 对比分析法　　B. 趋势分析法　　C. 比率分析法　　D. 连环替代法

5. 企业成本报表的种类、项目、格式和编制方法(　　)。

A. 由国家统一规定

B. 由企业自行制定

C. 由企业主管部门统一规定

D. 由企业主管部门与企业共同制定

6. 采用连环替代法,可以揭示(　　)。

A. 产生差异的因素

B. 实际数与计划数之间的差异

C. 产生差异的因素和各因素的影响程度

D. 产生差异的因素和各因素的变动原因

7. 可比产品是指(　　)。

A. 企业过去曾经正式生产过，有完整的成本资料可以进行比较的产品

B. 企业过去曾经生产过的产品

C. 有完整的定额成本资料可以进行比较的产品

D. 在行业中正式生产过，有完整的成本资料可以进行比较的产品

8. 下列关于主要产品单位成本表的说法，错误的是(　　)。

A. 主要产品单位成本表是反映企业在报告期内生产的各种主要产品单位成本构成情况的报表

B. 主要产品单位成本表应按主要产品分别编制

C. 主要产品单位成本表是对产品生产成本表的补充说明

D. 主要产品单位成本表是反映企业在报告期内全部产品单位成本构成情况的报表

9. 生产单一品种产品情况下，影响可比产品成本降低额变动的因素仅是下列的(　　)。

A. 产品产量　　B. 产品单位成本

C. 产品产量和产品单位成本　　D. 产品产量、单位成本和品种结构

10. (　　)是进行成本分析的主要依据。

A. 成本制度　　B. 成本预测

C. 成本报表　　D. 企业会计准则

二、多项选择题

1. 工业企业成本报表一般包括(　　)。

A. 产品生产成本表　　B. 主要产品单位成本表

C. 制造费用明细表　　D. 各种期间费用明细表

2. 主要产品单位成本表反映的单位成本包括(　　)。

A. 本月实际　　B. 历史先进水平

C. 本年计划　　D. 上年实际平均

3. 生产多品种产品情况下，影响可比产品成本降低额变动的因素有(　　)。

A. 产品产量　　B. 产品单位成本

C. 产品价格　　D. 产品品种结构

4. 期间费用明细表，一般按照期间费用项目分别反映费用项目的(　　)。

A. 计划数　　B. 上年同期实际数

C. 本月实际数　　D. 本年累计实际数

5. 下列财务指标中，属于相关比率指标的有(　　)。

A. 产值成本率　　B. 销售收入成本率

C. 成本利润率　　D. 制造费用构成比率

6. 连环替代的顺序性表现在(　　)。

A. 先替代数量指标，后替代质量指标

B. 先替换基本因素，后替换从属因素

C. 先替换实物量指标，后替换价值量指标

D. 先替代质量指标，后替代数量指标

7. 成本报表分析的主要内容包括(　　)。

A. 成本计划完成情况分析　　B. 主要产品单位生产成本分析

C. 费用预算执行情况分析　　D. 成本效益分析

8. 下列费用项目中，属于生产性费用的有(　　)。

A. 生产车间的折旧费、修理费　　B. 劳动保护费

C. 生产车间的机物料消耗　　D. 职工教育经费

9. 技术经济指标变动对产品单位成本影响的分析，主要包括(　　)。

A. 产量变动对单位成本的影响

B. 废品率变动对单位成本的影响

C. 原材料利用率变动对单位成本影响

D. 劳动生产率和工资水平变动对产品单位成本的影响

10. 主要产品单位生产成本表中反映的内容主要包括(　　)。

A. 产品产量　　B. 产品单位生产成本

C. 主要技术经济指标　　D. 产品的销售价格

三、实务操作题

1. 练习主要产品单位成本的分析。

海东企业生产甲产品，有关资料如表 11-15、表 11-16 所示。

表 11-15　主要产品单位成本表　　单位：元

成本项目	上年实际平均	本年计划	本年实际
原材料	1 862	1 890	2 047
工资及福利费	150	168	164
制造费用	248	212	209
合计	2 260	2 270	2 420

表 11-16　单位甲产品耗用原材料的资料表

项目	上年实际平均	本年计划	本期实际
原材料消耗量(千克)	950	900	890
原材料单价(元)	1.96	2.10	2.30

要求：

(1) 根据上述资料，分析甲产品单位生产成本的计划完成情况；

(2) 分析影响原材料费用变动的因素和各因素对材料费用变动的影响程度。

2. 练习可比产品成本降低率计划完成情况分析。

海东企业生产甲、乙产品两种可比产品的成本资料如下：

(1) 可比产品成本计划降低率为 7%；

(2) 可比产品生产成本资料如表 11-17 所示。

表 11-17 可比产品成本资料表

可比产品	产量(件)		单位成本		
	计划	实际	上年实际平均	本年计划	本年实际
甲	15	25	200	185	175
乙	20	18	100	95	97.5
合计					

要求：计算可比产品成本降低率计划完成情况，并分析其升降的原因。

参考文献

[1] 柯琼．成本会计[M].武汉:华中科技大学出版社,2008.
[2] 张艳．成本会计[M].北京:机械工业出版社,2008.
[3] 吴炳年,郑伦卉.成本会计学[M]. 上海:立信会计出版社,2008.
[4] 中华人民共和国财政部.企业会计准则(2006)[M].北京:经济科学出版社,2006.
[5] 欧阳清．成本会计学[M]. 大连:东北财经大学出版社,2001.